HUGO WAST

JUANA TABOR – 666

HUGO WAST

Gustavo Adolfo Martínez Zuviría

(1883-1962)

JUANA TABOR - 666

1942

Publicado por

OMNIA VERITAS LTD

ℴMNIA VERITAS

www.omnia-veritas.com

Juana Tabor

CAPÍTULO I

200 AÑOS DESPUÉS DE VOLTAIRE

El 30 de mayo de 1978 fray Plácido de la Virgen se acostó tan fatigado que a duras penas alcanzó a rezar las letanías con que terminaba su rosario, y se durmió profundamente.

Debió parecerle deliciosa la tabla del camastro en que se tendía vestido conforme a la regla, y blando el leño mal desbastado de su almohada.

Estaba sin embargo en la edad en que el sueño es arisco, y el insomnio un compañero habitual. Había nacido el primer día del siglo XX; tenía pues 78 años. Su jornada comenzaba antes de la medianoche; el rezo de su breviario y algunas devociones le llevaban tres horas largas; la misa, media hora; el confesionario, a veces una hora, a veces cuatro o cinco o más si venían muchos penitentes que hablaran en latín o castellano, únicos idiomas que él conocía, ya que nunca pudo ni quiso aprender el esperanto, la lengua universal desde 1960.

A media mañana recibía las visitas de los que necesitaban sus consejos o sus socorros, en seguida del almuerzo frugalísimo de los gregorianos que seguían la regla de la Trapa; después un rato de lectura espiritual —que se convertía a menudo en una breve siesta— y todas las demás distribuciones de la comunidad. Salía poco, o más bien nada, de aquel viejísimo caserón que era su convento.

Ese día tuvo que predicar un largo panegírico de San Gregorio con motivo de haberse consagrado en su iglesia seis jóvenes sacerdotes, celebrantes de primera misa.

11

No serían muchos en el público que llenaba las tres naves los que entendieron su sermón, porque lo dijo en latín. De haberlo dicho en castellano lo habrían entendido menos aún.

Fray Plácido de la Virgen pertenecía a una de las más ilustres congregaciones religiosas, la de los gregorianos, que iba extinguiéndose como una lámpara que quema las últimas gotas de su aceite.

Después de haber tenido centenares de casas en el mundo pobladas con millares de frailes, ya no le quedaban más que tres o cuatro conventos agonizantes.

Como una inmensa higuera mordida por los siglos, sus ramas, antes frondosísimas, habían ido secándose sin que otros retoños brotaran de la vieja raíz.

Alguien pensaba que el mundo iba entrando en la época del enfriamiento religioso que precederá al fin de los tiempos, o al segundo advenimiento de Cristo conforme a las palabras del propio Jesús: "Cuando viniere el Hijo del Hombre, ¿os parece que hallará fe sobre la tierra?" Todavía sin embargo existían vocaciones: muchedumbres de jóvenes sentían el llamado a una vida más alta, sacrificaban su juventud, abandonaban la imperfecta libertad del mundo y compraban la libertad de Cristo que consiste en someterse para siempre a la voluntad ajena. Mas era para ingresar en otras órdenes religiosas, y sólo muy de tarde en tarde la iglesia de los gregorianos celebraba una fiesta como la de ese día.

Uno tras otro, como bueyes viejos, iban cayendo sus frailes en el surco de la inconclusa tarea, con muerte plácida y edificante.

Los ángeles se apoderaban de sus almas; sus compañeros, salmodiando el oficio de difuntos, tendían el cadáver sobre la misma tabla que durante tantos años fue su lecho; conforme lo dispone su regla le clavaban el hábito al contorno del cuerpo, y sin otro aderezo lo metían en una fosa recién cavada en la jugosa tierra del camposanto, para que bajo la sombra de piadosos cipreses se disolviera aguardando la resurrección de la carne. En una esquina de aquel terreno había un lapacho, gran árbol seco desde hacía doscientos años. Los frailes no volteaban su inmenso tronco inútil porque en sus ramas estériles se posaban las palomas de su campanario, y porque afirmaba una antigua tradición que ese árbol volvería a florecer en la primavera en que moriría el último papa, es decir en la víspera misma de la segunda venida de Cristo.

Acabada la ceremonia del entierro cada fraile volvía a sus trabajos, un poco más triste y algo más solo también, porque ningún novicio reemplazaba al difunto y su celda se convertía en un refugio de musarañas y murciélagos.

¡Con qué dolor fray Plácido de la Virgen, superior del convento, presenciaba la extinción de su orden!

Diez años, veinte años más y no habría nadie en el mundo para vestir aquel blanco sayal de lino que el fundador prescribió inspirado en el que describe Daniel en sus visiones: "ceñida la cintura con una banda de oro de Uphaz".

Por ello, si a las cansadas presentábase un joven pidiendo el hábito, su viejo corazón cantaba un Tedeum.

Después de penosas alternativas, en que más de una vez el convento de Buenos Aires hubo de cerrarse, en aquel 30 de mayo de 1978 dijeron su primera misa seis nuevos sacerdotes, y entre ellos uno famoso ya por su austeridad y su talento.

Fray Simón de Samaria tenía treinta años al ordenarse. La dura regla gregoriana no apagó su espíritu. A pesar del cerquillo con que afrentaba su arrogante cabeza, cuando subía al púlpito las gentes quedaban pasmadas y presas de contagiosa emoción.

Fray Plácido lo contemplaba con amor y temblor, y al admirarlo se llenaba de indefinible angustia: "El corazón de un hombre", afirma el libro santo, "anuncia a veces más cosas que siete centinelas sobre una altura".

Por ello esa tarde, después de la ceremonia de la consagración, cuando juzgó que el joven sacerdote se hallaría solo, fue a su celda, lo besó en la mejilla y le dijo:

—¡Ya tienes las manos consagradas, hijo mío! Ya eres sacerdote del Altísimo.

—Sí, para toda la eternidad —respondió el joven.

—Escúchame en el momento más solemne de tu vida, ahora que eres tanto como un rey, porque el aceite de unción es una diadema.

El joven respondió con las palabras de Samuel pues sabía cuánto agradaban al superior los textos bíblicos:

—Habla, señor, que tu siervo te escucha.

—Yo he pedido largamente al Señor que suscitara en nuestra orden un hombre capaz de darle el brillo que le falta, a fin de que a la manera de otras órdenes que estuvieron a punto de extinguirse, renaciera, se multiplicara y llenase el mundo.

Fray Simón escuchaba a su superior con los ojos fijos en las baldosas y con las manos en las mangas sueltas del hermoso hábito.

—Como hizo reflorecer Santa Teresa a las carmelitas y Ran cé a los trapenses, así anhelaba yo que alguien hiciera renacer la vocación gregoriana; pienso que Dios ha escuchado mi oración, porque cuando veo el influjo que tienen tus sermones sobre el pueblo no puedo menos de repetir el versículo del profeta con que la iglesia honra a San Juan Bautista en su vigilia: "He puesto mi palabra sobre tus labios".

—Ecce dedi verba mea in oretuo —murmuró el joven fraile, para mostrar al viejo que recordaba el pasaje, y por su médula corrió un estremecimiento de placer.

El superior le miró intensamente, como si adivinase la falla de aquella magnífica armadura, y le dijo:

—Pero..., después de cada sermón enciérrate en tu celda, humíllate, disciplínate y suplica a Dios que te envíe un ángel para que te abofetee y no te deje caer en el orgullo secreto que Él castiga con otras tentaciones, según lo manifiesta San Pablo.

—Así lo haré —respondió mansamente fray Simón.

El superior lo miró con el rabillo del ojo y prosiguió:

—¡Ay de ti si no pudieras llegar a la humildad sino a través de las caídas! Ten por seguro que el Señor permitirá las más bochornosas tentaciones para que aprendieses cuán poco valemos sin su gracia.

—Eso ya lo sé, por mi teología.

—¡Quiera Dios que no llegues a saberlo por tu experiencia!

—Perdóneme, V. R. —replicó sorprendido el joven— pero dígame con franqueza: ¿ha encontrado algo en mí que le cause inquietud?

No era día de explicarse con demasiada precisión y el viejo fraile prefirió seguir hablando en general.

—En el voto de pobreza que has hecho como gregoriano debes incluir no solamente la renuncia a toda propiedad material, sino también a toda propiedad espiritual.

—¿Las virtudes son eso que V. R. llama propiedades espirituales?¿Cómo puede renunciarse a las virtudes?

—Te diré: las virtudes producen un gusto, una delectación. La perfección está en renunciar a esos gustos espirituales que produce la virtud, porque a la corta o a la larga cautivan la voluntad y hacen creer que todo lo que contraría nuestros gustos espirituales es malo, y todo lo que los fomenta es bueno.

—Realmente —dijo fray Simón— recuerdo haber leído en algún tratado de mística que los gustos espirituales son a veces más peligrosos que los gustos corporales...

—Y yo estoy seguro —agregó fray Plácido— de haber leído en las explicaciones de Santa Catalina de Génova que a los gustos espirituales hay que huirles más que al diablo, porque enlazan al hombre. De ellos nace el amor propio espiritual con apariencia de bien, infinitamente más peligroso que el carnal, por ser la raíz de todos los males que puedan afligirnos en este mundo y en el otro. La rebelión de Lucifer y de sus ángeles no tuvo otra causa que el amor propio espiritual.

—Terrible cosa debe de ser ese amor, pero ¡cuán difícil no confundirlo con el celo por la gloria de Dios!

—Yo te enseñaré el secreto para descubrirlo infaliblemente.

—¿Cuál es?

—La obediencia; todo lo que hagas en virtud de la santa obediencia a tu regla o a las órdenes de tus superiores, es bueno. Todo lo que hagas contrariándola, así sea el sufrir martirio, es malo.

—Yo soy un hombre de deseos —dijo con melancolía el joven recordando las palabras del arcángel en la profecía de Daniel— y muchas veces yo mismo ignoro qué viento me arre bata.

Fray Plácido meneó la cabeza como diciendo: "¡Vaya si sabré yo lo que te pasa, hijo mío!"

Le palmeó cariñosamente el hombro y le repitió las palabras de Kempis:

—"No es santo todo lo alto, ni todo deseo puro. A veces nos mueve pasión y pensamos que es celo"... ¿Debo seguir hablándote, hijo mío?

—¡Hábleme, padre mío! —exclamó fray Simón con cierta inquietud, porque sentía que los ojos del viejo escudriñaban hasta el fondo de su alma.

El viejo prosiguió así:

—La piedra de toque de la virtud de un sacerdote es su absoluta adhesión al papa. Esa voluntad; mejor diré, ese sentimiento —porque el joven levita debe transformar en carne de su carne, en una especie de instinto, lo que al principio de su carrera pudo no ser más que una fría voluntad— esa adhesión a Roma es lo que lo hace un miembro vivo del cuerpo místico de Cristo.

—¿Cómo ha de ser y qué límites ha de tener esa adhesión?

—Debe ser ilimitada —contestó con presteza el viejo— desinteresada y silenciosa mientras no llegue el caso de pregonarla, porque entonces debe pregonarse aun a costa del martirio. Pero no sólo debe orientar tu acción exterior, sino también atar tus pensamientos...

—Mucho es eso —observó melancólicamente el joven.

Y el viejo prosiguió:

—Y todo lo que te aleje de ese sentimiento tenlo por una tentación diabólica.

—¿Todo? ¿Aunque sea una virtud?

—Todo, aunque te parezca una virtud, aunque sea la cosa más sublime de la tierra, aunque sea la promesa de una tiara, aunque sea la seguridad de una cruz.

—¿Y si se apareciese Cristo y me dijera: "Aléjate de Roma y sígueme"?

Fray Plácido reflexionó apenas un segundo y respondió sin titubear:

—Eso está predicho en el Evangelio, y será la señal de que el mundo va llegando a su fin. Tres evangelistas, Mateo, Marcos y Lucas, lo dicen con idénticas palabras "Vendrán muchos en mi nombre; si alguno os dijera: 'El Cristo está aquí; el Cristo está allá', no le creáis, porque se levantarán falsos Cristos y falsos profetas..." Y como ésta ha de ser la suprema tentación de los elegidos, Jesucristo, al ponernos en guardia, añade una advertencia: "Mirad que os lo he dicho de antemano..."

Después de un rato de silencio embarazoso el viejo reanudó su plática.

—La virtud primordial de un religioso —prosiguió fray Plácido— es la obediencia, porque, siendo hecha de humildad, encierra todas las otras. Obediencia no sólo exterior, que es aparente, sino interior, que significa la renuncia a la propia voluntad.

¿Y también a la propia opinión?

—Sí, también. Un religioso no realiza su fin sino cuando aniquila su personalidad y viene a ser como una gota de agua en el mar; sin dimensiones, ni límites, ni elementos exclusivos. Ella está en el mar y el mar está en ella.

—Así lo haré —respondió fray Simón blandamente.

—Escucha ahora una advertencia que no debes olvidar: sobre dos pilares se asienta la vocación del sacerdote; mientras ellos resisten el edificio se mantiene. Cuando uno de ellos afloja, el otro no tarda en ceder y todo se derrumba.

—¿Cuáles son esos pilares?

—Tú pensarás en otras cosas más grandes y en apariencia más sublimes. Para mí esos dos pilares son el rezo litúrgico y la devoción al papa, o con otras palabras, la oración disciplinada y la infalible humildad.

Fray Simón se estremeció, como aquel a quien de improviso le tocan una herida oculta. Luego se arrodilló y besó los pies del viejo, calzados de sandalias.

El superior se fue y él quedó solo en su celda, cuyas enjalbegadas paredes parecían teñidas de púrpura, pues por sus cristales, que daban al huerto, penetraban los rojos fulgores de un maravilloso crepúsculo.

Abrió la ventana y respiró a pleno pulmón el oreado viento de la tarde.

—Señor, Señor —exclamó, golpeándose el pecho a la manera del publicano—, me siento como Daniel, hombre de deseos: ¡vir desideriorum es tu!Tengo la conciencia de que llevo conmigo todas las energías de una nueva creencia. Mi misión es reconciliar al siglo con la religión en el terreno dogmático, político y social. Me siento sacerdote hasta la médula de los huesos; pero he recibido del Señor un secreto divino: la Iglesia de hoy no es sino el germen de la Iglesia del porvenir, que tendrá tres círculos: en el primero cabrán católicos y protestantes; en el segundo, judíos y musulmanes; en el tercero, idólatras, paganos y aun ateos... Comenzaré yo solo, en mí mismo, el perfecto Reino de Dios... Soy el primogénito de una nueva alianza.

La celda se llenó de azulada sombra. La campana, llamando al coro, lo sacó de su arrobamiento.

En el coro había seis frailes. Más tarde, en el refectorio, reuniéronse hasta doce entre profesos y coristas, y como fuese un día de gran fiesta, el cocinero añadió a las coles hervidas y a las lechugas con aceite, que formaban su ordinario sustento, un trozo de anchoa asada y un jarro de cerveza. Fray Plácido exultaba viendo aquel tímido reflorecimiento de su congregación. ¡Pluguiera a Dios que el arroyito que brotaba en el santuario se transformase en río caudaloso como el de la visión de Ezequiel!

Para descansar el cerebro fatigado, esa noche en la celda se puso a leer un libro en que se contaba minuciosamente la muerte de Voltaire, necio y desventurado personaje que en el espantoso trance interesábase más por el destino de su vieja osamenta, semiputrefacta ya, que por el de su alma inmortal. Leyó las artimañas de que se valió para que no se negara a su cuerpo la sepultura eclesiástica, que ansiaba sólo por la más inexplicable y contradictoria vanidad. Para lograr ese propósito llamó al confesor y consintió en firmar un documento retractándose de sus doctrinas.

Pero, como mejorase de esa enfermedad y recobrara la salud, se arrepintió de su retractación, y temiendo recaer en ella si volvía a enfermarse, levantó en presencia de un notario una protesta contra una manifestación análoga que in artículo mortis pudiera arrancarle otro confesor.

Pasaron nada menos que treinta y cinco años; Dios lo esperaba con infinita paciencia. Se halló de nuevo en trance de muerte, y preocupado siempre por el destino de su cadáver, aceptó los auxilios de M. de Tersac —cura de San Sulpicio, su parroquia— y extendió la retractación de ritual, sin la que ningún sacerdote tenía facultad para absolverlo. Pero el cura sometió el caso al arzobispo, que no aceptó aquel documento redactado con demasiada astucia, y exigió algo más categórico. Voltaire, aprovechando una fugaz mejoría, empezó a chicanear. De pronto llegó de veras la muerte, y el filósofo expiró, no rodeado de flores y amigos y dialogando y sonriendo filosóficamente, según lo imaginaban sus admiradores, sino blasfemando; desnudo, porque su vientre inflamado no soportaba ni una hebra de hilo, y gritando que le dieran un estanque de hielo para aplacar la sed.

Tales llegaron a ser su tortura y su desesperación, que hundió las manos en el pus de su vejiga y se llenó la boca, mientras los circunstantes, su sobrina la Denis, su sobrino

Villette, su criado Wagniéres, sus médicos Tronchin y Lorry, transidos de horror, contemplaban la escena.

—Talis vita, finis ita —dijo el fraile yendo a cerrar el libro.

Se contuvo al ver una fecha: Voltaire había muerto el 30 de mayo de 1778, y esa noche se cumplía el segundo centenario

—¡Doscientos años! —exclamó el superior—. Sucesión inacabable de sufrimientos. Y sin embargo todavía su eternidad ni siquiera ha comenzado. ¿Qué misterios, Señor, los de estas almas a las que disteis más luz que a las otras y que os han blasfemado más? ¿Qué escondido deleite hay en el orgullo, que embriagó y perdió a la tercera parte de los ángeles?

Con estos pensamientos se puso a rezar, hasta que lo venció el sueño y se durmió.

Debió dormir apenas dos horas; un fuerte ruido le hizo abrir los ojos y vio por la ventana que aún no había salido la luna. Plena oscuridad en la huerta, y en su celda un resplandor extraño y un insufrible hedor.

Se incorporó en el camastro y estiró la mano hacia su pila de agua bendita. Lo paralizó una voz infinitamente dolorosa, que venía del rincón más alejado.

—Guárdate de tocar esa agua, porque me harías huir. Guárdate de pronunciar exorcismos, si quieres que te comunique los secretos del porvenir. Yo soy el desventurado filósofo cuya muerte viste escrita; un sabio a los ojos de los necios, y hoy un necio eterno a mis propios ojos... ¿Quieres oírme?

Fray Plácido alcanzó a ver la figura de un hombre desnudo, con las carnes calcinadas y consumidas; evidentemente, la figura de Voltaire.

—¡Habla en nombre de Cristo!

No bien pronunció esta palabra, oyó el crujir de aquellos huesos, los vio doblarse hasta arrodillarse sobre las baldosas y escuchó un lamento:

—¿Por qué lo llamaste? ¿No sabes que cuando suena ese nombre todos los habitantes del cielo y del infierno se arrodillan? Tú no puedes ni siquiera imaginarte el suplicio que es para mí, que solamente lo llamo "el Infame", adorarlo cada vez que otros lo nombran con su verdadero nombre.

—¡Habla; no lo nombraré más! —dijo el fraile, temeroso de espantar aquella sombra a la que deseaba arrancar sus secretos.

Y al advertir el rictus de la desdentada calavera, le preguntó, perplejo:

—¿Te ríes, Voltaire?

—Esta risa es mi condenación. Yo he hecho reír a los hombres para que no creyeran en la divinidad del Infame. ¡Y yo creía! Creía y temblaba, sabiendo que un día nos encontraríamos frente a frente. Me sentía dotado de una inteligencia portentosa, mayor que la de todos los hombres después de Salomón, y pude elegir entre servir a Dios o alzarme con ella contra Él y ser su enemigo eternamente.

—Y dijiste, como Luzbel: ¡Non serviam!

—¡Sí! Y Él me dio, en cambio, larguísima vida, para que tuviese tiempo de arrepentirme.

—¿Y ahora te arrepientes de no haberla aprovechado?

—¡No! Arrepentirse es humillarse, cosa imposible en la miserable condición de mi alma. Si yo volviera a vivir, volvería a condenarme...

—¡Explícame ese horrible misterio!

—Durante sesenta años fui festejado y aplaudido como un rey. Poetas, filósofos, príncipes, mujeres, se pasmaban de admiración ante la más trivial de mis burlas.

—¿Y tú, te admirabas también a ti mismo?

—Yo, a medida que avanzaba la vejez, tenía mayor asco del objeto de aquella admiración de hombres y mujeres, pues cada vez que abría mi boca, antes que ellos sintieran el rumor de mis palabras, yo olía el hedor de mi aliento. Pero si era nauseabunda la fetidez de mi boca, era incomparablemente peor la hediondez de mis pensamientos.

—¡Infeliz!

—Ellos me consideraban un semidiós y yo los despreciaba, sintiendo pudrirse mi carne, envoltura del alma inmortal. ¡Ay de mí! Durante 84 años esa carne, que iba disolviéndose, fue mi única defensa contra el Infame. Mientras yo, es decir, mi voluntad, subsistiera atrincherada en esa carne, podría seguir lanzando mi grito de guerra: ¡Aplastad al Infame!

—¡Cristo vive, Cristo reina, Cristo impera! —exclamó, horrorizado, el viejo, sin pensar en las consecuencias de esa triple alabanza.

—¡Ay! —dijo Voltaire con indescriptible lamento; y otra vez se oyó el siniestro crujir de sus rodillas quemadas que se doblaron hasta el suelo; y se vio a la macabra figura postrarse de hinojos—. Éste es mi tormento mayor: ¡confesar su divinidad!

—In nomine Jesu —murmuró el fraile para sí mismo—, omne genu flectatur cœlestium, terrestrium et infernorum.

Y añadió en voz alta:

— ¿Acaso no temías a Dios?

— ¡Oh, sí, lo temía! ¡Oh, miseria y contradicción de mi soberbia! Cuando pensaba en la muerte me aterraba, y hubiera dado mi fortuna, mi fama y mis libros por un solo grano de humildad, la semilla del arrepentimiento. Pero la humildad no es natural; es sobrenatural. Un hombre sin ojos podría ver más fácilmente que un hombre soberbio decir: "Pequé, Señor; perdón." Ver sin ojos es contranatural; una fuerza natural puede modificarse por otra fuerza natural. Pero arrepentirse sin humildad es contra lo sobrenatural, infinitamente más allá de las fuerzas del hombre. Se necesita la gracia divina.

—¿Y, por ventura, Dios no te la dio?

—¡Sí, a torrentes! Pluguiera el cielo que no se me hubieran dado tantas gracias. Pues, al juzgarnos en esta sombría región, se tienen más en cuenta las gracias rechazadas que los pecados cometidos.

—¡Sigue, Voltaire! Te escucho con ansiedad.

El patriarca de Ferney prosiguió así, entre secos y horripilantes sollozos:

—Cuando uno ha rechazado obstinadamente durante veinte años, treinta años, medio siglo, los auxilios sobrenaturales de la gracia, Dios lo abandona a sus simples fuerzas naturales, la inteligencia y la voluntad. Yo veía mi destino si no me humillaba; pero humillarme habría sido un milagro. Y mi orgullo me embriagaba diciéndome que yo, hediondo y agusanado, podía por mi libre albedrío resistir a la gracia, complacerme en mi fuerza y luchar contra Dios. ¡Qué delirio, hacer lo imposible aun para las estrellas de los cielos y los mismos arcángeles: resistir a Dios! Tenía el frenesí de la blasfemia y del sacrilegio. Por burlarme del Infame comulgué muchas veces sacrílegamente delante de mis criados; y mis amigos me aplaudían y me imitaban. Y así llegué al día del espanto.

—La hora de la venganza —dijo el fraile, horrorizado—. Effunde frameam. Desenvaina tu espada, Señor.

—Así fue; llegó el turno de Dios, y desenvainó la espada sobre mí.

—Cuéntame tus últimos momentos.

—Los hombres no sospechan los misterios de esa hora, especialmente del postrer momento en que las potencias del alma, la memoria, el entendimiento, la voluntad, adquieren una agudeza inconmensurable.

—¿Cuánto dura eso?

—Supón que sólo sea un segundo; pero en ese segundo cabe mucho más que toda tu vida, por larga que fuera; allí cabe tu eternidad. En ese instante puede tu voluntad fijarle el rumbo. ¡Desventurado de mí! La obstinación de ochenta años, transformada en impenitencia final, es como un muro de bronce incandescente que rodea el alma y aguanta el último asalto de la misericordia, temblando, ¡oh, contradicción!, de ser derrotada, y espantándose de antemano de lo que será su propio triunfo. ¡Ay de mí! Yo triunfaba. Los rayos de la gracia se rompían sobre mi corazón como flechas de marfil contra una roca.

—¿Triunfa la gracia alguna vez?

—Millares de veces, porque es la virtud de la Sangre. ¡Cuántas retractaciones inesperadas, que quedan en el secreto del más allá! Pero si vieras la dureza de los que pecaron contra el Espíritu... de los desesperados, de los irónicos que por lograr un chiste arrojaron una blasfemia, de los que vendieron al orgullo su última hora, de los apóstatas. Para asistir y vigilar la impenitencia final de ésos, el diablo abandona toda otra ocupación. Y se mete en sus venas y hay como una transfusión del orgullo diabólico en el alma del renegado.

—Los hombres no conocen las profundidades de Satanás —murmuró fray Plácido.

—Si el diablo pudiera arrepentirse, ése sería el momento de su conversión, cuando por fortalecer la soberbia de un alma se ha empobrecido de la suya transfundiéndosela. ¡Ay!, cuando se llega a esas profundidades, el alma se hunde voluntariamente en su destino.

—¿Voluntariamente? —interrogó el fraile.

—¿Te sorprende? Escucha: yo he firmado con mi propia mano mi eterna condenación. Y la volvería a firmar cien veces, con pleno discernimiento, antes de humillarme y decir ¡Pequé, Señor; perdóname!

—No cabe en mi mente —replicó fray Plácido aterrado— que sea verdad el que si volvieras a vivir volverías a merecer tu condenación.

—¡Sí, cien y mil veces! En el último instante de mi vida, cuando por aliviar mi sed me llené la boca de inmunda materia y arrojé aquel espantoso alarido que ha quedado en mi historia; cuando mis ojos se cuajaron, todos me creyeron muerto. Pero yo estaba vivo, arañando el barro podrido de mi carne que todavía, por unos segundos, me libraba de caer en manos de Dios.

—¿Todavía podías arrepentirte?

—Sí, Y se me apareció el Infame con su corona de espinas y las llagas abiertas en manos y pies; el pecho ensangrentado y un papel sin firma, que era mi sentencia.

"Yo, que te redimí con mi sangre", me dijo, "no la firmaré; pero te la entrego a ti para que tu libertad disponga." Durante un segundo, en que vi mi pasado y mi porvenir, sopesé las consecuencias. Ya ni siquiera tenía que pedir perdón. El Infame se adelantaba a ofrecérmelo; bastábame aceptarlo confesando que pequé. El mundo ignoraría hasta el día del juicio mi retractación, y yo me salvaría. ¡Imposible! Durante sesenta años había combatido contra el Infame. Si ahora aceptaba su perdón, la victoria sería suya. Si lo rechazaba, yo, gusano de la tierra que no tenía más que medio minuto de vida, me levantaría hasta Él y haría temblar los cielos con mis eternas blasfemias. Pero era tal el horror de mi destino que vacilé. ¡Quién me hubiera dado un grano de humildad en ese instante!

—¿No lo habrías rechazado, acaso?

Voltaire guardó silencio y luego respondió, con voz cavernosa.

—¡Sí, lo habría rechazado! Entonces cogí la sentencia que Él no quería firmar, y yo fui mi propio juez y la firmé con esta mano que escribió La Pucelle y que ahora derrite el bronce... ¡Mira!

Voltaire alargó aquella mano que tantas blasfemias inmundas había escrito con extrema agudeza y rozó un candelero de bronce, en una alacena de la pared.

El duro utensilio se derritió como se habría derretido una vela puesta en la boca de un horno. Las gotas del metal cayeron sobre las baldosas y allí se aplastaron.

—Sabe, pues —prosiguió Voltaire— que ninguna condenación lleva la firma del Cordero. ¡Todas llevan la nuestra!

Sonó una campana. Voltaire se estremeció.

—Las campanas meaterran. Todo lo que mide el tiempo me aterra. Un año. Diez años. Doscientos años. ¿Cuándo se acabará el tiempo y empezará la eternidad desnuda?

—¿Cuándo? —interrogó el superior— ¿Acaso no se divisan ya las últimas etapas del Apocalipsis?¿No ha saltado ya el sexto sello del libro de los siete sellos?

La luna brillaba entre los cipreses de la huerta. Voltaire miró hacia las cruces plantadas en la tierra a la cabecera de los muertos en el Señor, y volvió los ojos con angustia.

—Un día no lejano florecerá el lapacho en el fondo de la huerta; y se levantarán los muertos a recibir a su Señor; tú, que no morirás hasta su venida, subirás con ellos los resucitados en los aires, para acompañar al que vendrá a juzgar a los vivos y a los muertos. Pero antes... —se detuvo.

El fraile temió que se callara en el momento de la revelación, y lo instó con estas palabras:

—Antes habrá venido el Anticristo...

—Sí —exclamó Voltaire con diabólico entusiasmo—. Ésa será la época en que el Infame será vencido en el catolicismo y en sus santos... Vosotros los frailes creéis invencible al catolicismo. ¡No! ¡Sabe que será vencido!

—Ya lo sé —respondió fray Plácido— es de fe que será vencido, mas sólo por un tiempo. El Apocalipsis anuncia que la Bestia del Mar, o sea el Anticristo, dominará todos los pueblos, lenguas y naciones, y hará guerra a los santos y los vencerá, lo cual le será permitido durante cuarenta y dos meses. Pero, ¿eso tardará mucho todavía? ¿Quiénes se equivocan: los que creen que faltan miles y miles de años para la venida del Anticristo, o los que creen que estamos ya tocando su reino?

—¿Tú qué crees?

—Yo creo —respondió fray Plácido— que el Anticristo vendrá pronto, y que esa venida ocurrirá antes del período de paz religiosa durante la cual el diablo estará preso y atado con una gran cadena y encerrado en el abismo.

—¿No sabes que esa no es la opinión de la mayoría de vuestros intérpretes?

—Sí, lo sé —dijo el fraile—. La mayoría de los intérpretes modernos sostienen que el fin del mundo aún dista millares de siglos, y que el Anticristo vendrá en las vísperas del día grande y horrible del Señor, cuando Satanás salga de su prisión y sea desatado por un poco de tiempo. Pero yo pienso lo contrario: que aunque el mundo pueda físicamente durar millones de años, la humanidad está ya próxima a conocer al más grande enemigo de...

—¡No lo nombres! Ya te comprendo.

—Y que ese enemigo, que llamamos el Anticristo, será una persona; un hombre de perdición, como dice San Pablo, y no una sociedad ni una secta, como sostienen algunos.

—Piensas con verdad: será un hombre,pero no estará solo; se encarnará en una orden religiosa cuyo superior será su falso profeta.

—¿Qué orden?

—Dentro de diez años lo adivinarás sin que yo te lo diga.

—Y creo —prosiguió el fraile— que los judíos lo recibirán como al Mesías, y por lo tanto que su venida será antes de la conversión de los judíos, en medio de una gran persecución de todas las naciones contra el pueblo de Israel. De modo que la verdadera señal de la aproximación del Anticristo no será la persecución universal de los cristianos, sino la persecución de los judíos.

—¡Esa es la verdad! —dijo Voltaire.

—Y pienso también que esto ocurrirá pronto, y que sólo después de la muerte del Anticristo se convertirán los judíos y Jerusalén será restaurada, con un rey de la estirpe de David.

—¡Así será! —confirmó Voltaire

—¿Está pues próximo a nacer el Anticristo?

—Ha nacido ya.

—¿Dónde? ¿De qué raza? —interrogó ansiosamente fray Plácido; pero la desconfianza lo turbó—. ¿Cómo voy a creerte, si eres hijo de la mentira?

—El Señor me manda decir verdad: el Anticristo, que nació en 1966, es de la tribu de Dan; y lo proclamarán su rey no solamente los judíos, sino también los musulmanes.

—¿Será grande su imperio?

—Sí: el número de sus jinetes será de doscientos millones, según el cómputo del Apocalipsis.

—¿Y su capital cuál será?

—La ciudad de su nacimiento, la mayor y más gloriosa y más santa ciudad del mundo.

27

—¿Jerusalén, entonces?

—No: Roma.

—¿Roma, cuna y capital del Anticristo? —exclamó estupefacto el fraile—. ¿Por qué, pues, los intérpretes dicen que nacerá en Babilonia?

—Roma es Babilonia. Vuelve a leer el final de la primera epístola de Pedro Apóstol y hallarás la explicación. Todo está en las Escrituras. Todo está profetizado.

—Sí —dijo el fraile—. El profeta Amós ha dicho: "El Señor no hará nada que no haya revelado a sus siervos los profetas." Pero los intérpretes disputan sobre el sentido de las profecías. Centenares de años han pasado discutiendo lo que simbolizan las siete cabezas de la Bestia del Mar, que tienen diadema... ¡Explícame eso!

—Está en el Apocalipsis,y tú lo sabes. Son siete reyes, que lo han sido, materialmente o moralmente, por la influencia que ejercieron entre los hombres. Cinco de ellos pasaron ya: Nerón, Mahoma, Lutero; el cuarto fui yo, y el quinto Lenín.

—¿Y los que no han pasado todavía?

—El sexto ya es: el emperador del Santo Imperio Romano Germánico...

—Pero ni ese imperio ni ese emperador existen. Hay un Imperio Romano sobre el cual manda Carlos Alberto, y hay un Imperio Germánico que tiene por soberano a Adolfo Enrique.

—Antes de diez años no formarán más que uno —respondió Voltaire—. Berlín y Roma serán ciudades de un solo imperio, bajo el cetro del sucesor de Adolfo Enrique, quien preparará el advenimiento del séptimo rey, que será rey de Roma, el undécimo cuerno del Dragón...

—¡El Anticristo!

—Yo volveré a visitarte dentro de diez años y dentro de veinte.

—¿Y yo estaré vivo aún? Piensa que he nacido el primer día de este siglo.

—Tú, que vives ahora bajo el Pastor Angélico, verás pasar como ondas de un río a los últimos papas, a Gregorio XVII, a Paulo VI, a Clemente XV. Tú concurrirás al cónclave que elegirá a León XIV, judío, hijo de Jerusalén, convertido al Infame y bajo cuyo reinado se convertirán los judíos, y tú verás florecer el lapacho y al último Papa, Petrus Romanus.

Fray Plácido escuchaba y temblaba.

—¿Seré cardenal, por ventura?

—No necesitarás serlo. Reinará en Roma la sexta cabeza, que hará morir a un papa; y tú habrás conocido a la Bestia de la Tierra, el falso profeta del Anticristo, y vendrá la hora de la séptima cabeza, que será una mujer, y del undécimo cuerno, el rey de los romanos, el propio Anticristo.

—¿Y la orden gregoriana existirá entonces?

—Dentro de diez años te contestaré. Te baste saber que de la orden saldrá un astro resplandeciente, cuyo nombre está en el Apocalipsis. ¿Podrías descubrirlo?

—¡Ajenjo! —murmuró fray Plácido con un hálito de voz.

—¡Creí que no fueses capaz de nombrarlo!

¿Por qué el superior de los gregorianos dijo aquel nombre, que significa en el Apocalipsis una estrella caída?

¿En quién pensó? ¡En nadie! ¡Dios era testigo de que en nadie pensó!

Para aturdir su inquietud se puso a repetir el texto del Apocalipsis. "Y el tercer ángel tocó la trompeta, y cayó del cielo una gran estrella ardiendo como un hacha; y cayó en la tercera parte de los ríos y en la fuente de las aguas. Y el nombre de la estrella es Ajenjo, y la tercera parte de las aguas se convirtió en ajenjo y murieron muchos hombres que las bebieron, porque se tornaron amargas."

Aquel símbolo había sido interpretado como alusión al fraile apóstata Lutero, cuyas doctrinas envenenaron a tantos millones de hombres.

¿Podría aplicarse 500 años después a otro personaje? Quiso pedir aclaración pero Voltaire había desaparecido. La puerta de la celda estaba cerrada. Por los vidrios de las entornadas ventanas llegaban torrentes de luna.

Fray Plácido abrió de par en par la puerta y la ventana, porque el hedor de la habitación era insufrible.

—¡Qué extraño sueño! —se dijo cogiendo un hisopo y rociando con agua bendita el suelo y las paredes.

Era noche de plenilunio. Todo aparecía envuelto en un cendal de plata. No había para qué encender la luz.

Se acodó sobre el alféizar y respiró a pleno pulmón el aire sutil y purísimo. Contó dos, tres, cinco cruces entre los matorrales; vio las ramas yertas del lapacho, sintió sueño y se recogió. Pero al encaminarse a la tarima su pie tropezó con un obstáculo Se agachó; era una plasta de bronce fundido.

—¡El candelero! —exclamó con espanto.

Se santiguó, se acostó de nuevo y se durmió en el acto.

Ya en las campiñas lejanas cantaban los gallos presintiendo el alba.

CAPÍTULO II

EL SATANISMO

Pasaron efectivamente diez años. Fray Plácido de la Virgen cumplió los 88 en pleno vigor mental y físico, Tal vez los que le veían de tarde en tarde notaban que se iba encorvando y que se dormía más a menudo en la lectura o en el coro.

Las vocaciones gregorianas no aumentaban; la orden parecía condenada fatalmente a la extinción. Sin embargo, la fama de fray Simón de Samaria crecía como las olas en la pleamar. Llamábanlo a predicar de los puntos más remotos de la tierra. En todas partes del mundo se le escuchaba por radio y se le veía por televisión; pero a las gentes no les bastaba televerlo o teleoírlo, y querían sentirlo cerca y departir con él.

Sus sermones se entendían por igual en Buenos Aires que en Moscú, Nueva York o Pekín, pues predicaba en esperanto, el idioma universal inventado por el lingüista judío Zamenhof y adoptado por todas las naciones, que abolieron bajo severas penas los demás idiomas, contrarios al espíritu de unión que pregonaba la humanidad.

El inglés, el castellano, el ruso, el árabe, el griego, el japonés, el chino, eran ya lenguas muertas.

Apenas las hablaban algunos viejos incapaces de aprender el esperanto, y algunos eruditos autorizados por los gobiernos para estudios literarios. Solamente la Iglesia Católica se negó a acatar la innovación, y mantuvo el latín como su lengua oficial; esto dio al idioma de Horacio una difusión enorme, ya que muchísimos católicos lo

31

aprendieron por no usar el esperanto, la lengua que hablaría el Anticristo.

Ocurrió, pues, que para llegar al corazón del pueblo fue indispensable que los predicadores aprendiesen el esperanto, y fray Simón de Samaria llegó a hablarlo con tal fluidez y elegancia que se le consideró un clásico en ese idioma.

En cambio fray Plácido de la Virgen no lo habló nunca, excusándose con su avanzada edad, y fue aislándose de la gente tanto, que en los últimos años no pudo alternar sino con los que sabían latín y con tres o cuatro viejos amigos seglares que no abandonaron su castellano. Los demás no le entendían.

Muchas otras novedades advertíanse en las vísperas del año 2000.

La higiene y la ciencia de curar las enfermedades habían progresado de tal modo que se logró duplicar el promedio de la vida humana, y con frecuencia se hallaban viejos de edad asombrosa en buena salud.

Se había descubierto la manera de rebajar el tono nervioso del organismo y hacer que el reposo del cerebro y del corazón fuera absoluto durante el sueño, como lo hacen los faquires. De este modo la tercera parte de la vida, que se pasa durmiendo, transcurría sin desgaste orgánico, con lo cual se prolongaba la existencia. Esto contuvo por algún tiempo la despoblación gradual del mundo, aunque no lo rejuveneció, porque el decrecimiento de la natalidad alcanzó cifras pavorosas.

A principios del siglo XX nacían en Europa 38 niños por cada 1.000 habitantes y morían 28 personas: el saldo era de diez por mil en favor del crecimiento de la población.

Ciento treinta años después, en 1930, nacían 19 y morían 14. El aumento se redujo a la mitad.

Medio siglo después, en 1980 —a poco de la aparición de Voltaire, que pasó por haber sido una pesadilla de fray Plácido— el promedio de nacimientos en todo el mundo no excedía de 3 por cada 1.000 habitantes, y las muertes eran 7.

Es decir, la humanidad perdía cada año 4 habitantes por cada 1.000.

El globo, que durante sesenta siglos, desde los tiempos de la primera pareja humana, había visto siempre crecer su capital de sangre de carne y de cerebro, comenzó a perder cada año unos diez millones de habitantes. Este era el resultado de una tenaz y escandalosa propaganda malthusiana que se efectuaba so color de ciencia, explotando el miedo al hijo, que complica la vida y absorbe los recursos que sus padres hubieran podido destinar a sus placeres.

Desacreditáronse como anacrónicos los hogares donde nacía más de un niño. Se ridiculizaba a los padres de dos o tres criaturas. Un hijo era motivo de lástima; dos, causa de desprecio; tres..., más valía atarse al cuello una piedra de molino y arrojarse al mar.

En las naciones de antigua cultura y de viejos vicios se puso de moda la esterilización por mutuo consentimiento de los recién casados, amén de la esterilización obligatoria al menor indicio de enfermedad orgánica.

Alemania, que en 1940 llegó a 85 millones de habitantes, medio siglo después no contaba más que con 60 millones, entre los que predominaban los individuos de 50 a 150 años y escaseaban los niños. El poderoso imperio germánico empezaba a secarse como la vid mordida por la filoxera. ¡Eugenesia! Idéntico fenómeno advirtióse en otras naciones de mucha instrucción y poca religión.

Francia, en la que se había restaurado el trono de San Luis, empezaba a rehacer su población de 20 millones de habitantes, en su mitad viejos. Inglaterra a duras penas se mantenía en los 30. Estados Unidos había caído por abajo de los 80. ¡Malthus!

Sólo Italia, que conservaba la fecundidad —esa única bendición de que la sociedad humana no fue despojada ni por el pecado original, ni por el diluvio—, alcanzó a contar doscientos millones de habitantes en todo el imperio, que tenía provincias en Europa, África, Asia y Oceanía.

El Japón también era fecundo; aspiraba a reconstruir el imperio mongólico de Gengis-Khan, y dominaba ya la mitad del Asia.

El imperio del Brasil se extendía desde las bocas del Orinoco, límite de la Gran Colombia, hasta el Río de la Plata, y se había apoderado de la Banda Oriental y el Paraguay, con lo que redondeó una población de 150 millones de habitantes, dueños de las más fértiles y variadas comarcas del globo.

En el norte de América del Sur existía la Gran Colombia, formada por Panamá, Colombia, Venezuela y Ecuador; y en el Pacífico, el imperio de los Incas, constituido por Perú y Bolivia.

Alsur de América estaba el pequeño reino de Chile, regido por la dura mano de un rey aliado del Brasil que aspiraba a ensanchar sus dominios, y la República Argentina.

El mapa argentino había sufrido graves modificaciones a raíz de una de las grandes guerras europeas.

Chile obtuvo la soñada salida al Atlántico, toda la Tierra del Fuego, la gobernación de Santa Cruz y las islas Malvinas que las naciones europeas no pudieron conservar.

La Argentina no estaba en condiciones ni de fruncir el ceño, y se resignó. Y según decían los estadistas, podía considerarse satisfecha de que no le hubieran quitado más tierras al sur y de conservar al norte dos provincias que podían haberle disputado los vecinos.

Finalizaba el mes de mayo de 1988...

Pero ya ni en Buenos Aires ni en ninguna parte del mundo se decía mayo. Entre tantas cosas reformadas, estaba el calendario.

El año tenía ahora trece meses de 28 días.

La reforma fue resuelta en 1955, quince años después que la Sociedad de las Naciones de Ginebra se disolvió a orillas del lago de su propio nombre, cuando comenzó la guerra entre las naciones que se llamaban a sí mismas del Nuevo Orden y las que se decían de la Democracia.

Terminada esta guerra hubo tres lustros de paz. Los diplomáticos se aburrían en el ocio y las señoras de los príncipes también. Un día de aburrimiento, las cuarenta esposas de los cuarenta primeros ministros de las naciones más adelantadas tomaron sus aviones, que marchaban a la velocidad de 1.200 kilómetros por hora, y se apearon en una isla del archipiélago de las Carolinas, la isla de los Ladrones, en el Pacifico, donde se habían reunido los financieros para crear una moneda internacional en reemplazo del oro.

Mientras ellos hacían esto, ellas abolieron el calendario gregoriano, que fastidiaba a los negociantes con sus meses irregulares; uno de 28, otros de 30 y otros de 31 días.

La verdad es que desde tiempo atrás algunas grandes empresas en los Estados Unidos se regían privadamente por un calendario de 13 meses, cada uno de cuatro semanas, con un día blanco al final del año, que eran dos en los años bisiestos.

Algo parecido al calendario inventado por el filósofo positivista Augusto Comte, que llamó a los trece meses con el nombre de sabios y héroes civiles.

En este punto el congreso de las cuarenta esposas anduvo dividido, pues cuando se trató del mes de junio —al cual Comte llamó San Pablo— se originó enconada disputa. Todas estaban conformes en llamar al segundo mes Homero y Bichat al decimotercero, aunque ignoraban quién fuese el uno y el otro. Pero San Pablo no les sonaba bien para tan alto honor.

Con el fin de evitar la discordia, las cuarenta esposas resolvieron prescindir de los personajes históricos, y denominaron a los meses con los nombres que les dieron los Caballeros Templarios en la Edad Media: nisan, tab, sivan, tammuz, aab elul, tischri, marshevan, cislev, tabeth, sehabet, adar, veadar; denominaciones usadas por los judíos desde hacía miles de años. Se prescindió de bautizar los días de la semana, y se les llamó por su número de orden: el primero, el segundo, etcétera, con excepción del sábado, que conservó su nombre.

El año se iniciaba con el primer día de la primera semana del mes de nisan, y para comenzar los cómputos de la nueva época, se eligió el 29 de marzo de 1955, dos semanas antes de la Pascua.

Desde ese día empezaron a contarse los años por el nuevo sistema, y terminaban el sábado de la cuarta semana del mes de veadar, o sea el día 364 del año. El 365 era un día blanco, que no pertenecía a ninguna semana ni mes, y fue fiesta universal como la antigua Navidad del Señor.

Diez años después, en 1965, una revolución sindiosista estallo en Rusia, que había vuelto al régimen capitalista, y barrió las naciones como una tromba de fuego. Aniquiló toda idea de justicia, de bondad y de belleza; pulverizó las más preciosas joyas del arte de los siglos, y en cinco años que duró amontonó cien millones de cadáveres, haciendo pensar a los creyentes que era el comienzo de los dolores, initium dolorum, palabras con que Jesús llama a las primeras señales del fin del mundo.

Poco a poco la humanidad fue saliendo de aquel lagar apocalíptico, donde los caballos se hundieron en sangre hasta las bridas; la Providencia suscitó para cada nación un jefe, casi siempre un soldado joven —los viejos, decían, sólo pueden ser médicos o sacerdotes—, y ese hombre restauró las jerarquías, abolió las libertades de lujo, a fin de que los hombres pudiesen gozar de los derechos esenciales: derecho de no ser asesinado, derecho de trabajar sin ser esclavo de los sindicatos, derecho de ser padre de sus hijos, derecho de ser hijo de Dios. El mapa del mundo cambió otra vez de colores; las pequeñas naciones se convirtieron en provincias de los grandes imperios.

Pero toda revolución deja en las costumbres alguna invención, a la manera de esas granadas que no estallaron y que los ladrones recogen en los sembrados y olvidan al lado del camino, hasta que un día un niño jugando las hace reventar. Aquella revolución, a pesar de que fuera vencida por la reacción de unos pocos dictadores, afianzó y legó a los nuevos imperios el esperanto, el año de trece meses y la moneda universal de papel.

La Iglesia Católica, que había resistido a las innovaciones, sólo aceptó la moneda universal de papel (el marx), que destruyó la estúpida idolatría del oro; pero siguió rigiéndose por el calendario gregoriano y hablando su hermoso latín.

Finalizaba, pues, el mes de mayo de 1988, y era la noche del primer día de la tercera semana del mes de sivan cuando resonó la viejísima campana del convento llamando a los frailes para las oraciones del alba, que ahora se decían a la medianoche.

El gobierno argentino, de estirpe sindiosista, toleraba la religión católica, a fin de demostrar que se respetaba la libertad de conciencia; pero sólo permitía la existencia de una orden religiosa, la de los gregorianos, especulando con su próxima extinción, y mandaba que los oficios religiosos se celebrasen entre las 12 de la noche y las 3 de la mañana, para hacer más difícil el asistir a ellos.

Al oír la campana fray Plácido se incorporó en la tarima, se santiguó, y se echó al suelo.

Una fría y espléndida luna hacía resplandecer los cachos de vidrios incrustados en el filo de las tapias antiquísimas que circundaban al convento.

El fraile abrió su postigo y vio cosas espeluznantes en aquel camposanto donde sus antiguos hermanos de religión dormían bajo la tierra, aguardando la trompeta del ángel que los llamaría a juicio.

Era el camposanto una sombría huerta, abandonada a las hierbas silvestres desde siglos atrás por falta de hortelanos.

Y entre aquellos matorrales, viniendo del fondo, apareció una bestia rarísima.

Fray Plácido se ajustó los espejuelos, temiendo que sus ojos lo traicionaran.

—¡Señor, Dios de los ejércitos! ¿Qué animal apocalíptico es éste?

Al mismo tiempo un torbellino como de cuatro vientos encontrados zamarreaba con furia la arboleda, sin que ni una brizna llegara hasta él.

—¿Estoy soñando, por ventura? —se dijo, y repitió un versículo del profeta Joel leído en la misa de uno de esos días: Senes vestri somnia somniabunt ("Vuestros ancianos tendrán sueños") lo cual sería signo de los últimos tiempos. Aquella bestia era evidentemente un león, pero tenía alas de águila. De pronto perdió las alas, se irguió y semejóse a un hombre.

Tras ella surgió otra, como un oso flaco y hambriento que había encontrado una horrible pitanza entre las tumbas, pues venía devorando tres costillas.

Ambas fieras se pusieron a la par, aliándose, y dieron la cara hacia el camino, por donde apareció una tercera, manchada, como un leopardo fortísimo con cuatro cabezas.

Y casi pegada a ella una cuarta bestia no semejante a ninguna en la tierra, que tenía dientes de acero que relumbraban como sables bajo la luna, y pies tan poderosos que pulverizaban los cascotes y pedruscos del suelo.

Y este cuarto animal ostentaba diez cuernos, entre los que brotó un cuernito, que creció y se transformó, y tuvo ojos de hombre y boca soberbia y desdeñosa.

Fray Plácido cerró los ojos y se apartó de la ventana; comprendió que se repetía ante sus ojos la visión que Daniel vio el primer año de Baltasar, rey de Babilonia, y que las cuatro bestias prefiguraban los cuatro imperios que existirían en los últimos tiempos; y destruidos ellos, vendría Cristo sobre las nubes a juzgar a los vivos y a los muertos.

Volvió a mirar y pensó que la primera bestia figuraba a la masonería, sembrada en el seno de muchas naciones y aliado secreto del oso de Satania, que devoraba tres costillas; éstas eran Escandinavia, Turquía y la India. El poderoso leopardo no podía ser sino Inglaterra, y sus cuatro alas y cuatro cabezas, el símbolo de sus aliados y dominios.

En cuanto a la bestia sin parecido con ninguna y armada de diez cuernos, discurrió que fuese el judaísmo, que es como un Estado dentro del organismo de muchas naciones, a todas las cuales rige y domina secretamente.

¿Y aquel cuernito que nacía entre los otros diez y se criaba con ojos de hombre y boca altanera, que luchaba y vencía a los diez...?

¿Un nuevo imperio? ¿Acaso el Anticristo?

En ese instante oyó la horripilante voz de Voltaire, que diez años atrás se le presentara en noche parecida.

—Te prometí volver —le dijo— y aquí estoy.

—Ninguna de las cosas que me anunciaste se ha cumplido —le contestó el fraile con displicencia, mas sin echarle agua bendita, porque quería arrancarle sus secretos.

—No ha llegado el tiempo todavía..., faltan diez años..., doce años... No más de quince años...

—¿Faltan para qué?

—A su tiempo lo verás.

—Me anunciaste que ya había nacido el Anticristo...

—Y no mentí. Hoy es un mozo de veinte años, que se prepara en el estudio de las ciencias y de las artes para el más tremendo destino que pueda tener un mortal.

—¿Dónde vive?

—No puedo revelártelo.

—¿Quiénes son sus maestros?

—El diablo, por medio de talmudistas y faquires.

—Algunos teólogos sostienen que estará poseído de Satanás y que no será moralmente libre, sino determinado fatalmente al mal. ¿Es verdad eso?

—No es verdad. El Anticristo es moralmente libre; podría hacer el bien si quisiera, pero su orgullo es infinitamente mayor que el de cualquier otro hombre. Yo mismo, en su comparación, fui un pobre de espíritu...

—¿Tiene ángel de la guarda?

—Sí, como todos los hombres. Y también, como todos los hombres, tiene un demonio tentador especial, que es el más alto en la jerarquía infernal; como no lo ha tenido nadie, ni Nerón, ni Lutero, ni yo; es el propio Lucifer.

—¡Desventurado mozo! —exclamó el fraile—. ¿Por ventura podría salvarse?

—Sí. La sangre del Infame lo ha redimido también a él. Pero su obstinación es tan grande que, aun reconociendo que el Mesías es Hijo de Dios, si lo encontrara, con sus mismas manos lo clavaría de nuevo en la cruz.

—¿Y tiene conciencia de su destino?

—¡No! Ni Satanás, antes de su caída, tuvo conocimiento de su futura condenación.

—San Pablo dice del Anticristo que poseerá todas las seducciones de la iniquidad... ¿Realmente es tan hermoso?

—El más hermoso de los descendientes de Adán. Nadie puede compararse con él. Hombres y mujeres enloquecerán cuando lo vean. Aunque es joven, tiene ya todos los vicios imaginables; la ambición, la crueldad, la impudicia; y sin embargo, quienes lo tratan lo creen dotado de las mayores virtudes, tan hábil es en la simulación.

—¿Cuándo comenzará su reinado universal?

—Cuando florezca el árbol seco.

—Voltaire... ¿sufres?

—Hace diez años te dejé una señal. ¿Acaso creyó nadie en ella?

—No; los que vieron fundido mi candelero de bronce lo atribuyeron a un rayo o a un experimento a distancia.

—¿Ves mi mano? Voy a estamparla en la pared.

La doliente sombra se volvió al blanco muro y lo tocó apenas con la palma abierta, y en el acto se derritió el revoque hasta la profundidad de un centímetro.

—¡Infeliz de ti! —dijo el viejo con horror.

—Piensa que todavía me hacen misericordia, y que si no me contuviera la Omnipotencia, yo mismo, por el peso de mi propia obstinación, me hundiría en mares de fuego que sólo conocerá el Anticristo.

—¿No puedo hacer nada por ti?

—Pasó el tiempo en que yo pude hacerlo todo con sólo una lágrima, y no quise. Y ahora nadie puede hacer nada; y si alguien pudiera, yo no querría.

—¿Me permites que te pregunte algo?

La sombra se inclinó.

—¡Pregunta!

—He visto en la huerta...

—Ya sé; la visión de Daniel.

—¿Qué naciones significan esas bestias?

—No son naciones; son las cuatro doctrinas máximas que al fin del mundo se aliarán para combatir al Infame.

—¿Cuáles son?

—Judaísmo, islamismo, paganismo y racionalismo o, como se le llama ahora, liberalismo. Esta última es la bestia de los diez cuernos, porque ha engendrado diez errores; y el undécimo, que acabará con los otros diez y luchará contra el Infame, frente a frente.

—¿Cuál es?

—La más tenebrosa maquinación que hayan podido inventar los hombres bajo la inspiración inmediata del diablo para ir preparando las vías del Anticristo... El racionalismo, que yo engendré, a su vez engendró el ateísmo, del cual ha nacido la postrera religión de este mundo: el satanismo... Dentro de diez años volveré.

La sombra del réprobo desapareció con estas palabras.

Durante muchos días en la cal de la pared se vio la marca negra de una mano huesuda; pero nadie quiso creer en la señal.

Pensaban que fray Plácido chocheaba, y algunos juraron haber visto esa mano desde hacía mucho tiempo, desde que una vez restauraron la celda y un albañil se apoyó distraídamente en el revoque fresco.

CAPÍTULO III

LOS JENÍZAROS DEL SATANISMO

En tiempos de Solimán el Magnífico, que llevó los negros estandartes de Mahoma desde el mar de la India hasta el estrecho de Gibraltar y dio de beber a sus caballos en todos los ríos desde el Danubio hasta el Éufrates, disponían los musulmanes de tropas jóvenes, especialmente adiestradas para hacer guerra sin cuartel a los cristianos.

De un valor ciego y cruel, aquellos soldados con entrañas de hiena eran hijos de cristianos. Cautivos, arrebatados a sus hogares por los islamitas y conducidos a Constantinopla, allí olvidaron su lengua y su religión y fueron la flor de los ejércitos del sultán.

Una educación ingeniosa y nefanda, que mezclaba los deleites orientales con los ejercicios más viriles, logró transformar aquellas almas bautizadas en el nombre del Padre, del Hijo y del Espíritu Santo, en los más implacables enemigos de la Cruz.

Los llamaron Yeni-Cheri, o sea "milicia nueva", especie de soldados que el mundo no conocía; y de allí hemos sacado la palabra jenízaros, expresión brillante y dolorosa para las imaginaciones cristianas.

Por análogo modo, en Rusia, o mejor dicho en Satania, cuando el comunismo desapareció desplazado por el sindiosismo, que sabía que el verdadero fondo de toda gran revolución es una pasión religiosa, los jefes concibieron el diabólico plan de formar batallones escogidos con las decenas de millares de niños españoles que sus corifeos, durante la guerra civil en España, arrancaron a sus hogares católicos y enviaron al extranjero, so pretexto de salvarlos de la muerte o del hambre, y en realidad para vengarse de sus padres, que combatían en las filas nacionalistas.

El diablo, en siglos de siglos, no ha podido inspirar un crimen más ruin y perverso que aquella razzia de niños robados y desterrados de su patria.

Nunca más sus desolados padres volvieron a verlos. Aquellos millares de niños, de cuatro, cinco, seis años, fueron en Rusia objeto de la más tenebrosa vivisección de almas que jamás se viera.

Muchachos y muchachas, por cuya vida y educación nadie velaba, fueron cruzados, seleccionados y educados con una disciplina mortal, pero con la rienda suelta para todos los caprichos de la imaginación y de los sentidos, y acabaron por formar una raza instintiva y ferozmente anticristiana.

El infernal experimento fue discurrido por un fraile español a quien la guerra civil sorprendió en un convento de Madrid, cuyas puertas no necesitaron abrirle los milicianos porque las abrió él mismo y fue a ofrecerse al Gobierno para servirle de Judas y vender de nuevo a su Maestro.

Desde los primeros días trocó su nombre de religioso por el que le correspondía de abolengo.

Antes de entrar en religión llamábase Naboth Santana. Pero este apellido no tenía en su familia más de cuatro siglos. Su lejano abuelo llamábase Dan, y fue un rico mercader israelita que prestó dinero a Fernando el Católico para la reconquista de Granada y acabó simulando una conversión al catolicismo, como Maimónides, que se hizo musulmán para conservar su fortuna y sus cargos en la corte del emperador Saladino.

A fines del siglo XV, Dan, su mujer y sus hijos se hicieron católicos, y uno de sus lejanos descendientes, a raíz de un contratiempo sentimental, profesó de fraile.

Tal vez ni él mismo sospechó, en un principio, lo endeble de una vocación engendrada por la vanidad. Tenaz, inteligente y empeñoso, no tardó en distinguirse en los estudios y en la predicación. Celebró misa, llegó a ser superior y fue confesor de religiosos en varios conventos de hombres y de mujeres, ministerio el más arduo y peligroso que pueda haber; tan sutiles y alambicados son los venenos con que el diablo trabaja las almas consagradas.

Tenía cuarenta y cinco años cuando estalló la guerra civil. Hacía ya varios que sentía el peso muerto de una cruz que solamente la humildad y la oración hacen gustosa; y vivía en sacrilegio celebrando misas inválidas e impartiendo sacramentos que abominaba.

Para colgar los hábitos sólo aguardaba una oportunidad, y se la proporcionó la guerra; a él y a muchos otros cuya vocación él mismo socavara. Así halló manera de vengarse de los que lo habían reprendido y de satisfacer ampliamente sus pasiones. Y desde ese día el diablo lo poseyó.

En la matanza de religiosos con que los milicianos respondían a cada victoria de los nacionalistas, las manos de Naboth Dan tuvieron parte principal.

¡Ay! Aquella sangre de mártires en que se bañaron copiosamente no fue capaz de lavar en ellas el indeleble carácter de la consagración con que el obispo las ungiera.

Él lo sabía, y de allí su rencor y el frenesí con que al frente de sus secuaces, que formaban un tribunal popular, penetraba en los conventos de monjas y elegía sus víctimas entre las que fueron sus penitentes; unas para el martirio, otras para el cautiverio de los milicianos, cuya horrenda historia es todavía secreto de Dios.

Pero cuando las tropas del general Franco llegaron a las puertas de Madrid, tuvo miedo de ser fusilado y huyó en compañía de muchos otros jefes cargados de crímenes y de dinero.

Pero, ¿en qué país refugiarse, para seguir combatiendo contra Cristo?

Las circunstancias volvieron a ayudarlo. El agónico gobierno del doctor Negrín, en combinación con el soviet ruso, había empezado a reunir como inocentes corderos, en campos y ciudades, los millares de niños que se enviarían a Rusia.

Naboth Dan se hizo nombrar director general de la criminal empresa; y desde ese momento fue el tutor de aquellos que el doctor Negrín presentaba al mundo como huérfanos de la guerra, pero cuyos padres estaban en las filas de Franco y cuyas madres los lloraban en Madrid, Bilbao, Barcelona, en cien pueblos más, de los que aún no habían sido conquistados por los nacionalistas.

La imaginación se resiste a seguir a esas tiernas víctimas en ese cautiverio del que no ha habido otro ejemplo en la historia.

¿Que padre, qué madre, qué embajador, qué cónsul reclamaría de Stalin lo que habían consentido los gobernantes de la España republicana, ávidos de vengar en los indefensos hijos las victorias militares de sus invencibles padres?

Antes de partir, Naboth Dan se hizo confiar decenas de millones de pesetas en oro del Banco de España.

Aquel oro depositado en bancos extranjeros a nombre de testaferros, aguardaba del otro lado de la frontera la inevitable fuga de los jefes, mientras los soldados seguían haciéndose matar en las trincheras de Madrid, de Bilbao o del Ebro.

Rico y poderoso, con carta blanca de la policía soviética para hacer en los niños españoles todos los experimentos imaginables, y ayudado por hombres y especialmente mujeres jóvenes que se trajo de Madrid, el ex fraile instaló su colonia en el Cáucaso, no lejos del mar Negro, casi en las orillas del río Suban; y empezó su tarea.

Lo primero de todo fue borrar de las memorias infantiles el idioma natal.

La naturaleza había concedido a Naboth Dan, como a muchos de su raza, gran facilidad para aprender lenguas. Costóle poco agregar el ruso a las que ya poseía; pero no quiso que en su campamento se hablara sino un idioma artificial, para mejor aislarlo del mundo.

Eligió el esperanto y lo impuso con todo rigor.

Los pobres niños eran despiadadamente castigados si para darse a entender se valían de otra lengua que aquélla, cuyo penoso aprendizaje emprendieron todos, aun sus propios dirigentes.

Durante meses y meses y casi años en el campamento de Dan se paralizaron las conversaciones; chiquillos de cinco o seis años, no sabiendo cómo expresar un deseo o una necesidad, preferían sufrir y morir callados, antes de exponerse a tremendos castigos por haber hablado en español.

La otra cosa que hubo que olvidar fue la religión.

En Rusia reinaba el sindiosismo, ateísmo militante que Stalin quiso difundir en el mundo mediante la revolución. La primera nación sindiosista después de Rusia debió ser España, dentro de los planes del Soviet, mas la victoria nacionalista la salvó y acorraló al sindiosismo en Rusia.

—Todavía no ha llegado mi hora —se dijo Stalin pocos años después, al beber la copa de champaña con que el hijo de Yagoda lo envenenó.

—¡Ya ha pasado tu hora! —exclamó su matador, que sobre su cadáver se erigió en su heredero.

El envenenador, que vengaba a Yagoda, su padre, sacrificado en 1938 por Stalin, conocía y compartía los planes de Naboth Dan.

Ya no era tampoco la hora del comunismo, ni siquiera del sindiosismo. El mundo, trabajado por dos mil años de cristianismo, necesitaba para disgregarse y dar camino a las fuerzas de la Revolución un veneno mucho más activo, y Dan lo empezó a preparar en su campamento del Cáucaso.

Ni el comunismo, ni el sindiosismo, transformaciones brutales del materialismo, podían llenar el corazón humano y cautivar un alma que tiende al misticismo hasta cuando blasfema, porque el alma tiene una cuarta dimensión de que carecen las cosas materiales, y es la irresistible vocación a lo sobrenatural.

Naboth Dan sabía esto por la teología católica, y en su campamento impuso una religión: el satanismo.

El culto de Satanás había tenido desde el siglo XIX apasionados adeptos, especialmente entre los poetas y los filósofos, que por hacer más crudas sus blasfemias, las erizaron de alabanzas diabólicas.

Pero ni Proudhon, ni Carducci, ni madame Ackermann, ni Richepin, ni Leconte de Lisle, hicieron de sus desesperados insultos a Dios una verdadera oración al diablo, ni lograron imitadores de su triste locura.

Naboth Dan, que sentía en las corrientes de su sangre la indeleble vocación sacerdotal, se dejó de literatura y hábilmente deformó el corazón de los niños. Creó una religión con oraciones, mandamientos y catecismo; y para hacerla más accesible y grata a las imaginaciones infantiles, hizo de ella una contrafigura de la Ley de Dios.

Contra cada mandamiento que imponía un precepto de amor o una virtud, se pregonaba un deleite o se daba un consejo de odio, camino infinitamente más fácil de seguir.

Del lado de Dios estaba el sacrificio. Del lado del diablo el placer y toda la libertad imaginable de los peores instintos.

El nuevo emperador de Rusia, que no quiso llamarse sino "el hijo de Yagoda", apoyó los planes de Naboth Dan, le dejó formar los jenízaros del satanismo —adivinando el gran papel que llegarían a desempeñar— e implantó la nueva religión en un inmenso imperio al que denominó Satania.

Cuando por milagro de la gracia alguno de aquellos niños resistía la infusión del espíritu de Satanás, era crucificado.

Dios sólo sabe los centenares de tiernos mártires cuyas cruces florecieron en las orillas del Kuban.

Una disciplina de terror fue el único vínculo de los satanistas entre sí. Se aplicaba la tortura y la pena de muerte por la más mínima insubordinación y por todo delito político, pero se dejaba el campo libre a las más depravadas tendencias.

Y así fueron creciendo los millares de niños españoles secuestrados en un rincón de Rusia.

El mundo llegó a saber algo de lo que ocurría. Juan III, rey de España, pensó que el primer deber de la monarquía debía ser rescatar aquellos infelices expatriados cuyos padres habían jurado vestir de eterno luto. Pero Rusia cerró sus fronteras y defendió sus cautivos, y Europa no osó lanzarse a una cruzada que hubiera costado veinte millones de muertos para rescatar treinta o cuarenta mil muchachos, que nadie sabía dónde estaban ya.

A los veinte años formaban una pequeña nación dentro de Satania. Aumentados por los niños que robaban en la vasta Rusia, desde el Báltico hasta el Owhostsk, desde el mar Blanco hasta el mar Negro, los jenízaros del satanismo llegaron a 100.000.

Naboth Dan era viejo y sentía llegar su fin.

No vería cumplido su plan: la destrucción de Cristo.

—Lo verán mis hijos o mis nietos.

Para apresurar su cumplimiento, hacia 1975 Naboth Dan abandonó a sus lugartenientes en territorio del Cáucaso y se instaló secretamente en Roma con sus varias mujeres y sus hijos.

Roma era la ciudad mayor de la tierra; Babilonia de mármol y bronce, capital del más civilizado pero a la vez más corrompido de los imperios.

Y dentro de sus inaccesibles murallas defendidas por todas las invenciones, estaba la torre de oro de la Ciudad Santa, la pequeñísima Roma Vaticana, que gobernaba a seiscientos millones de almas por la exangüe mano del Pastor Angélico, electo papa en 1939.

En los innumerables círculos de la turbulenta Babilonia, Naboth Dan, bajo diversos nombres, podía actuar e intrigar y ser agasajado sin ser reconocido.

En los últimos días del mes de veadar de 1985, Naboth Dan, que se hallaba en cama, llamó a su hijo primogénito, se despojó de su insignia de mando, el dragón rojo de siete cabezas coronadas, y se lo entregó delante de sus mujeres y de sus hijos.

—No lo llevarás mucho tiempo —le dijo—. Cuando tu hijo mayor cumpla veinte años se lo entregarás, y él realizará la obra que ni yo ni tú ni ningún otro hombre del mundo podría realizar. Él restablecerá el trono de David; él reconstruirá el templo, y en él se cumplirán las profecías de Israel.

Entonces, como el rey Achab, Naboth Dan volvió la cara hacia la pared. Así estuvo tres días sin pronunciar una sola palabra, repasando en su memoria los sucesos de su larga existencia.

Al cabo de esos tres días, aquel apóstata, renegado de Cristo, celebró lo que es la última misa del sacerdote, su propia muerte. ¡Pero en qué estado se hundió su mísera alma en la eternidad!

Su familia siguió viviendo en Roma.

Tres años después, Ciro Dan, el nieto aludido en la última conversación de Naboth, alcanzó la edad fijada.

Era el primer día del mes de nisan; por consiguiente el primero del año, y ya la primavera esplendía sobre los campos y las ciudades del Imperio.

Pero no había en los jardines, ni en los huertos, ni en las campiñas, una flor más hermosa que aquel joven de veinte años, como si la humanidad no hubiese vivido 6.000 años sino para crear ese tipo.

Antes que él todas las otras criaturas humanas, aun las que pasaron a la historia como tipos inmortales de belleza, no fueron sino esbozos de la radiante hermosura de aquel mancebo.

Su abuelo habíalo ocultado como el tesoro de un rey, y solamente lo vieron sus parientes más próximos y sus maestros.

Sabios orientales talmudistas y faquires lo versaron en la sabiduría antigua, y físicos, biólogos, químicos, astrónomos y matemáticos, le enseñaron cuanto sabe la ciencia actual; poetas y humanistas lo hicieron diestro en artes.

Su inteligencia era sobrehumana. Es sabido que Pascal a los trece años, con la primera lección de geometría, descubrió por sí solo los teoremas de Euclides. Ciro Dan procedía así: enseñábanle un principio y ya sin necesidad de maestro deducía todas sus consecuencias.

Mostró una facilidad portentosa para los idiomas; tenía tan tenaz memoria que no olvidaba nunca ni una palabra ni una inflexión, y las lenguas penetraban en su cerebro como los rayos del sol en el agua transparente de un lago.

Cuando cumplió veinte años, sus maestros, aun los talmudistas, buzos envejecidos en los arcanos de aquel mar sin fondo ni orillas del Talmud, declararon que no había un repliegue de la Michna ni de la Ghemara que él no conociera y no explicara con mayor profundidad que Maimónides, el águila de la Sinagoga. Y renunciaron a seguirle enseñando, porque ahora les tocaba a ellos aprender y obedecerle como a un rey.

CAPÍTULO IV

LA CORONACIÓN DE CIRO DAN

La sala del trono hallábase en el piso 144 del Banco Internacional de Compensaciones, el más alto edificio de Roma y el banco mayor del mundo, clearing de todas las monedas y regulador del tráfico internacional.

El no iniciado en los símbolos de la Cábala y del Talmud desconcertábase ante los extraños dibujos de sus muros de plata, de su techo de bronce, de su pavimento de lapislázuli.

Era una sala de forma hexagonal que tenia pintada en el suelo una gran estrella de seis picos, formada por el entrecruzarse de dos triángulos equiláteros, uno blanco y otro negro, con una de las seis letras del nombre divino de Adonai en cada uno de sus picos y el número siete en el centro.

El techo mostraba en primer término un enorme círculo plateado que se movía lentamente. Cuando los ojos se acostumbraban a su movimiento descubrían la figura de una serpiente que se mordía la cola, símbolo de la fuerza universal según la Alta Magia.

Dentro de ese círculo había una estrella inmóvil de ónix verde, no de seis puntas como la del suelo, sino de cinco — la estrella gnóstica o pentagramática— en cada uno de cuyos picos se leía una de las cinco sílabas del muy ilustre y muy eminente nombre divino Tetragrammaton.

Según Paracelso, en su discurso de la oculta filosofía, los nigromantes judíos y los doctores de la Cábala han realizado milagros con estos dos emblemas o pantaclos, cuyo sentido no explican sino a los más fieles iniciados de la Alta Magia.

La estrella de cinco puntas, llamada estrella flamígera del microcosmos, es una oración divina o es una blasfemia satánica, según la posición que se le dé.

Cuando tiene una sola punta hacia arriba significa el pentagrama luminoso: voluntad, inteligencia, amor, fuerza y belleza.

Mas cuando tiene dos es un jeroglífico infernal, pues esas dos puntas en alto significan los dos cuernos de un chivo, imagen de Satanás; las otras dos, las orejas gachas; la última, la extremidad de su hocico prolongado por la barba.

En un lado del hexágono, arriba de un estrado de dos escalones y bajo un baldaquín de seda roja, veíanse dos tronos, y detrás de ellos, sobre la amarilla cortina del fondo, la imagen de Satanás bordada en negro, conforme al ritual de la Cábala.

Sentado, con las piernas cruzadas encima del mundo, representábasele bajo la forma de un barbudo chivo de grandes cuernos, con una estrella gnóstica en la frente, alas negras de arcángel, pecho de mujer, patas caprinas y dos serpientes entrelazadas formando un caduceo sobre el velludo vientre.

Una pálida media luna en creciente arriba a la derecha, y otra sombría en menguante, abajo a la izquierda y a sus pies, en letras hebraicas, griegas y latinas una triple leyenda extraída del Tarot: Por ser el único Señor, es el único digno de adoración.

A manera de antítesis, al frente del estrado había una gran cruz de madera oscura, sostenida en la pared por sólidos ganchos que permitían quitarla y volverla a suspender.

Ninguna imagen clavada en ella, pero en el lugar del INRI, un letrero con la blasfemia de los crucificadores de Cristo: "Sí es verdad que eres el Hijo de Dios, bájate de la cruz."

A su pie, en un trípode de hierro, un pesado martillo y algunos gruesos clavos, dispuestos para algún sacrílego simulacro de crucifixión.

Próxima al estrado abríase una puerta custodiada por soldados; y a uno y a otro lado de la cruz, anchos ventanales de vidrios multicolores, a través de los cuales divisábase el prodigio de las diez mil torres y los cien mil jardines suspendidos y palacios de aquella Babilonia que fue la Roma de los últimos emperadores.

La estupenda cosmópolis era todavía la capital religiosa del mundo. El papa tenía allí su sede. Mas ya merecía por su hermosura y su corrupción el nombre de Babilonia.

Aquellos tronos que estaban debajo de un baldaquín rojo eran de rebuscada suntuosidad, construidos en oro y marfil y tapizados de damasco negro, y tenían dibujos distintos.

El de la izquierda mostraba en la tapicería del respaldo las Tablas de la Ley sostenidas por dos leones.

El de la derecha, un dragón rojo de siete cabezas con diadema.

Las patas de ambos terminaban en soberbios zafiros tallados como pies de cabra.

Custodiaban la puerta cuatro jenízaros del Kuban con túnicas cortas sin mangas, lo que permitía ver el número 666 marcado a fuego en sus nervudos brazos.

Ese número era el símbolo del Anticristo, que una moda —estúpida, al parecer, y en el fondo diabólica— había difundido entre las gentes snobs.

Por respeto al lugar escondían sus armas, pilas secas que mataban a distancia arrojando un invisible rayo de luz violeta, que coagulaba la sangre o la disgregaba instantáneamente.

Con un ritual semirreligioso empezaron a llegar los que habían de asistir a la ceremonia.

Primero los seis hermanos de Ciro Dan seguidos por cuatro mujeres de su servidumbre, y tras ellos el padre y la madre. El ropaje de todos era amarillo, y en sus brazos advertíase la anticristiana marca.

Solamente los cinco barbudos personajes que entraron luego venían de otro modo. Pocos en la ciudad conocían a los cinco misteriosos rabinos que habían educado a Ciro

Dan. Llevaban sobre sus negras túnicas de mangas flotantes estolas blancas de lino, y mantenían cubierta la cabeza con sombreros de castor.

Sus barbas venerables jamás profanadas por las tijeras, les caían sobre el pecho.

Dos criados trajeron una mesa enmantelada, alrededor de la cual, sin dar la espalda al trono, sentáronse aquellos sutilísimos intérpretes de todas las ciencias y de los secretos de la Cábala, del Zohar y del Talmud.

Sobre la mesa había cinco rollos en sus fundas, dispuestos como los rayos de una rueda, y en el centro una esplendorosa corona imperial rematada por la milenaria estrella de David.

Sonó un cuerno penetrante, se abrió la puerta, los rabinos se pusieron de pie y todos se inclinaron con aquel amor ansioso y triste que envenenaba sus almas.

Precedido por siete jenízaros y seguido de otras tantas hermosas muchachas, entró Ciro Dan.

Rasurada la barba juvenil, con lo que se advertía mejor la boca perfecta, caprichosa, arqueada por una soberbia y desdeñosa sonrisa.

Color de miel y undoso el cabello corto que devoraba la frente, la cual, aun siendo angosta era bellísima, resplandeciente de obstinación y de luz interior.

La tez como el trigo maduro; así la traen los soldados que vienen de lejanas campañas.

Verdes y magnéticos los ojos, y las cejas casi oblicuas como las de los nativos de la ruda Tartana.

Rápido y ahondador el mirar, y el gesto imperioso de quien está seguro de su estrella y conoce que es rey de reyes.

Y sin embargo parecía sorprendido, como un joven león que por primera vez sale al campo abierto, sin saber qué enemigos va a enfrentar; tal vez otra fiera, tal vez un hombre, tal vez un dios.

Vestía una clámide de lana blanca al modo griego, que dejaba entrever su pecho de gladiador.

Cordones de oro sujetaban la sandalia a la pierna fina, tostada por vientos y soles de largos caminos.

Ni anillos en las manos, ni espada en el cinto, ni marca alguna en el brazo desnudo.

Por la ventana divisábase a lo lejos la columnata de San Pedro, enrojecida su potente cúpula bajo el primer crepúsculo de nisan y coronada por la eterna luz. Los ojos verdes resplandecieron de odio.

Ciro Dan conocía el lema que los cartujos graban al frente de sus edificios: Crux stat; dum volvitur orbis ("La cruz permanece mientras el mundo cambia").

—¡Cerrad la ventana! —dijo; subió al estrado, y ocupó el trono de la izquierda.

En ese momento vieron sentada sobre uno de los escalones a una mujer que nadie conocía y que traía, como las otras, un incensario de oro con brasas crepitantes. ¿Quién era? ¿Cómo había entrado? Los crueles jenízaros iban a arrojarla de allí, mas los contuvo Ciro Dan con una mirada que sorprendió a las otras mujeres.

Verdaderamente, si había alguna digna del amor de aquel mancebo, que más que hijo de los hombres parecía un arcángel, era aquella, por su rara hermosura y su serena audacia.

Su túnica de lino blanco distinguíala entre todas, y en su hermosísima frente, que tenía el color dorado de las arenas del desierto, veíase la misteriosa cifra, roja como una herida fresca.

Sus ojos sombríos y soñadores, ligeramente ceñidos y como tirados hacia las sienes, eran en su rostro caucásico un rasgo del Extremo Oriente que daba más sabor a su belleza.

Su boca pura y nerviosa, lo mismo que el pliegue perpendicular entre las duras cejas, revelaban una pasión cruel y fanática.

Mas cuando Ciro Dan hizo el gesto que contuvo a los jenízaros y llenó de celos a las otras mujeres, desaparecieron pliegues y sombras, y sólo quedó sobre su persona el resplandor indescriptible de una belleza sin igual.

Sobre las brasas de su incensario se estaba calentando un utensilio de hierro con mango de marfil.

Poco a poco el aire de la sala, con el humo de los perfumes, fue tornándose ardiente y embriagador, propicio al éxtasis y a las alucinaciones.

Uno de los cinco maestros desenfundó el rollo sagrado, se aproximó calándose unos anteojos de carey y en alta y solemne voz leyó:

—Promesas de Jehová, por boca de Mezquil Etham Ezrahita, en el Libro de los Psalmos:

"Hallé a David mi siervo; ungílo con el aceite de mi santidad.

"Mi mano será su auxilio; mi brazo su fuerza.

"Y quebrantaré delante de él a sus enemigos, y heriré a sus aborrecedores.

"Extenderé su mano sobre el mar y su diestra sobre los ríos.

"Y será mi primogénito el más excelso de los reyes de la tierra.

"Y haré que su raza subsista por los siglos de los siglos, y su trono durará eternamente."

El viejo enrolló el pergamino, y levantando la mano derecha clamó:

—Los caminos del Señor están abiertos delante de ti, que reconstruirás su templo. Pero no eres tú el primero que se presenta en nombre del Señor y engaña al pueblo. Acuérdate de Jesús de Nazaret, cuyo nacimiento refiere el Talmud con palabras que horrorizan a los cristianos. Se hizo mago, se llamó rey y fue condenado como apóstata y muerto a pedradas en la ciudad de Lydda, la víspera de Pascua. Tú, el verdadero rey de los judíos, guárdate de parecerte al Nazareno.

El rabino calló, miró ansiosamente a su discípulo, que no se dignó mirarlo, y volvió a su lugar.

Y se levantó el que estaba a su lado.

La intrusa vestida de blanco arrojó sobre las brasas unos granos de Perfume.

—Promesas de Jehová por boca del profeta Ezequiel:

"He aquí que abriré vuestros sepulcros y os sacaré de vuestras sepulturas, pueblo mío. Y pondré mi espíritu con vosotros, y viviréis y os haré reposar sobre vuestra tierra...

"He aquí que yo tomaré a los hijos de Israel de en medio de las naciones adonde fueron, los recogeré de todas partes y los conduciré a su tierra.

"Y los haré una nación sola en la tierra, en los montes de Israel, y habrá un rey que los mande a todos...

"Y mi siervo David será rey sobre ellos..."

—Tú, Ciro Dan, el ungido del Señor, serás ese rey y reconstruirás ese templo. Pero acuérdate que otros se dijeron enviados del Señor y mintieron. Acuérdate del impostor Bar-Kosibá, que sesenta años después de la ruina del templo se proclamó Mesías, hijo de David, y arrastró consigo a 200.000 soldados que se dejaron cortar un dedo en señal de valor, y reinó tres años y medio. El emperador romano envió contra él a sus mejores generales, que asolaron cincuenta fortalezas, destruyeron 985 ciudades y mataron 580.000 judíos. La sangre corrió al mar formando un río de cuatro millas de largo, y allí pereció Bar-Kosibá, que se decía la estrella de Jacob. Tú, que vienes en nombre del Señor, guárdate de llevar a mi pueblo a la matanza.

Los labios de Ciro Dan se estremecieron un instante como si fuera a responder, pero guardó silencio.

Levantóse el tercer rabino y leyó:

—Promesas del Señor por boca del profeta Miqueas:

"Acontecerá en los últimos tiempos que el monte de la casa de Jehová será levantado sobre todos los montes, y los pueblos correrán a él.

"Y acudirá mucha gente y dirá: Venid, subamos al monte del Señor y a la casa del Dios de Jacob, y nos enseñará sus

caminos y andaremos por sus veredas. Porque de Sión saldrá
la ley y de Jerusalén la palabra de Jehová.

"Y juzgará entre muchos pueblos y castigará a naciones
poderosas hasta muy lejos.

"Y convertirán sus espadas en rejas de arados, sus lanzas
en azadones."

—Y tú, Ciro Dan, hijo de David, que reconstruirás el
templo, serás rey de los montes de Judea, que estarán por
arriba de todos los montes. Pero guárdate de ser como
Salomón Malkho que se llamó a sí mismo la Espada de Dios,
y engaño a los pueblos y causó la ruina de millares y fue
quemado vivo quince siglos después del Nazareno.

Se levantó el cuarto rabino, con la decepción pintada en
el semblante al ver el desdén con que Ciro Dan escuchaba
las profecías y los consejos.

Era un anciano de pequeña estatura y de miembros
poderosos. Cuando alzaba el brazo, corríasele la manga y se
descubría su piel velluda como la de Esaú.

—Esta es la sagrada Thora, donde están escritas las
palabras del mal profeta Balaam, hijo de Beor, el varón de
los ojos cerrados. Su boca, comprada para maldecir por el
rey de Moab, se enternece al ver los campamentos de Israel,
y estalla en bendiciones:

"¡Cuán hermosos son tus pabellones, oh Jacob; tus
tiendas, oh, Israel! Como valles con bosques; como huertas
junto al río; como lináloes plantados por Jehová; como
cedros de las aguas.

"Una estrella saldrá de Jacob; un cedro se elevará de
Israel, herirá a los caudillos de Moab y destruirá a todos los
hijos de Seth.

"Vendrán navíos desde las costas de Citthin y oprimirán a
Assur, y oprimirán a Heber, y él también perecerá para
siempre."

El rabino se detuvo un instante al ver resplandecientes de curiosidad los ojos de Ciro Dan y comentó el pasaje con estas palabras

—Las costas de Citthin son en el lenguaje de los libros santos las de Italia. Una poderosa escuadra imperial arribará a las tierras orientales y conquistará el país con todos los pueblos que contiene, asirios y hebreos, árabes y egipcios, y tú, hijo de David, desaparecerás después de reconstruir el templo, mas tu reino subsistirá por todos los siglos.

Se levantó el quinto rabino, alto, flaco, hirsuto, y a grito herido anunció:

—Promesas de Jehová por boca del profeta Isaías:

"Yo, el Señor, he dicho a Ciro, que es mi ungido y a quien yo conduzco por la mano para sujetarle todas las naciones, para poner en fuga a los reyes, para abrir delante de él todas las puertas sin que ninguna permanezca cerrada: Yo marcharé delante de ti y humillaré a los grandes de la tierra; yo romperé las puertas de bronce y quebraré sus bisagras de hierro. Yo te daré tesoros ocultos y riquezas secretas y desconocidas, a fin de que sepas que soy el Señor, el Dios de Israel, que te he llamado por tu nombre."

—Y yo, Jehudá Ben Gamaliel, que te hablo —prosiguió el rabino, golpeándose con la huesuda mano el hundido pecho—, yo que he sido hasta ayer tu maestro y desde ahora tu siervo, te digo: tú, que eres el Ciro del profeta a quien el Señor llamó por su propio nombre hace 27 siglos para que en ti se cumpliera la grandeza de Israel, coloca tú mismo la corona de la ley sobre tus sienes. Pero si no vienes en nombre de Dios, acuérdate de Sabbatai-Ceví, que nació en Esmirna en el año 5386 de la Creación y fue engañado por una hermosa aventurera, y un día en la sinagoga de Esmirna se proclamó Mesías y rey, y con sus artificios cabalísticos enloqueció a los judíos de toda Europa y corrompió sus costumbres. El gran visir lo aprisionó y Sabbatai, por salvar su vida, apostató de su religión, se hizo musulmán y desacreditó en millones de almas las palabras del Señor. ¡Acuérdate de Sabbatai-Cevi, si has de reconstruir el templo!

El quinto rabino se sentó yerto y pasmado, al ver la indiferencia de Ciro Dan, que parecía no haberlo escuchado. En el aire exterior sentíase el zumbido de los aviones que volaban entre las nubes. La noche iba cayendo sobre la Ciudad de las Siete Colinas.

Adelantóse Hillel, padre del mancebo; subió al estrado, se desprendió del precioso Dragón de las siete cabezas, y con gran reverencia lo puso en el pecho de su hijo, y arrodillándose besó la fimbria de oro de su manto.

Como si la intrusa aguardara ese instante, no bien la suprema insignia cambió de dueño se levantó, impetuosa y audaz, y habló así, con gran escándalo de los rabinos:

—Escúchame, Ciro Dan: yo, Jezabel, reencarnación del espíritu de una reina fenicia y de una profetisa hebrea, te diré la palabra que llegará a tu corazón.

"Tú no vienes al mundo en nombre del que quiso llamarse hasta el fin de los siglos el Dios de Abraham, de Isaac y de Jacob, sino en tu propio nombre.

"El mundo ya no cree en aquel Dios, envejecido y destronado, porque te aguarda a ti, su enemigo.

"Serás rey del mundo porque tu verdadero padre, el Dragón bermejo de las siete cabezas, te condujo a la más alta montaña donde un día llevó al Nazareno, y te mostró, como a él, los reinos de la tierra, y te dijo la misma palabra: 'Te daré todo lo que ves, si te postras en tierra y me adoras'. El Nazareno se negó a adorarle, pero tú consentiste, y toda la tierra será tuya, por un tiempo, dos tiempos y medio tiempo."

Los fríos labios de Ciro Dan se animaron con una sonrisa. Llamó a la intrusa, le tomó las dos manos y le dijo al oído:

—No es la primera vez que te veo.

—¡No...!

—¿Dónde te vi antes? ¿Cómo has entrado hasta aquí? ¿Cómo sabes que yo he subido en las alas negras de mi padre hasta la cumbre del monte...?

—Del monte Apadno —añadió ella.

—Sí, del monte Apadno. ¿Cómo sabes que allí lo he adorado?

—Porque en sueños me ha hablado Henoch, el primer maestro de la Cábala, y porque he visto tu gloria en el humo de las violetas regadas con sangre de cuervo.

Los rabinos presenciaban, celosos y amargados, sin percibir las palabras, el diálogo de Ciro Dan con la intrusa. Uno de ellos, el kohen o sacrificador, estimó llegado el momento de ceñir la frente del nuevo rey con la corona de David, signo de un imperio tan vasto como nunca lo conoció la humanidad. Mas apenas hizo un ademán, Jezabel arrebató la magnífica joya y coronó la más hermosa cabeza del mundo.

Ciro Dan se levantó, y todos temieron que la invitase a ocupar el trono de la derecha, que él mandó poner sin decir para quién. Mas no fue así, y ella humildemente volvió a sentarse en un ángulo del estrado.

Entonces él se dirigió a los barbudos personajes:

—Jezabel ha hablado mejor que vosotros, mis maestros. Yo no vengo en nombre de Jehová.

Yo vengo en mi nombre a destruir el reino del que no quiso adorar a mi padre en la cumbre del monte Apadno.

En él no se cumplieron las profecías, porque su reino no es de este mundo. En mí se cumplirán, pues yo soy el que Isaías llamó por su propio nombre, Ciro, el ungido de Dios, de la raza de David. Pero mi dios no es el vuestro, israelitas; ni el vuestro, cristianos; ni el vuestro, musulmanes. Mi dios y mi padre es el enemigo eterno de Jehová que creó a los ángeles y a los hombres, y tuvo celos de su obra; y llenó el universo de trampas, y vendó los ojos a sus criaturas, y las empujó para que marchasen y cayeran. Y puso detrás de cada placer un pecado, y en los corazones una ansiedad de placeres, a fin de que se multiplicaran los pecados y los habitantes de su infierno.

El negro Arcángel cuya caída lloraron las estrellas; mi padre, que tiene en la frente un letrero que dice: ¡No me arrodillo!, ha soplado en mí su inteligencia y su soberbia de tal modo que me siento más seguro yo en la tierra que vuestro Jehová en su cielo.

Yo soy el vengador de los traidores y de los asesinos, de los ladrones y de los impúdicos: de Caín, de Judas, de Nerón, de Lenín, cuyas carnes envenenadas por el odio no hubieran podido comer las águilas sin morir; y vengo al mundo para fecundar la raza de los soberbios y de los envidiosos, a fin de poblar la creación de inmortales blasfemias, estopas inflamadas que eternamente arderán en los oídos del Creador. ¡Cómo se arrepentirá de haber creado nuestro libre albedrío y de no atreverse a destruirlo ni a encadenarlo!

En ese momento sonaron precipitados golpes en la puerta.

Apenas entreabrieron, penetró la vieja mendiga que diariamente, desde sesenta años atrás, veían los fieles limosneando en una de las entradas de San Pedro, en la Roma Vaticana. Todos sintieron correr por sus espaldas el frío pavor de los sacrilegios.

A una señal de los rabinos, los criados se llevaron la mesa y los rollos sagrados.

La pordiosera venía envuelta en un manto color carmesí, desflecado pero limpio. Tenía la cara redonda y arrebolada, los ojos pequeños y picantes de malicia y una dentadura perfecta, insultante de blancura, que contrastaba con los amarillentos mechones de cabello que se escapaban del rebozo.

Si los ojos humanos pudieran ver las cosas divinas, habrían visto un friso de ángeles prosternados alrededor de tan odiosa figura y como fondo, a pocos pasos en el aire, mil demonios entregados a la más frenética zarabanda.

—¿Ya no me esperabas? —preguntó la mendiga, dirigiéndose a Hillel, padre de Ciro Dan.

Hillel, sin hablar, señaló a su hijo.

Ella se volvió a Ciro Dan, a quien nunca había visto; y quedó extasiada. Él le dijo:

—Ellos podían dudar de que llegarías a tiempo; yo no, porque los diez sefirots negros del Arcángel te acompañan.

—Si tú eres el que viene en su propio nombre, debes saber lo que traigo —dijo ella, aproximándosele.

—Lo que otras veces has traído —respondió Ciro.

—Sí, pero hoy la mano que consagró mi hostia es la mano del papa. He comulgado en su capilla, y te traigo el propio Cuerpo de Cristo que él puso en mi boca.

Por habituados que estuviesen aquellos hombres y mujeres a presenciar los sacrilegios del satanismo que se celebraban entre ritos blasfemos y cabalísticos, las palabras de la mendiga hicieron gran impresión.

Pocas figuras había en la Roma Vaticana tan conocidas como la de la Pannota, aquella pordiosera del rebozo carmesí que permanecía durante horas quietecita en el umbral, aguardando una limosna.

En las misas del alba muchos la habían visto acercarse a la mesa eucarística, y teníanla por santa.

La miserable criatura sabía por su catecismo que en el milagro de la transubstanciación, al convertirse mediante las palabras del sacerdote el pan y el vino en el sacrosanto Cuerpo de Cristo, no permanecen sino mientras duren los accidentes de las especies y que no bien la saliva los altera el milagro desaparece y aquello vuelve a ser un poco de harina o un sorbo de vino en proceso de transformación.

Por eso, no bien comulgaba retirábase al rincón más oscura, y aprovechándose del rebozo quitábase de la lengua la sacratísima Forma y la ponía entre algodones, para entregarla a los ministros del satánico culto.

Había logrado por fin, con muchas mañas, asistir a una misa de Pío XII y recibir de su mano la comunión.

Desde ese instante quiso tener alas para llevar su tesoro hasta el piso 144 del Banco Internacional de Compensaciones. Pero tuvo que aguardar hasta que el viejo pontífice terminó su acción de gracias después de la misa. Nunca le había parecido tan larga la distancia ni tropezado con tantos obstáculos.

Mas llegó en el solemne momento de la coronación de Ciro Dan. De entre las ropas del seno extrajo la redondela blanca, en la que por milagro o fenómeno había una viviente gota de sangre. Instintivamente se echaron todos atrás, y fue necesario un acto de fría resolución para que se atrevieran a acercarse a aquel pan que hacía prosternarse a los ángeles invisibles.

Ciro Dan tomó la hostia y la puso en un platillo de oro, parodia de patena.

—¿Qué significa esa mancha roja? —preguntó enitaliano, para que no le comprendieran los otros.

La vieja respondió temblando:

—Allí está Cristo vivo... Tal vez sea su Sangre. Ciro Dan se encogió de hombros y mandó a los criados:

—¡Aprontad la cruz!

Y a su madre:

—¡Traed al niño!

Las brasas íbanse adormeciendo en los incensarios, bajo las cenizas de los perfumes. Pero el aire estaba lleno de visiones. Solamente alrededor de la hostia había un lugar libre de aquel humo cabalístico. Parecía que un fanal de vidrio defendía de in jurias a la sagrada Forma. Afuera sentíase el formidable aliento de Babilonia.

Uno de los soldados descolgó la cruz y la puso arriba de un lienzo tendido en el piso, a manera de tapiz,

Y trajeron al niño, un pálido chicuelo de seis o siete años cuyo rostro habían popularizado aquellos días los periódicos y la televisión universal.

La noble y secular familia de los Torloni, tan allegada al Vaticano y emparentada con la emperatriz, ofrecía un millón de marxes a quien le diera noticias de su heredero principal, desaparecido misteriosamente.

Desde el primer instante se pensó en un secuestro por venganza, pues el padre del niño, como prefecto de la policía romana, había perseguido a la masonería.

Cincuenta mil hombres del servicio secreto fueron movilizados para buscar al niño, y doscientos mil agentes de uniforme, diseminados desde Roma hasta la frontera, hallábanse prontos para auxiliarlos.

Ciro Dan, que había realizado el rapto valiéndose de sus secuaces, servidores o camareros del emperador y hasta del papa, guardó al chicuelo en lo alto de aquel edificio, inviolable por su carácter diplomático; el día de su coronación lo mandó traer.

El pobrecito, temblando de miedo, se aproximó al trono.

Otros corazones se habrían compadecido al oír su inocente balido de cordero:

—¡Mamá, yo quiero irme con mamá! —clamó en italiano.

—Háblame en esperanto —le dijo Ciro Dan—, y yo mismo te llevaré a tu casa.

—No sé esperanto —respondió el pequeñuelo—; sólo sé italiano.

—¿Eres católico?

—¡Sí!

—Si me obedeces y haces lo que te mando, te llevaré a tu casa. ¡Escupe sobre esto!

Y le presentó la patena.

Al ver la hostia, la carita del niño resplandeció en forma sobrenatural. Una intuición divina, tal vez su ángel de la guarda, tal vez la gracia del bautismo, le reveló que aquella Forma estaba consagrada y era la purísima carne del Hombre-Dios. Y fue a arrodillarse para adorarla, pero no se lo permitió la dura mano que lo retenía.

—Si no escupes la hostia —le dijo Ciro Dan—, no te llevaré a la casa de tus padres y morirás como Jesús de Nazaret.

—¡Llevadme a mi casa, por amor de Dios!

Jezabel le susurró al oído:

—¡No llores! ¡Mírame! ¿Quieres que yo te lleve? ¿Me tienes miedo?

El pequeño Torloni la miró y se echó a su cuello.

—¿Has hecho tu primera comunión?

—Sí, el año pasado, en el día de la Virgen. Desde entonces he comulgado todos los días.

—¿Y quién te ha dicho que esta Forma está consagrada?

—Nadie, sino que veo los ángeles a su alrededor, adorándola. ¿Vosotros no los veis?

—¿Tienes miedo de morir clavado en una cruz?

—¡Sí, sí! ¡Llévame a mi casa...!

—¡Escupe, entonces, la hostia!

El niño se apartó bruscamente de la joven, como de una víbora.

—¡No, no, no! —gritó con sorprendente energía, flor milagrosa que brotaba de su debilidad y de su pavor.

Dos de los jenízaros se arrojaron sobre él, lo desnudaron impúdicamente y lo tendieron sobre la cruz. El espanto hizo enmudecer a la víctima.

Ciro Dan descendió del trono. Su padre le entregó el martillo y los clavos, y él, sin una sombra de compasión, hundió el primero de un recio martillazo en la palma de aquella inocente mano. Un alarido horrible desgarró los aires.

—¡Mamá, mamá!

—¿Vas a escupir la hostia?

—¡No! ¡No! ¡No!

Los jenízaros movieron la cruz para que su joven señor no tuviera que cambiarse de sitio, se hundió el segundo clavo en la otra mano y finalmente otro en los dos pies crispados y tiernos, maniobra difícil que exigió muchos dolorosísimos martillazos, entre ayes desgarradores.

Al alzar la cruz para empotrarla en la pared, el horrible dolor hizo perder el sentido al crucificado.

Ya en el cielo de Roma se habían apagado los últimos fulgores del crepúsculo, y en la sala no se había encendido ninguna lámpara.

Mas la sangre cristiana durante una hora manó silenciosamente y alumbró con un resplandor divino aquel misterio de iniquidad.

Nadie advirtió de qué fuente procedía la luz. Y mientras agonizaba el heredero de la ilustre casa romana, Ciro Dan cogió del incensario de Jezabel la marca de hierro que estaba calentándose desde el comienzo de la ceremonia y mandó a los circunstantes que le mostrasen el brazo derecho desnudo, y vio que todos tenían su cifra menos los rabinos, a quienes él mismo imprimió el signo de su posesión.

No lo conmovieron las humilladas y llorosas caras de los viejos y de nuevo calentó la marca, y como viese que el niño había muerto, se volvió furioso y estampó en la sagrada hostia el sacrílego número.

En ese momento cayeron desde los cielos sobre el mundo tres ayes apocalípticos: ¡Ay! ¡Ay! ¡Ay!

Se apagó el milagroso resplandor y desapareció la hostia sacratísima, y aunque no había ni puertas ni ventanas abiertas, penetró una bestia horrorosa que llegó arrastrándose hasta el sillón de la derecha. Era un dragón de color de sangre, con siete cabezas coronadas de oro y diez cuernos que despedían azufrado fulgor.

Crujió el trono cuando la bestia se encaramó sobre él.

Y a la luz de aquellos siete pares de ojos y en el medroso silencio de las profundidades satánicas, hablaron una tras otra las siete bocas de la bestia prorrumpiendo en blasfemia.

Esa noche Ciro Dan desapareció de Roma. Ni su padre ni su madre supieron adónde se había ido.

También desapareció Jezabel, con quien él mantuvo una larga plática.

Y en esa larga plática, de labios de ella, uno de los rabinos alcanzó a oír el nombre de otra gran ciudad en un lejano país.

CAPÍTULO V

RAHAB

Fray Plácido esa noche tuvo un sueño que truncó la campana del hermano Pánfilo.

En vano permaneció un rato sentado sobre su jergón, para atar los cabos de sus recuerdos.

Como las nubes deshechas por el huracán no se reconstruyen nunca tales cuales fueron, así los sueños del fraile no pudieron rehacerse.

No eran pues sueños proféticos, anuncios del Señor que de serlo, habrían perdurado en su memoria.

Se santiguó de nuevo, se lavoteó en una palangana de hiero y se encaminó a la sacristía por el desierto claustro en que sus sandalias sonaban con arcaico rumor. Sin que hubiera ninguna lámpara encendida, todo aparecía envuelto en una claridad lechosa, merced al resplandor que derramaban sobre la ciudad nubes artificiales de un gas luminoso.

A esa hora el hermano Pánfilo preparaba sobre la ancha mesa de la sacristía los ornamentos sagrados para la primera misa, que debía comenzar al filo de la medianoche.

En el movedizo arenal del mundo cuyas instituciones se extinguían o se transformaban, solamente la Iglesia Católica, con sus dogmas eternos y su liturgia milenaria permanecía impasible, torre de piedra en mitad del desierto. Cada uno de los ornamentos, la dorada casulla, el alba flotante de cándida tela, la estola, el manípulo, todas aquellas prendas de que le revestía la mano arrugada y temblorosa del sacristán, eran idénticas a las usadas desde siglos y siglos por otros sacerdotes; y las oraciones con que acompañaba cada gesto venían repitiéndose por millones de bocas desde la más remota antigüedad.

Sonaron las cien en el reloj de la sacristía y en todos los relojes de la ciudad. Conforme al nuevo uso, dividíase el día en cien horas de cien minutos cada una, y era cada minuto poco más de ocho segundos antiguos, el espacio de una jaculatoria. Pero los relojes no las anunciaban por campanadas que habría sido difícil contar, sino por voces que una radio lanzaba a los aires.

Fray Plácido, revestido ya y precedido de un monaguillo soñoliento, llegó al altar de San José, donde todo conservábase igual desde tres siglos por lo menos: el atril para el misal, las vinajeras con el agua y el vino para la consagración, la campanilla para el sanctus y las dos velas litúrgicas, cuyas vacilantes llamitas no se avergonzaban ante el resplandor de la luz difusa que impregnaba el éter.

Los fieles llenaban la anchurosa nave del templo y muchos se agrupaban alrededor del confesionario del otro fraile del convento recién elegido superior, fray Simón de Samaria, que confesaba desde las doce de la noche hasta las dos, hora de su misa.

La pequeña comunidad de los gregorianos, algo más de media docena de individuos, estaba orgullosa de él y esperaba que su prodigiosa fama despertaría las vocaciones que la orden necesitaba urgentemente para no extinguirse.

Fray Plácido se alegró al ver rodeado de penitentes el confesionario de fray Simón. Creía que ése era el ministerio más difícil del sacerdote y el más propio para que la sal de la tierra se mantuviera en su genuino sabor.

Observó sin embargo una novedad, que lo distrajo varias veces durante la misa. Entre los penitentes columbró a Juana Tabor, aquella joven semiconvertida por fray Simón.

Era la primera vez que acudía al confesionario, pues ella hasta entonces lo había consultado en el locutorio de la comunidad; y era eso lo que convenía no siendo aún católica.

¿Habría adelantado tanto la misteriosa catecúmena, que entraba de lleno en la más penosa de las experiencias, cual es la confesión?

Muy poco sabía de ella el viejo fraile. Tampoco sus amigos íntimos que lo visitaban a diario en su celda, Ernesto Padilla y Ángel Greco, más viejos que él los dos y que conocían a todo el mundo, sabían nada de aquella mujer de nombre sonoro y misterioso, que había comprado al Gobierno la antigua quinta de los jesuitas en Martínez, cerca de Buenos Aires.

Un día, en aquella casa en que antes se bendijo a Cristo, celebróse una gran fiesta profana, y la hermosura y la riqueza de Juana Tabor se hicieron proverbiales.

Vestíase como una princesa india: manto blanco sobre los cabellos negros sencillamente alisados; sandalias de oro y una cinta roja ciñendo la hermosísima frente. ¿Era un simple adorno u ocultaba alguna deformidad o cicatriz? ¡Misterio!

No existía idioma que ella no hablara a la perfección, y su trato era de una seducción extraña.

¿Hindú, europea, americana? De cierto nadie lo sabía. Ella decíase chilena, mas negábanlo quienes conocían los modismos de Chile que ella no usaba nunca. Aunque su tipo era caucásico, había en sus ojos un dejo de la raza amarilla, rasgo inexplicable y exquisito que dulcificaba el resplandor demasiado altivo de sus facciones.

No era bautizada. Fray Simón nunca hablaba de ella, lo cual inquietaba mucho a fray Plácido, que un día le dijo con alguna intención dos frases de la Sagrada Escritura, una de las cuales alegró el siempre nublado rostro del superior, mientras la otra pareció irritarlo.

Y fue la primera aquella respuesta del Señor, cuando los fariseos le reprocharon su familiaridad con los pecadores: "Si un hombre tiene cien ovejas y una de ellas se descarría, ¿no dejará las noventa y nueve en la dehesa para ir al monte en busca de la extraviada?"

Al mismo fray Plácido, no sabía por qué, después de haber citado las palabras del divino Jesús, hijo de María, le vinieron a la mente otras del otro Jesús, el sombrío hijo de Sirach, y fue el amargo versículo del Eclesiástico: "Toda malicia es pequeña comparada con la malicia de la mujer." ¿Era por ventura una prevención, un aviso para que desconfiase de la bellísima Juana Tabor?

Algo antes de la medianoche, cuando fray Plácido iba en su misa por el ofertorio, una preciosa autoavioneta plateada que no halló lugar libre para aterrizar en la vecina plaza Stalin, se decidió a posarse como una paloma sobre el techo de la iglesia.

Descendieron de ella dos muchachas y dos mozos que vestían los trajes de moda.

Es oportuno advertir que a pesar de las infinitas revoluciones hechas para terminar con las clases sociales, las gentes en las cercanías del año 2000 seguían agrupándose en clases conforme a sus gustos, a sus envidias, a sus costumbres. Especialmente la envidia, a la cual se le diera en tiempos de Marx el nombre científico de lucha de clases, era más que nunca el motor principal de las almas.

Los dos mozos (Níquel Krom y Mercurio Lahres) vestían traje talar de seda amarilla, algo de toga romana y algo de albornoz africano.

En cambio, las dos jóvenes llevaban, según los últimos figurines de Yokohama, la ciudad más elegante del universo, pantalones de seda. Eran amplios los de Rahab Kohen, nombre de la una, y ceñidos a la pierna los de Foto Fuma, la otra. En aquel fin de siglo los hombres usaban polleras y las mujeres pantalones.

Las dos muchachas vestían además elegantísimas blusas de cuero rojo sin mangas, lo que permitía verles en el brazo derecho, un poco arriba del codo, marcado a fuego, el número 666.

La azotea, dispuesta para el aterrizaje de los aviones, estaba iluminada por una fosforescencia opalina, cien veces más intensa que la de la luna en el plenilunio y sin la dureza de la cruda luz del sol.

Tal resultado se obtenía arrojando torrentes de un gas ozonizado, que se mantenía entre los 100 y 150 metros formando un toldo blanco y unido.

Ese gas electrizado a distancia, producía tan maravillosa claridad que las gentes acabaron por no echar de menos la del sol.

En las noches de viento la luz sufría ligeras oscilaciones, el toldo solía desgajarse, y aparecían pedazos de un cielo que, aun cuajado de estrellas, no merecía sino las maldiciones de los ciudadanos, porque ese fenómeno obligaba a las máquinas que hacían el gas a multiplicar su producción — con grandes gastos— para reponer lo que el viento pampero o el norte habían barrido.

El solo inconveniente del sistema, para ojos de otros siglos, era que los habitantes de las grandes ciudades ignoraban la belleza de los cielos estrellados. Millones de seres nacían, vivían y morían sin haber contemplado nunca una noche de luna.

¿Pero eso qué importaba? En todos los siglos ha habido quienes sin ser ciegos, jamás quisieron ver la salida del sol ni interrumpir el sueño para contemplar la estrella de la mañana.

Sin embargo, la belleza de la estrella de la mañana es tal que entre los horrores del Apocalipsis el Señor, para ponderar la grandeza del premio que destina a los que perseveren, lo compara con ella: "Al que guardare mis obras hasta el fin, yo le daré la estrella de la mañana."

Discuten los intérpretes acerca del sentido de esta promesa, mas no los poetas, que la aceptan en su sentido obvio y directo, pues para ellos la estrella de la mañana es una de las maravillas de este mundo poblado de inadvertidas bellezas.

Los pasajeros de la avioneta habían bajado en los techos de San Gregorio con deseos de procurarse un buen sitio para oír el sermón del famosísimo padre, que tenia absorta y conmovida la ciudad. Sería una distracción nueva.

Rahab recorrió la azotea buscando cómo descender hasta el atrio, y halló una escalera de ladrillos que por una parte conducía al campanario y por la otra al coro y otras dependencias del convento.

Un cartelito prevenía en dos idiomas, latín y esperanto, que estaba prohibido subir a la torre, y añadía:

Respete la clausura del convento. Para bajar a la calle siga la escalera.

La muchacha miró el cartel e hizo un mohín.

—Me parece que aquí nos indican el camino. ¿Alguno de ustedes sabe leer?

Uno de ellos, Níquel Krom, respondió riéndose:

—¿Por quién nos tomas? ¿Tenemos cara de sirvientes?

Y el otro, Mercurio Lahres, dijo:

—Si hubiera sabido que eso te iba a interesar me hubiese venido con Ángel Greco, el único en mi casa que entiende jeroglíficos. Es secretario de mi madre y le lleva muy bien las cuentas.

—Se lo diré a la mía —replicó Rahab con sorna— para que lo haga ministro de Hacienda.

La madre de Rahab, doña Hilda Silberman —viuda hacía muchos años del riquísimo Matías Kohen, hijo de Mauricio Kohen y de la hermosa Marta Blumen, que conocimos en 1934— era jefa del Estado argentino, la segunda mujer que había llegado a ser presidenta de la Nación.

Tampoco la otra muchacha, Foto Fuma, sabía leer, y así los cuatro permanecieron indecisos delante del cartel.

Nunca hasta entonces habían notado que les hiciera falta el saber siquiera las primeras letras.

Hacia el año 2000 la gente distinguida lo pasaba muy bien sin tal conocimiento.

El cinematógrafo hablado y los radioteléfonos de bolsillo habían reemplazado totalmente los libros y hasta las revistas de crímenes y chistes, postrer refugio de la imprenta.

La vida había perdido su hondura.

Se vivía a lo largo de los días, a lo ancho de los placeres o de las pasiones; pero nadie gustaba de quedarse a solas con su pensamiento, ni con su corazón, ni menos con su conciencia.

La primera víctima de aquella mutilación de la vida fue el arte. El arte sólo puede arraigar en la concentración —que es la tercera dimensión de la vida— para adentro de uno mismo.

La técnica industrial progresaba ciertamente, porque la codicia de lucro estimulaba el ingenio de los inventores.

Pero como el arte o la ciencia pura no son fuentes de ganancia, se iban quedando sin devotos.

Se perdió totalmente el gusto por la investigación desinteresada. Había tantas enciclopedias y cuadros sinópticos y diccionarios de fórmulas y recetas, que no valía la pena descubrirlas por cuenta propia.

El desmesurado progreso de la pedagogía, que había hecho demasiado fácil el allegar noticias —ya que no conocimientos— mató la vocación investigadora y acabó con la ciencia y el arte, que imponen sacrificios.

Llegado el caso de necesitar algo de eso, bastaba conectar una de las mil oficinas de informaciones y pedírselo. Algunos pobres diablos, especie de tarados maniáticos del estudio, todavía parecían capaces de hojear un libro, y ellos eran los que se encargaban de evacuar las consultas, provocando no la admiración de los que se beneficiaban con su ciencia o su trabajo, sino su lástima. ¡Que hubiera gentes tan infelices que gastaran su vida hojeando papelotes, cuando podían gastarla bailando, bebiendo y aburriéndose en los cines y en las boites!Pero ya eran pocas, y pronto no habría nadie en el mundo apto para leer un libro o tocar un piano o un violín, o manejar una pluma o un pincel.

Ya ni siquiera los figurines se imprimían. El suscriptor o el comprador recibía un rollito de films, que proyectaba en pantallas portátiles con cualquier luz y miraba las figuras ampliadas y escuchaba su explicación.

Bastó una generación de asombrosa técnica para acabar con diarios, libros, bibliotecas e imprentas.

Si alguien quería enterarse de las cosas del mundo —
todavía se hallaban gentes extravagantes y curiosas—
compraba en uno de esos kioscos que venden pastillas de
menta y goma de mascar el último film noticioso, lo
enchufaba en su aparato y lo oía en la misma forma que a un
compañero, sin interrumpir las otras diversiones.

Ni los sordos necesitaban leer. Los fonógrafos no se
comunicaban con el tímpano sino con el cerebro, como se
escucha el tictac del reloj sin intervención del oído, con sólo
aplicarlo al hueso temporal.

Mas poco a poco encontraron demasiado tonto eso de
andar averiguando lo que ocurría en otras partes del planeta.
¿Para qué? Cada cual debía vivir su vida, no la de los otros.

Si recibían una carta manuscrita o a máquina y tenían
curiosidad de enterarse de ella, se la hacían leer por un
criado. En casos de apuro, cuando no tenían el criado cerca,
pedían por teléfono el auxilio de un lector a una compañía,
como se pide un mecánico o una ayuda al Automóvil Club si
se pincha una goma.

Los criados, personajes imprescindibles, eran los
descendientes de las familias consulares de 1940, que, entre
morirse de hambre o vivir bajo las mesas de los nuevos
Epulones, optaron por servirlos, con tan buen humor que el
ser criado fue un sello de distinción, y muchos nuevos ricos
y nuevos nobles que no se avergonzaban en presencia de sus
iguales, apenas se atrevían a menearse delante de aquellos
sirvientes sabios a quienes el Gobierno les cambió el
apellido, por no verse obligado a modificar la historia
argentina.

En efecto, no parecía discreto que misia Hilda, la
presidenta, se hiciera pintar las uñas por un tal Manuel
Belgrano, y que al ministro Chupínez le bruñera las sandalias
un tal Bartolomé Mitre.

Ante la imposibilidad de enterarse de lo que decía el
cartelito Rahab se impacientó, empujó la puerta y se metió
de rondón en la lóbrega caja de una escalera de gastados

ladrillos, por la que los cuatro descendieron hasta el pretil de la iglesia.

Trescientos años atrás allí se enterraban los muertos ilustres. Todavía podían deletrearse en el suelo algunos nombres.

Las puertas de hierro de la iglesia estaban abiertas, pero las cancelas de batientes impedían ver lo que ocurría adentro.

Dos caballeros templarios, con sus mantos blancos recogidos en pliegues marciales y elegantísimos que descubrían a la derecha la gran cruz de lana roja cosida a la holgada blusa, y a la izquierda la fuerte y rica espada medieval, montaban la guardia.

Aquí parece oportuno referir cómo se había restaurado la antiquísima orden religiosa y militar de los templarios.

Fundada en tiempo de las Cruzadas por Godofredo de Bouillon para combatir contra los mahometanos, se compuso de monjes guerreros ligados por votos perpetuos de castidad y obediencia.

En poco tiempo allegaron tanto poder y riqueza que suscitaron celos de los reyes y se hicieron blanco de odios y acusaciones terribles contra su moral y su doctrina.

Nunca la historia aclarará el extraño proceso de los Caballeros del Temple, porque la orden sacaba mucha de su fuerza del misterio en que se desenvolvía; los grandes actores de aquella tragedia nunca divulgaron sus conclusiones, y los documentos fueron destruidos por el tiempo o la mano de los hombres.

Pero, fuera justa o injusta la sentencia del rey de Francia Felipe el Hermoso,que mandó quemar vivo a Santiago de Molay, gran maestre de la orden, en una isleta del Sena llamada la "Isla de los Judíos", fuesen criminales o mártires todos los que con él sufrieron el mismo suplicio, el nombre de los templarios resuena a través de los siglos como esas catedrales que, aun profanadas y semidestruidas, responden con ecos sagrados a la voz del caminante que turba su silencio.

Muchas veces se ha intentado restaurar la orden, y no pocas instituciones —entre ellas la masonería y los Caballeros de Cristo— han pretendido ser sus continuadores, y a fin de dar más viso a su pretensión, datan las listas de sus grandes maestres desde Godofredo de Bouillon.

¡Falsedad y delirio de grandeza! La sola y verdadera restauración de aquella orden llevóse a cabo en el Brasil, el 18 de marzo de 1964; o sea 650 años, día por día, después del suplicio del gran maestre Santiago de Molay.

Los nuevos templarios se difundieron con sospechosa rapidez. Los mismos gobiernos que habían perseguido a los demás religiosos; jesuitas, benedictinos, salesianos y expulsádolos como pestíferos de la mayoría de las naciones, fomentaron a los templarios.

Aún entre los católicos fue el suceso motivo de controversias. Unos, viendo que las vocaciones por los templarios se encendían como un reguero de pólvora, creyeron que fuese la congregación conveniente para los nuevos tiempos, y miles de súplicas se elevaron al papa a fin de que la aprobase y le devolviera sus antiguos privilegios.

Otros, sorprendidos de un éxito tan repentino y grande, y alarmados por los aplausos que los enemigos de las demás órdenes religiosas prodigaban a los templarios, empezaron a desconfiar de ellos y dieron la voz de alerta, temiendo se tratase de un nuevo disfraz de la masonería.

La orden hacía gala de su fe en Dios, pero su culto adoptaba formas impersonales, demasiado holgadas y prácticas, con lo cual satisfacía dos tendencias contradictorias de este pobre corazón: la urgencia de creer en algo sobrenatural y el instinto de rebeldía contra toda autoridad. Una de las primeras diligencias del gran maestre de la orden restaurada, don Pedro de Alcántara y Pernambuco, fue someter humildemente al papa sus proyectos y pedir la aprobación de sus estatutos.

—No se los aprobarán —decían unos—. El Vaticano tiene el olfato fino.

—Sí, se los aprobarán —replicaban otros—. Sería insensato que el papa rechazara tan valiosos aliados en estos tiempos de tanta indigencia religiosa.

Los templarios entre tanto se diseminaban por el mundo. Hasta en los pueblos más pequeños, dondequiera que hubiese media docena de hombres de ciertas calidades, constituían una célula a la manera de un club y trabajaban según la fórmula que habían adoptado: "Por la humanidad, como Jesús, y contra toda violencia."

Casi al mismo tiempo, con parecidos métodos se restauraba en Etiopía otra viejísima orden religiosa, la de los etíopes, en cuyos conventos sólo se celebraba una misa diariamente a las doce de la noche, hora en que Cristo realizó la última cena.

Éstos no pidieron la aprobación del papa sino del patriarca de Constantinopla —pues eran católicos ortodoxos— y pronto la obtuvieron, lo cual no despertó celos de los templarios. ¡Bienvenidos todos los obreros que quisieran trabajar la viña del Señor!

En la Argentina, donde no existía públicamente más congregación religiosa que la gregoriana, los Caballeros del Temple le formaron guardia de honor y declararon que fray Simón de Samaria era el máximo orador de todos los siglos y el que mejor interpretaba el espíritu del Evangelio.

El fraile sentíase ufano de tamaño homenaje, y hubiera preferido incurrir en alguna herejía antes que escandalizar a tan generosos aliados.

El templario que aquella noche vio bajar por la escalera de la torre a los cuatro jóvenes comprendió que no eran de los acostumbrados fieles.

Rahab y Foto admiraban el atuendo y la apostura del caballero.

—¡Lástima de muchacho! —dijo Foto—. Parece que hacen no sé qué juramento o votos para pertenecer a esa orden. Creo que no pueden casarse.

—¡Peor para ellos! —respondió Rahab.

El templario se les acercó.

—Ustedes seguramente vienen a escuchar el sermón de fray Simón de Samaria.

—Así es. ¿Podemos asistir nosotras?

El templario echó una mirada a la simbólica marca que advertía en el desnudo brazo de las dos jóvenes, y pensó que no debían ser bautizadas, pero respondió:

—En la iglesia de fray Simón de Samaria caben todos los corazones. Sólo se necesita sentir sed del Altísimo.

—¿Y de qué habla fray Simón? —preguntó Rahab.

—De cualquier cosa que hable, siempre el oyente sale con la conciencia pacificada. ¿Hay milagro mayor que el pacificar una conciencia?

—Pero en suma —dijo frívolamente Foto— ¿es divertido lo que dice?

—Si hoy lo escuchan recibirán la mayor impresión de su vida.

—¿Sobre qué va a hablar? —preguntó uno de los mozos.

—Va a comentar un texto de San Pablo.

—¿Quién es San Pablo? —preguntó Níquel.

—¿Cuál es el texto? —interrogó Mercurio, simulando saber más que su compañero.

—Aquel que dice, hablando de los judíos: "Su culpa ha sido la riqueza del mundo."

—¿Y qué consecuencia saca de ese texto?

—No puedo creer —respondió el templario— que saque otra conclusión que el proscribir toda lucha de raza, porque todos los hombres somos hermanos en Cristo, aun los enemigos de Cristo.

Rahab quedó pensativa; luego consultó su reloj pulsera, pequeñísimo aparato de radio que mediante un resorte pronunciaba la hora. La pulsera cantó en voz baja: "las cuatro" (poco menos de la una de antes).

—¿A qué hora predica fray Simón?

—A las ocho (las dos menos cinco de antes).

—Entonces tenemos tiempo de dar un paseo —dijo Foto.

—Vamos a bailar al Congo —propuso uno de los jóvenes.

—¡Buena idea —respondió el otro—. A la vuelta todavía estará hablando. Y si no es hoy, lo oiremos mañana. Yo no soy muy aficionado a sermones.

Rahab, la dueña de la avioneta, ofreció el volante a Níquel, apuesto mozo con quien parecía entendida Foto.

—Yo iré a tu lado, Níquel —dijo ésta—. Dame un cigarrillo por la compañía.

—No hay fuerza para volar —respondió Níquel mostrando en cero la aguja indicadora de la provisión de energía—. No tengo cigarrillos; yo no fumo.

—Entonces tú, Lahres.

—Yo tampoco fumo. Me da náuseas. Solamente las mujeres son capaces de resistir ese vicio —respondió humildemente el interpelado— si quieres una pastilla de menta...

Rahab se encogió de hombros con desprecio y abrió la cigarrera que le tendió la otra muchacha, de cristal azul flexible como el cuero, y extrajo un rollito de papel que contenía opio y arsénico, amén de otras mercaderías sabiamente dosificadas, que excitaban y no enervaban.

En esa época la nafta, el petróleo, el carbón, la leña, eran combustibles miserables, usados solamente por los pobres. Y el tabaco negro o rubio cosa anticuada y pestífera, bueno sólo para los obreros de la más baja categoría.

Las máquinas finas se impulsaban de otro modo, y la gente educada se dopaba con alcaloides más interesantes que la vulgar nicotina.

Los alquimistas del siglo XX habían inventado un procedimiento para desintegrar la materia, primera etapa de la transmutación de los elementos.

Aunque esta segunda etapa (transmutación del plomo en oro, por ejemplo) no se realizaba sino como experimento de gabinete pues era lenta y costosa, ya su primer paso en esos caminos sonados de los alquimistas, la desintegración de la ma teria, introdujo una revolución sin igual en la industria, porque al dislocar los corpúsculos infinitesimales que constituyen un átomo se ponía en libertad una suma colosal de energía.

Disgregar un gramo de platino equivalía a quemar 200 toneladas de carbón en un buen horno.

Pero así como la técnica antigua hasta 1950 no pudo nunca aprovechar más que un décimo de la energía del carbón consumido y debió resignarse a perder el 90 por ciento, que se escapaba en forma de humo o residuos, la técnica ultramoderna tuvo que asistir impotente a un despilfarro mucho mayor, que humillaba a sus sabios.

Las máquinas más perfectas no lograban, a fines del siglo XX, transformar en trabajo más que la diezmilésima parte de la energía liberada al desintegrar un trozo de materia.

A pesar de ello, en los aviones resultaba ventajoso reemplazar los anticuados motores por los modernos hornillos, bautizados athanores en recuerdo de los alquimistas medievales, que en rudos artefactos de ese nombre quemaron fortunas y vidas.

Como en una alcancía, por una ranura metíase en el athanor un disco semejante a una moneda, y el avión quedaba provisto para algunas horas de vuelo.

No toda materia era adecuada para la desintegración. La experiencia había comprobado una vez más el genio de los alquimistas antiguos, que intuitivamente discurrieron sobre los llamados cuerpos simples,a algunos de los cuales los calificaron de nobles, como el oro y la plata.

En éstos veían los frutos maduros del árbol de la naturaleza metálica; los otros (el hierro, el cobre) eran frutos verdes o crudos.

La piedra filosofal, en cuya búsqueda se enloquecieron y se arruinaron durante siglos, no era otra cosa que un fermento capaz de apresurar la madurez de los frutos verdes para llevarlos en poco tiempo hasta la dignidad y perfección del oro y de la plata, madurados durante millones deaños por el lento laboratorio de la naturaleza.

El siglo XX comprobó la exactitud de la teoría. Descubrióse que el oro, el platino, la plata, eran los metales en que la naturaleza había condensado más energía, o sea los más maduros.

Un gramo de oro desintegrado en hornos que elevaban la temperatura a cien mil grados más allá de la volatilización, producía tanto trabajo útil como diez toneladas de plomo desintegrado; un gramo de plata, como media tonelada. En aquella época (40 años después que los financieros se reunieron en el congreso internacional de la isla de los Ladrones) ni el oro ni la plata servían de moneda. Ya hemos dicho que la humanidad había por fin repudiado la pérfida doctrina de que la moneda debe poseer valor intrínseco. Esta maliciosa vaciedad la inventaron los banqueros, interesados en deducir de ella una consecuencia que les entregaba el comercio mundial atado de pies y manos. La consecuencia de tal doctrina fue ésta: solamente el oro tiene las calidades ideales de una moneda, porque solamente el oro posee gran valor intrínseco en pequeño volumen inalterable, y porque no aumenta ni disminuye la cantidad existente en el mundo sino en pequeña proporción.

El haber renegado la humanidad de tamaño disparate constituye el más fecundo progreso de la economía política en mil años.

Con eso no más, el mundo se libertó de la siniestra tiranía de los cuatro o cinco grandes banqueros, dueños de la mayor parte del oro, quienes de tiempo en tiempo provocaban una aparente escasez de metal amarillo, con lo cual duplicaban o triplicaban su valor y por ende sus fortunas a costa del mundo entero y aun de los pobres profesores universitarios que seguían de buena fe repitiendo las inepcias de la economía política clásica.

La desmonetización del oro y de la plata produjo una repentina desvalorización de ambos metales. Un puñado de monedas de oro llegó a no valer más que un litro de agua de colonia de buena marca.

Pero cuando los alquimistas descubrieron el modo de utilizar la energía atómica de los cuerpos y comprobaron que los metales nobles rendían más trabajo que los otros, el oro y la plata recobraron su posición de metales preciosos.

De más está decir que los que se habían despojado del oro como cosa sin valor lloraron amargamente su ligereza, y que los que siguieron guardándolo se encontraron cien veces más ricos, cual si poseyeran las mejores minas de carbón o los más rendidores pozos de petróleo del universo.

Tener en el bolsillo un disco de oro del tamaño de una libra esterlina equivalía a tener mil toneladas del más excelente carbón de piedra.

Existían dos tipos de aviones, y en general de motores: los cautivos, que recibían las ondas de potentes usinas instaladas en tierra, y los independientes, que producían a bordo su propia energía con el combustible que llevaban.

A los primeros una usina los mantenía en el aire enviándoles energía para que navegaran, y podía precipitarlos al suelo con sólo olvidarlos. Los otros llamados athanores por lo antes dicho, eran excesivamente caros, pues devoraban discos de oro y no utilizaban más que la diezmilésima parte de su combustible. Además, en la construcción de sus poderosos hornillos o athanores entraba como material refractario de sus crisoles nada menos que polvo de diamante armado sobre placas de platino.

Un athanor era la mayor de las vanidades.

¡Cuántas hermosas chicas por poseerlo habrían sido capaces de renegar del bautismo y dejarse marcar en el brazo el fatídico número 666!

Rahab, la dueña de la preciosa athanora que bajó a la azotea de los gregorianos, no había necesitado renegar del bautismo cristiano, porque no era bautizada.

Rubia, de tez naturalmente rosada, lo que le daba frescura de flor; de modales felinos, suaves unas veces, arrogantes otras; de ojos verdes, como dicen que serán los del Anticristo, descubría a través de la impalpable gracia porteña la milenaria belleza de la Biblia, que hizo exclamar a

Salomón: "Vuélvete, vuélvete ¡oh, Sulamita!; vuélvete, vuélvete para que te miremos."

Debía de tener veinte años, pero se manejaba sola desde que cumplió su mayor edad, a los catorce. Los varones se emancipaban a los dieciséis, pues se consideraba que las mujeres llegan antes que los hombres a la pubertad y al juicio.

Ninguno de los compañeros de Rahab quiso advertir que ella buscaba en el bolsillo de su blusa de cuero un disco de oro para alimentar su motor.

O no tenían con qué o no querían costear el paseo. Fastidiada, Rahab les interpeló:

—¿Ninguno de ustedes tiene siquiera un marx?

El adverbio siquiera restalló como un latigazo en los oídos de los tres jóvenes, para quienes un marx no significaba una cantidad despreciable.

El marx, la unidad monetaria internacional, era un billete garantido por el Banco Internacional de Compensaciones, cuyo poder de compra equivalía a una libra esterlina de los tiempos de la reina Victoria,

Por asimilación, llamábase marx al disco de oro del tamaño de una esterlina que utilizaban las athanores.

Si el marx tenía en todos los países igual nombre, en cambio las monedas divisionarias llevaban el de los héroes más característicos de cada país.

Así, las de Francia llamáronse Pasteur, Vicente de Paul, Corneille. Las de Alemania, Gutenberg, Beethoven, Bismarck. Las de España, Colón, Teresa, Franco.

En Buenos Aires se convocó un plebiscito para hallar las designaciones que satisficieran a la mayoría del pueblo. El nombre más votado resultó el de la Madre María; después, Gardel; y en el tercer lugar, Pancho Sierra.

Un marx valía diez madremarías, o cien gardeles, o mil panchosierras. Por lo tanto, un panchosierra equivalía más o menos a un centavo de cobre de los de 1900.

Por un panchosierra se podía comprar un paquete de pastillas de menta para hombres o un paquete de cigarrillos ordinarios para mujeres de pueblo.

Ante la dura interpelación de Rahab, el mozo que había empuñado el volante se decidió a meter la mano en el bolsillo y extrajo una laminita de plata que costaba un panchosierra.

—Yo tengo esto —dijo modestamente.

—¡Un pancho! —exclamó Rahab con desprecio, extendiendo la palma de la mano para sopesar aquella insignificancia, y miró a los otros dos compañeros.

Rahab podía permitirse ese desplante. Era la heredera más rica de su país, donde la revolución anarco-marxista no abolió sino la propiedad privada de las tierras y de las fábricas, pero dejó subsistente la de los metales, entre ellos el oro. Su madre, misia Hilda, poseía en lingotes de oro lo suficiente para mover todas las escuadras de aviones del mundo durante un año, y todos los buques de guerra durante tres. En el mundo entero no existían más de dos rivales, a lo sumo tres, que podían discutir con la dama el ser dueños de mayor fortuna.

—¡Sea lo que el diablo quiera! —dijo Rahab metiendo en la ranura de su athanora aquel mísero panchosierra equivalente a una hora de vuelo.

Zumbó el motor, los cuatro se acomodaron en sus asientos, vibraron las alas y la avioneta, haciendo estrechas espirales, hendió el toldo de gas luminoso que cubría la ciudad y desapareció, como un nadador tragado por la espuma rumbo al Congo,el mejor cabaret de América del Sur.

De pronto Rahab, empinándose por arriba del hombro de Níquel, oprimió una de las palancas, modificó la posición de las alas y la athanora se detuvo a tres mil metros de altura, como si estuviera colgada por un alambre de una invisible bóveda.

Gracias al giróscopo los aeroplanos podían inmovilizarse en el aire por largo tiempo cuando se quedaban sin combustible o sufrían algún percance, hasta que llegaba un avión de auxilio, llamado por radiotelefonía.

—¿Qué haces, Rahab?

—Tengo una idea mejor. ¿Saben que hoy... —apretó el resorte de su pulsera y escuchó el reloj—, hoy, dentro de veinte minutos, van a gurdivanizar a Rocío López?

—¿Aquel poeta que te amó y te hizo versos? —interrogó Foto.

Rahab se encogió de hombros con su ademán de costumbre pero no dejó de sonreír, halagada de que alguien se gurdivanizara por causa de ella.

—¡Ese mismo! Decepcionado, ha resuelto gurdivanizarse por treinta años en vez de tomarse una buena dosis de cianuro... Me ha escrito una carta con unos versos que he hecho leer a mi sirvienta. Me acusa de muchos horrores y dice que dentro de treinta años, cuando él se desgurdivanice,yo seré vieja, y acordándome de mi lejana juventud lo amaré; él entonces se vengará desdeñándome.

—¡Qué ocurrencias tan hermosas tienen los poetas! —ex clamó Foto muerta de envidia.

—¿No piensan ustedes que un poeta es siempre un idiota? —preguntó con melancolía Rahab, alargando la punta de su sandalia de platino para poner en marcha la athanora.

—¿Por qué no te gurdivanizas tú también por el mismo plazo, y cuando él se levante creyendo hallarte vieja, te encuentre joven y vuelves a burlarte de él y de sus versos?

Esta sugestión de Níquel agradó a todos menos a Rahab, que no tenía ganas de morirse ni siquiera por pocos años, pues gurdivanizarse era morir por algún tiempo.

Hacía cincuenta años dos famosos médicos argentinos, profesores de la Universidad de Buenos Aires que habían realizado profundos estudios sobre la conservación y destrucción de la vida en los tejidos animales, hicieron uno de esos descubrimientos que revolucionan las costumbres de la humanidad. Hallaron la forma de suspender la vida de un ser animado —y también de los seres humanos— por meses y aun por años, y quizá por siglos. Durante ese período el organismo no consumía energía alguna y conservaba íntegramente sus cualidades: juventud, belleza, ingenio —si lo tenía— hasta que, llegado el plazo, era nuevamente llamado a la vida y se despertaba descansado y dispuesto a seguir viviendo.

Aplicábase un procedimiento de congelación a 200 grados bajo cero y en un ambiente electrizado que se mantenía todo el tiempo.

Si por una fatal circunstancia se interrumpía la corriente eléctrica, el pobre diablo congelado, como un salmón de Escocia en un témpano de hielo, se moría sin remedio, es decir, se presentaba a dar cuenta a Dios de sus acciones antes de lo que él mismo había calculado.

El procedimiento se llamó gurdivanizamiento,y el ponerlo en práctica, gurdivanizar,por el nombre de sus inventores, los profesores Gourdy e Ivanissevich, que tal vez no sospechaban en 1950, cuando dieron a conocer su descubrimiento, las consecuencias macabras y aun pintorescas que tendría en 1995.

Acogido con recelo al principio, nadie quiso estrenarlo a pesar del buen éxito de los experimentos hechos con loros, pavos, perros, asnos, monos y otros animales semejantes al hombre y a la mujer "fin del mundo".

Hasta que tres hermanos que habían asesinado a sus padres y que fueron condenados a muerte, consintieron en trocar su destino gurdivanizándose por diez años, con tal de que se les perdonara toda la pena si al final quedaban vivos.

Diez años después de esa primera congelación de hombres, allá por 1963, se reunieron todos los sabios argentinos y un inmenso público para presenciar la maniobra de los profesores Gourdy e Ivanissevich, que iban a desgurdivanizar a los tres condenados a muerte en un enorme escenario erigido en la plaza Stalin.

¡Qué emoción cuando el doctor Ivanissevich, con mano todavía segura a pesar de sus setenta años, empezó a regar con agua caliente los tres bloques de hielo, donde como en un estuche de cristal permanecían quietos los tres angelitos, mientras el doctor Gourdy iba graduando la corriente eléctrica y tres ayudantes con sendas jeringas espiaban el primer movimiento de vida de aquellos bribones para aplicarles en el corazón una inyección de clorhidrato de adrenalina; y en cualquier otra parte otra de hormonas pituitarias, que según los cálculos los volvería a la vida, frescos como lechugas y bien dispuestos para nuevas bellaquerías!

Pronto los tres personajes empezaron a desperezarse y a bostezar, y uno de ellos, entre despierto y dormido, pidió un vaso de whisky;diéronselo, pero fue como si le hubiesen dado un potente veneno. Instantáneamente el tío dio un estrepitoso estornudo y quedó estirado y rígido sobre la mojada mesa de operaciones.

Eso quería decir que el alcohol resultaba funesto para los desgurdivanizados, por lo menos en los primeros tiempos de su vuelta a la vida.

Los otros dos, a quienes sólo se les dio agua con limón, para hidratarles los tejidos un tanto secos, pronto recobraron la negra conciencia de antes y reanudaron alegremente una nueva existencia.

Desde ese día fueron muchos los que se hicieron gurdivanizar.

La invención parecía especialmente destinada a los políticos que habían gastado su influencia y a quienes se les aconsejaba algunos años de abstención, hasta que pasaran las circunstancias adversas o cayeran del gobierno sus enemigos.

Cada vez que se elegía un nuevo presidente de la Nación o un nuevo gobernador en cualquiera de las provincias, venía una racha de gurdivanizaciones por cuatro y hasta por seis años, plazos que los políticos derrotados creían suficientes para rehacer su descalabrada personalidad.

Muchos acertaban, porque no hay nada que aumente la importancia de un político como el no mover un dedo durante algunos años. Llegóse a dar el caso de algunos de ellos desengañados o harto pesimistas que se había hecho gurdivanizar por seis años, es decir, por todo el período que debía durar en la presidencia su adversario, pero a quien los fieles partidarios, violando su expresa voluntad, lo sacaron del pan de hielo a los dos, a los tres, a los cuatro años, rociándolo con agua hirviendo prematuramente, para que reasumiera la dirección de su partido.

Diose también el caso de personajes campanudos que se acostaron a dormir creyendo que el mundo echaría de menos su presencia, y que se despertarían más importantes de lo que se habían acostado; pero les sucedió que al desgurdivanizarse y volver a sus casas, hallaron que nadie se acordaba de ellos y que más les habría valido seguir durmiendo.

Como los doctores Gourdy e Ivanissevich no reservaron el secreto de sus experiencias, pronto se hizo un negocio el aplicarlas, y se fundaron compañías en todo el mundo, con las cuales, mediante una prima anual, se contrataba el mantenimiento de los bloques de hielo en las condiciones requeridas para que aquella larva humana siguiera viviendo y a su tiempo fuera despertada.

Mas sucedió que como los plazos solían ser largos, mientras el personaje dormía la compañía gurdivanizadora quebraba, los administradores huían y el pobre tipo se quedaba olvidado para siempre.

No había que confiar demasiado en que los herederos, después de treinta, cuarenta o cincuenta años, se acordaran de llamarlo a la vida para gozar de su conversación y devolverle su fortuna.

Precisamente solían ser los herederos los que menos interés tenían en que se desgurdivanizaran, porque la aparición de un abuelo en tales condiciones acarreaba a sus lejanos y desconocidos biznietos complicaciones de toda clase.

Por eso más de un biznieto se arregló con la empresa gurdivanizadora para que le cortara la corriente eléctrica y lo dejara dormido en apariencia, pero en realidad más muerto que un mamut adentro de un ventisquero.

Tuvieron que intervenir los gobiernos y fiscalizar severamente a las empresas, para que el gurdivanizado pudiera dormir seguro de que no le cortarían la corriente y que a su debido tiempo lo desgurdivanizarían. Como la operación y su mantenimiento costaban mucho, no se gurdivanizaban sino los muy ricos, que podían asegurar el pago anual de una prima elevadísima.

Se comprende fácilmente que el negocio contase con la decidida oposición de los futuros herederos del caprichoso señor, que prefería aplazar su muerte, saltando por arriba de ello y condenándolos a gastar la tela de su vida en la pobreza, mientras él dormía para despertarse algún día más joven y fuerte que ellos.

Esto causó pleitos y discordias, y entonces fundiéronse compañías de seguros que se encargaban de ir pagando a esos herederos las rentas que posiblemente hubieran recibido si el personaje se hubiera muerto en vez de echarse a dormir; y al final del plazo, cuando despertaba, se encargaban asimismo de devolverle sus bienes, mermados de las enormes primas que se abonaban por esta clase de seguros.

Con lo cual se acallaron las protestas de los herederos, pero no disminuyeron las aprensiones que ellos tenían al sentirse envejecer, viviendo de unas rentas que habían de concluirse el día que su abuelo o abuela saliese del estuche muy fresco y dispuesto a seguir viviendo largos años más.

Precisamente el abuelo de Rahab, el riquísimo Zacarías Blumen, se había hecho gurdivanizar por treinta años en 1970. Tenía setenta y se le había metido entre ceja y ceja alcanzar el año 2000.

Entre los innumerables negocios de su larga vida había uno que por haberlo discurrido casi al final, era objeto de su predilección: el de Las Mil Puertas Verdes.

Un día Buenos Aires vio abrirse una pequeña tienda con puertas verdes. Vendíase en ella toda clase de artículos. No había cosa útil que no se encontrase allí, desde un modesto peine de baquelita hasta un reloj Patek Philippe; desde un alfiler de gancho hasta un suntuoso traje de novia.

A la entrada del comercio había una muestra en que se leía: Las Mil Puertas Verdes - Puerta N0 1.

Un mes después ya funcionaban veinte Puertas Verdes en distintos barrios porteños. Un año después ya eran cien.

Naturalmente, en el barrio donde se abría una Puerta Verde respaldada por la más poderosa organización financiera de América del Sur, sucumbían todos los comercios similares.

A la vuelta de veinticinco años, en todas las ciudades argentinas se habrían inaugurado Las Mil Puertas Verdes, y por lo menos diez mil comercios rivales se habrían fundido.

Pero Zacarías Blumen, el genial inventor de aquella formidable maquinaria, no alcanzaría a ver esa maravilla.

Podía, es verdad, sacrificando un centenar de millones, acelerar la marcha implacable del monstruoso organismo que avanzaba aplastando a todos sus competidores como un tanque de guerra aplastaría a un pobre tacurú de los campos; pero Zacarías Blumen no era hombre de modificar planes financieros que trazaba con la precisión con que un estratega traza sus operaciones en el campo de batalla. Los negocios eran para él batallas en que sus millones evolucionaban como los regimientos de un general.

Como él previó que moriría a los ochenta y cinco años, esto es, diez años antes de inaugurarse la milésima Puerta según sus cálculos, resolvió gurdivanizarse.

Cerraría los ojos y los abriría treinta años después, cuando estuvieran rodando vertiginosamente las mil ruedas de su trituradora, que le darían cien millones de ganancia cada año y lo harían rey de todos los comercios de la República.

La dificultad consistió en hallar alguien capaz de asegurar a sus herederos la renta colosal que les correspondería si él muriese de veras.

No habiendo en el país ni en el mundo nadie con los riñones bastante fuertes para eso, resolvió fundar él mismo una compañía con quinientos millones de capital.

Cinco magnates amigos suyos realizaron la enorme combinación. Se compró al Gobierno un inmenso edificio abandonado que había en cierta localidad llamada El Palomar, y se llenó el mundo con su propaganda y empezaron a llegar clientes de todas las naciones.

Era la Argentina, merced a su legislación sabia y generosa, el campo ideal para los grandes negocios, irrealizables en otras comarcas menos libres.

Así, pues, Zacarías Blumen se metió un día en un cajón de roble que gracias a un procedimiento decolorante era traslúcido como un cristal de roca; se bebió una copa de champaña; se durmió sonriendo al ligero cosquilleo de los alambres eléctricos que le pusieron en ambos tobillos y fue luego acomodado en uno de los mil nichos dispuestos como celdillas de un panal, en el patio de honor del antiguo edificio.

Muchos viejos envidiaban su suerte, pero no podían imitarlo por no ser bastante ricos para pagar las anualidades a la empresa.

—¡Las cosas que alcanzará a ver este bribón en el año 2000! —decían los que le envidiaban—. Verá al Anticristo y es seguro que se hará su amigo; tal vez será su ministro de Hacienda, porque Buenos Aires será en el año 2000 la capital del Anticristo...

Rahab conocía toda aquella historia. El viejo Zacarías Blumen podía dormirse o despertarse cuando quisiera, porque su madre en 1990 tenía dos veces más millones que los que hubiera podido juntar nunca su bisabuelo Zacarías, que se había dormido antes de que se descubriera la desintegración de la materia. Ya hemos explicado en qué forma este portentoso descubrimiento valorizó los metales preciosos de que se habían desprendido casi todos sus poseedores.

Misia Hilda había tenido el instinto de acaparar centenares de toneladas de aquel oro, que a raíz de la desmonetización decretada por todos los gobiernos llegó a cotizarse en menos que la estearina o el jabón.

Los alquimistas le dieron un día la razón cuando descubrieron que un poquito de oro volatilizado en hornillos especiales, rendía tanto trabajo útil como miles de toneladas de buen carbón. De donde resultaba que el oro valía infinitamente más que antes.

—¡Si fuéramos a El Palomar a ver gurdivanizarse a ese pobre Rocío López! —exclamó Rahab.

—¡Vamos allá! —respondió Foto apretando el botón de marcha, con lo que el avión, como una golondrina libertada, echó a volar de nuevo.

Llegaron justamente cuando el desventurado poeta que iba a dormir seis lustros por amores contrariados, se estaba colocando él mismo las tobilleras de metal unidas a losalambres eléctricos.

Como era rico, tenía muchos amigos y no pocos parientes que rodeaban la mesa de alabastro donde se efectuaban los preparativos.

Rahab se abrió paso hasta la primera fila; él se alegró de que la preciosa muchacha fuera la última cosa que vieran sus ojos antes de cerrarse y la saludó con sonrisa triste y amorosa.

—¡Buenos sueños, hijo! —le respondió ella desenfadadamente—. Después me contarás lo que hayas soñado.

—Me despertaré con los mismos veinte años que tengo ahora, y tú tendrás cincuenta.

—¡Quién sabe, Rocío, si yo en tu ausencia no me resuelvo a imitarte!

—¡Oh, qué dulce me sería que durmieras a mi lado! —exclamó Rocío acostándose en el cristalino féretro.

—Sí, es cierto —respondió Rahab, pero tú en tu cajón y yo en el mío.

Bebía el desventurado su última copa de champaña, y la máquina eléctrica empezó a funcionar desprendiendo un fuerte olor a ozono.

—¡Adiós, Rocío! —gritaban los amigos viendo cómo se dormía el poético mancebo.

Y él, con voz cada vez más lejana, como si hablara desde las nieves eternas, respondía:

—¡Adiós, Rahab...!

Capítulo VI

Dos rosas y una cruz

Fray Simón de Samaria, el superior de los gregorianos, probablemente el último superior de aquella antiquísima orden, llegó a su celda que estaba en el rincón más oscuro de los claustros, a la sombra de unas eternas glicinas de morados racimos.

El jardín de los gregorianos era inculto pero hermosísimo. Todo crecía allí a la buena de Dios desde hacía trescientos años.

Caía de viejo un tronco y nadie se cuidaba de levantarlo, y cien retoños de la misma o de otras raíces envolvían piadosamente sus despojos, tejiendo un matorral donde anidaban los pájaros y mariposeaban los alguaciles y las libélulas.

Más que jardín, era una huerta descuidada y frondosa entre tapiales verdinegros, erizados todavía de cascos de botellas para defenderla contra los intrusos.

La celda se abría sobre el claustro del sur, y tenía una ventana que daba hacia otro jardín interior, más reducido pero igualmente descuidado y fosco.

El fraile se sentó delante de una mesa pintada de negro. Allí había una máquina eléctrica de escribir y un breviario.

La máquina imprimía signos microscópicos sobre levísimas hojas de baquelita, que sólo se podían descifrar gracias a otra máquina traductora.

Procedimiento antipático para un escritor, cuya vena no fluye sino cuando se establece la comunicación del cerebro con el papel, sin mecanismos materiales.

Por eso fray Simón ciertas cosas las escribía a pluma, como se hacía en el pasado siglo. Esa vez cogió su estilográfica y abrió un cuadernito donde asentaba su diario. Mas se entretuvo leyendo una página que databa ya de algunos meses:

"Ayer visité a Juana Tabor en su hermosa quinta de Martínez, que fue de los jesuitas hasta la expulsión de la orden en 1960. Ella ha tratado de conservar el sello vetusto de la arboleda y de las construcciones.

"¿Por qué me sentía triste en medio de tanta hermosura? ¿Por qué me venía a la memoria la frase de Tonnellé, escritor francés: 'El amor que experimento por lo bello es un amor grave y profundo, porque es un amor que hace padecer'?

"He hablado con Juana Tabor de sus dificultades para aceptar los dogmas católicos.

"Esa mujer tan misteriosa y mundana es un alma profundamente religiosa, a pesar de la nube de incredulidad con que el protestantismo, la religión de su niñez según creo, ha envuelto su pensamiento y su corazón."

En otra página escrita después:

"Ha venido al locutorio. Hemos hablado largamente y me ha dicho, fijando en mí su mirada oriental:

" '¿Por qué no existe una Iglesia para los que dudan, espíritus que son religiosos pero que no pueden dar formas positivas a sus creencias y su culto?'

"Y como yo no encontrara en ese momento la frase que convenía decirle, después de un rato de silencio se puso de pie, y sin darme la mano se despidió con estas palabras:

" 'Si yo me hago católica no será en virtud de sus argumentos sino de su misericordia. Usted será para mí la puerta de la Iglesia.'

"Yo me quedé solo, sintiendo como cosa nue va esta verdad en que sin embargo he pensado muchas veces: si es una obra santa convertir a los herejes y cismáticos, ¿no es también una obra providencial, grata a Dios y bendecida por él, esta aproximación que se opera antes de la conversión, por la caridad, entre los católicos y los que no lo son?"

Fray Simón observó que la palabra caridad estaba escrita arriba de otra, que aún podía descifrarse: amor.

Varias páginas más allá el cuadernito contenía esta anotación:

"Hoy no he celebrado misa. Me acosté fatigado y me dormí pasada la medianoche. Oí vagamente la campana y no hallé alientos para levantarme. El hermano Plácido llamó a mi puerta; le dije que me perdonase porque estaba enfermo.

"Hace varios días que no tengo tiempo de rezar el oficio. Voy a pedir dispensa de él, a pesar de lo que suele decir mi viejo compañero fray Plácido: que el breviario y la devoción al papa son los dos puntales de la vocación sacerdotal. No lo creo; yo me siento sacerdote hasta la médula de mis huesos; tanto que mi vocación no padecería si me viera obligado a renunciar a algunos formulismos de la Iglesia. Yo soy sacerdote según el orden de Melquisedec, que levantaba su altar en campo abierto y podía enorgullecerse de su triple corona, de pontífice, de esposo y de padre."

El superior de los gregorianos cerró un momento el cuadernito y se puso a reflexionar sobre aquellos apuntes, que tenían ya varias semanas.

Hacía dos por lo menos que había recibido de Roma la dispensa del breviario, cuyo rezo es obligatorio —bajo pecado mortal— para todos los sacerdotes. Había sentido un verdadero alivio. Decididamente no tenía paciencia para estarse dos horas salmodiando oraciones impresas, cuando tantos asuntos graves reclamaban su atención. ¡El trabajo, decíase a manera de excusa, es también una oración!

Abrió su cuaderno y leyó:

"Hoy he pasado tres horas con Juana en su quinta. Apenas hablamos de cosas de religión, pero eso no importa. Una vez sembrada la semilla germina sin que lo advierta el sembrador. Nuestra amistad es el comienzo de la época feliz que gozará el mundo cuando desaparezcan los afectos impuros."

Al día siguiente otra anotación:

"He pasado la tarde en Martínez. Juana me ha dicho: 'Creo en la divinidad de Cristo, pero no creo en su deidad, que confunde al hombre con Dios. Dios se ha manifestado en Cristo, pero Éste no es Dios.'

"Juana es un alma esencialmente religiosa, pero su teología es una extraña mezcla de sentimientos, de intuiciones, de interpretaciones subjetivas de la Biblia. Yo la escucho con embeleso viéndola acercarse paso a paso al catolicismo. Casi nunca refuto directamente sus errores. A veces transo con ellos, para mejor vencerla después. Aplico a mi modo esta regla de San Pablo: 'Como a niños os he alimentado con leche y no con manjares, porque no sois todavía capaces de ellos.'

"Hoy le he dicho: 'Usted me ha sido enviada milagrosamente para que yo la conduzca a la verdad a través del Evangelio, y usted me conduzca al cielo en virtud de la promesa del Apóstol.'

" '¿Qué promesa?' me ha preguntado. He respondido citándole el texto de la epístola de Santiago: 'El que convirtiere a alguien del error de su camino, salvará su alma de la muerte y cubrirá la muchedumbre de sus pecados.'

"El texto dice: el que convirtiere a un pecador, pero yo no me he atrevido a llamar pecadora a Juana, pues conozco su corazón limpio como un cáliz de oro...

" '¿Y si yo no me convirtiera, usted no se salvaría?', me ha preguntado con una sonrisa divina.

"Yo le contesté, y ella me escuchó con un ligero sarcasmo en la boca sonriente, pero luego se impresionó.

"Con su gobierno, le dije, con sus sacramentos, con sus fórmulas de fe y de culto, la Iglesia Católica es la aurora fría y oscura del verdadero día. ¡Oh, mi hija espiritual! ¡Oh, mi Juana! Un día nos encontraremos en ese esplendor. ¿No escucha la voz que decía al profeta: 'Centinela, ¿dónde está la noche?' ¿Y la respuesta del cielo: 'Estamos en la noche, pero el día se aproxima?'

"Cuando dejé de hablar, ella tenia los ojos llenos de lágrimas. Y me dio esta contestación conmovedora:

" 'Usted es la puerta de la verdadera Iglesia, la Iglesia del porvenir de la cual la católica no es más que un germen; sagrado, sí, pero sólo un germen. Yo concibo una Iglesia con tres círculos donde quepan todos los pobres seres humanos: en el primer círculo los cristianos sin distinción; en el segundo los judíos y los musulmanes; en el tercero los panteístas y aun los ateos...'

"En realidad, ésta no es idea suya, sino mía. Alguna vez se lo he dicho, y ella lo ha asimilado de tal manera que no recuerda cómo ha comenzado a pensar en eso.

"Estaba tan hermosa cuando me decía esto, que me parecía tener delante de mí a una profetisa...

"Me despedí prometiéndole volver al día siguiente.

" 'Venga temprano' me dijo."

Fray Simón siguió hojeando el librito, deseoso de medir el camino psicológico que había hecho, y encontró una anotación del día en que de llegó de Roma la dispensa del breviario, en consideración a los motivos que él había invocado y que se estimaron suficientes: sus abrumadoras tareas apostólicas...

Guardó en secreto la comunicación durante algunos días por no afligir a fray Plácido, y conservó el breviario sobre su mesa como si lo rezara siempre.

"Esta semana me he abstenido de ir a Martínez", leyó en su diario. "He conversado con fray Plácido, quien me ha hecho algunas advertencias ociosas acerca de las traiciones de la sensibilidad. Le alarman las imágenes excesivamente tiernas que yo empleo en mi lenguaje. He tenido que recordarle otras infinitamente más tiernas de la Sagrada Escritura.

"Me ha dicho: 'Un hombre que diariamente realiza el milagro de la consagración debería cerrar los ojos a las bellezas exteriores.'

"Le he contestado:

" 'Si yo salvo a esa persona habré asegurado mi propia salvación.' Y él me ha citado, meneando la cabeza, este texto del Eclesiastés: 'Vale más el final de una cosa que su comienzo.'

"Yo he replicado: 'Cada vez que hablo con ella experimento la presencia sensible del Espíritu Santo en nuestras efusiones. ¡Su corazón es tan puro! ¡Los asuntos que tratamos son tan santos!'

" 'No hay peor trampa para dos corazones incautos que los secretos inocentes', me replica él.

" 'Un secreto es casi siempre una complicidad inadvertida.'

"Hago a mi viejo amigo esta reflexión:

" 'En la santa presencia de Dios, subiendo el altar, podría repetir cada una de las palabras que ha oído de mí esa señora. Me conduelo del teólogo que me hiciera el más insignificante reproche.'

"Fray Plácido no ha respondido sino al cabo de un rato, como si le costara mantener con su superior una conversación parecida a una disputa:

" 'Creo que todo es una prueba terrible que el Señor le envía...'

" '¿Por qué una prueba lo que más bien parece una gracia?', repliqué.

" 'Vuestra reverencia es confesor de sacerdotes, y pienso que Dios le envía esto para la salvación de muchas pobres almas sacerdotales, a las que V. R. podrá hablar con un acento que no conocería si no hubiera pasado por esta experiencia personal. Un confesor debe ser severo consigo mismo, para tener derecho a ser misericordioso con las culpas ajenas De otro modo, su misericordia parecería interesada.

" 'Y recuérdeles siempre lo que tan a menudo suelo decir: los dos puntales de la vocación sacerdotal...'

" 'Ya sé', le he interrumpido con alguna impaciencia: 'el rezo litúrgico y la devoción al papa'.

"¡Cuáles no serían los recelos del pobre viejo, si supiera cómo estoy en lo que atañe a esos dos puntales! Del uno me he libertado ya, no por mi propia autoridad sino por la de la Santa Sede, y en cuanto a la devoción al papa, ¡si viera mis dudas! Yo soy antes sacerdote católico que sacerdote romano. Pero no hay derecho a decir esto públicamente sin incurrir en las censuras. La Iglesia Romana quiere ser como el Arca de Alian za, a la que nadie podía tocar, ni siquiera para sostenerla porque caería muerto, como Oza al extender la mano.

"Creo que estamos destinados a ver grandes cambios en la Iglesia, en el sentido de la democracia. Servir a la vez a Dios y al pueblo." Otras dos páginas en blanco; dos días en que fray Simón no se había acercado a sí mismo.

La siguiente decía: "Dos días en que no he celebrado misa. He manifestado hallarme enfermo." Luego unos puntos suspensivos cuyo sentido el mismo que los trazó ya no recordaba, y estas líneas: "Desde el segundo día de la primera semana de tischri no he visto a Juana Tabor." Y un poco más abajo: "Pienso en lo que habrán pensado, y sufrido y amado mis padres y mis abuelos y todos mis ascendientes en línea recta hasta Adán.

"Estoy seguro de que mis pensamientos me vienen con la sangre de ellos, y siempre por virtud de alguna mujer.

"¿Soy acaso el ultimo de mi raza? ¿Estos pensamientos que sólo se trasmiten con la sangre han de morir conmigo?"

Y al día siguiente: "Comienzo del gran ayuno entre los religiosos. Renovación de los votos de los gregorianos. Yo digo la fórmula con una intención que queda secreta entre Dios y yo.

"Tal vez no sea yo el último de mi raza. Tal vez sea, por el contrario, el primogénito de una alianza divina. Siento que una dispensación nueva comienza en mí." Con ansiedad creciente, fray Simón continuó leyendo. Era el drama de su propia conciencia, en que él era el único actor y Dios el único espectador: "¡Oh, mujer misteriosa y milagrosa! ¡Qué carta me has escrito acompañándome dos rosas de tu jardín! No la he leído, y creo que nunca la leeré...

"La Iglesia Romana no puede formarse y regenerarse por algunos movimientos superficiales; es necesario que sea removida y turbada hasta lo profundo. Yo soy quien está llamado a comenzar la obra."

Al día siguiente:

"Esta mañana he dicho mi misa con un espíritu de entrega total a mi Dios y al Pueblo.

"En el momento de la consagración alcancé a ver las rosas de Juana deshojándose en el altar y sobre la crucecita en que venían atadas. ¡Qué emoción rara y divina!

"Después de dar gracia he vuelto a mi celda, he puesto en la radio la hoja que contiene la carta de Juana. Era pequeñísima, menos de un centímetro, pero ella había ajustado la máquina de tal manera que contenía mucho más de lo que me imaginé.

"Llevaba la fecha de la segunda semana de tischri, en que comienza la primavera de Buenos Aires, y decía así:

" 'Le envío dos rosas nacidas al pie de mi celosía, que abro yo misma todas las mañanas. Las corté húmedas de rocío y las puse sobre mi corazón. Se durmieron allí mientras yo pensaba en las palabras tan profundas que usted me dijo ayer sobre el amor a Jesús de Nazaret. Luego se me ocurrió que le gustaría tener mis primeras rosas sobre su altar, cuando mañana celebre su misa. Allí van. Le suplico que las deje atadas sobre esa pequeña cruz, como yo las he puesto. Asómbrese: durante años he conservado esa pequeña cruz como un amuleto. Ahora la pongo en sus manos. Observe

que una de las rosas parece triste: es usted. La otra está
herida, y debo de ser yo.
" 'Os conjuro, hijas de Jerusalén, que le hagáis saber
cómo estoy enferma de amor.' "

Esta frase exquisita, sacada del Cantar de los cantares, no
estaba escrita en esperanto sino en latín, lo que hizo sonreír
a fray Simón.
En ningún momento pensó que las rosas sobre la cruz
son un signo cabalístico y significan la dominación judía
sobre los cristianos.
Llevó al altar las rosas de Juana Tabor, antojándosele que
eran ofrenda gratísima para su Dios.
Al callarse la radio, fray Simón hojeó el cuaderno y leyó
en la página siguiente de la segunda semana de tischri:

"Hemos vuelto a pasearnos bajo los árboles centenarios
de Martínez.
"No hemos hablado de religión. Casi no hemos hablado
de nada. El sol se iba entrando en una calma llena de
majestad y de misterio, y su luz a través de la ramazón
trazaba figuras diversas de color púrpura, que palidecían
entre las hojas y sobre los troncos.
"Esta avenida estupenda parecía la nave de una catedral
gótica.
"Las primeras golondrinas de la primavera piaban
alegremente.
"Ante un paisaje así y cerca de tal alma, ¿por qué sufría yo
tanto como gozaba?"

Fray Simón abandonó el diario y no escribió lo que
pensaba escribir, invadido por una extraña fatiga de la
imaginación.

) Las citas que haremos del diario de fray Simón de
Samaria están lejos de ser producto de nuestra imaginación.

Casi todas, lo mismo que gran parte de sus conversaciones, han sido sacadas, con muy escasos cambios, del diario del célebre fraile apóstata Jacinto Loyson, ex carmelita descalzo, documento muy raro y de inmenso interés psicológico y apologético.

CAPÍTULO VII

VISIÓN DEL PORVENIR

Apenas fray Plácido de la Virgen había recorrido algunas páginas de su breviario sentado en el jardín, cuando sintió los golpecitos del bastón de su viejo contertulio Ernesto Padilla, que ese día llegaba antes de la hora habitual.

Fray Plácido se santiguó, cerró el libro y aguardó. Padilla, algo menor que él, conservaba la alta y airosa figura que antaño le diera fama de buen mozo.

No se casó. Por lo piadoso de sus costumbres se dijo que tenía vocación religiosa, pero los hechos demostraron que no era así. Continuó llevando en el mundo una vida austera y llegó en buena salud mental y física hasta el final del siglo.

Todos los días visitaba a fray Plácido, con quien mantenía largas y sabrosas pláticas. Solía reunírseles otro personaje: el doctor Ángel Greco, que llegaba en un antiquísimo automóvil Chevrolet conducido por él mismo desde hacía cincuenta años.

Probablemente no existía en el mundo un coche igual. Ya hacía varios lustros que había desaparecido la fábrica. Otras marcas, otros tipos, fueron desplazando los antiguos modelos. Todos o casi todos los automóviles fin del mundo eran al mismo tiempo pequeños aviones que además de correr podían volar, mas Ángel Greco permaneció fiel a su coche, regalo que le hiciera su padre cuando recibió cierto diploma allá por el año 30. Y hasta le complacía ser un motivo original en la ciudad y provocar la algazara de los chiquillos en las calles.

Padilla y Greco conocían muy bien el esperanto pero jamás lo hablaban en su tertulia, no sólo porque fray Plácido nunca lo aprendió, sino por practicar su hermoso castellano, lengua tan muerta a fines del siglo como el sánscrito o el griego de Homero.

—Conservemos el español —decía Padilla— que será la lengua de N. S. Jesucristo en su segundo advenimiento.

—¿Por qué no ha de ser el latín, que es la lengua de la Iglesia? —objetaba fray Plácido.

—Porque el español tiene el raro privilegio de ser la única entre las grandes lenguas del mundo que no haya sido hablada por ningún insigne heresiarca o enemigo de la Iglesia. El latín lo hablaron Nerón y Juliano; el griego, Arrio; el árabe, Mahoma; el inglés, Enrique VIII; el francés, Voltaire; el italiano, Garibaldi; el alemán, Lutero; el ruso, Lenín.

Esa mañana llegó Padilla solo y antes de lo acostumbrado, deseoso de conversar de dos asuntos que le preocupaban. El uno eran sus inquietudes con respecto al reino de Chile, en donde se levantaban voces reclamando el resto de la Patagonia argentina El otro eran ciertas habladurías sobre la frecuencia con que Juana Tabor recibía al superior de los gregorianos en su quinta de Martínez.

Padilla besó la mano derecha del fraile y se sentó a su lado, en el banco de piedra enmohecido.

El besar la mano de los sacerdotes a manera de saludo, era una de las prácticas que recomendaba la Iglesia para avivar en las gentes la antigua veneración hacia los religiosos. En todos los países los prelados habían enriquecido con indulgencias ese humilde gesto.

—¿Ha dormido bien V. R. esta noche?

—Como un tronco, hasta media hora antes de la misa.

—Eso quiere decir que no ha sentido la manifestación de la plaza Stalin. Medio millón de hombres, dicen.

—¿Y qué querían? ¿Qué pedían?

—Se habían congregado para echarle flores a nuestra presidenta, misia Hilda, porque ha disuelto los últimos restos del ejército de línea que nos quedaban: la gendarmería de la Patagonia.

—¿Y eso lo aplaude el pueblo? ¿Qué puede importarle?

—Directamente, nada. Pero el pueblo, mejor dicho los politiqueros que lo agitan, tienen instintiva aversión a todo lo militar, porque un gobernante apoyado en unas cuantas divisiones no se deja manejar.

—¡Comprendo! ¿Y por qué le preocupa a usted la disolución del ejército?

—Porque tenemos vecinos fuertes, que codician desde hace siglos algunas de nuestras provincias, y pueden aprovechar la ocasión al ver indefensas nuestras fronteras.

Por el claustro solitario pasó el lego sacristán haciendo sonar sus llaves. Como a esa hora la iglesia estaba cerrada, él tenía un vagar para echar su sueñito.

Casi en seguida, por el mismo claustro, donde las pisadas adquirían una extraña sonoridad, pasó fray Simón. Iba leyendo un libro. Padilla preguntó en voz baja:

—En confianza, fray Plácido, ¿su superior conserva los dos puntales? ¿Reza siempre su breviario?

—Indudablemente —respondió el viejo con sequedad, no queriendo abrirse a aquella clase de confidencias.

—Me pareció que ese libro que iba leyendo no era...

—No, no era un breviario —respondió presto fray Plácido—. Lo rezará a otra hora... —Y para cambiar de conversación, dijo: —He estado cavilando sobre quién será aquella mujer vestida de púrpura con una copa de oro en que beben todos los reyes...

—¿La que pinta San Juan en el Apocalipsis? —preguntó Padilla.

—Sí, esa misma, que se presenta montada en una bestia roja con siete cabezas y diez cuernos. No hay que confundir a ésta con la otra bestia que aparece en el capítulo 13, símbolo del Anticristo. La bestia roja es un imperio.

—¿Cuál?

—A mi entender es el Imperio Romano Germánico, y la mujer vestida de púrpura es Roma.

—¿De qué lo deduce?

—De que lleva en la frente el nombre de Babilonia con que San Pedro designa a Roma, y que esa mujer es una gran ciudad que tiene señorío sobre los reyes de la tierra, y las siete cabezas de la bestia en que cabalga son siete montes sobre los que ella está sentada.

—Roma, en efecto, es la ciudad de las siete colinas.

—Hay otros motivos que me hacen interpretar así esta profecía. En uno de sus pasajes dice: "La bestia que has visto fue y no es; y saldrá del abismo y vendrá a perecer", con lo que el profeta alude a un imperio que desapareció totalmente como ocurrió con el romano; y se levantó de nuevo y otra vez perecerá.

—Me place su interpretación porque se ajusta a la historia.

—Las siete cabezas de la bestia que está llena de nombres de blasfemia son también, según el texto sagrado, siete reyes, de los cuales cinco cayeron ya, uno existe y el otro no ha venido aún, y cuando venga durará poco.

—Esos reyes —observó Padilla— podrían serlo también en el sentido espiritual, a juzgar por los nombres de blasfemia.

—En efecto, pueden ser siete personajes o siete doctrinas. Cinco de ellos pasaron y fueron quizás Arrio, Mahoma, Lutero, Voltaire y Lenín. Uno existe y otro vendrá. ¿Cuáles son éstos, a quienes estamos ya tocando?

—¿Quiénes cree V. R. que sean?

—Uno de ellos, el que existe —dijo el fraile— preparará los caminos del Anticristo, provocando el gran cisma anunciado por San Pablo.

—¿Será tal vez un religioso?

—Así lo creo, y por lo tanto será el falso profeta del Anticristo. El otro que ha de venir, alguna vez he pensado que fuese una mujer.

—¿Por qué, padre?

—No sabría decirlo. Tal vez me haya acordado de esa misteriosa profetisa que aparece en el Apocalipsis...

—¿Jezabel?

—¡Esa misma! ¿Es un símbolo? ¿Se trata de una mujer considerada individualmente, o de una secta o herejía?

—No recuerdo ahora —dijo Padilla— las palabras exactas del texto apocalíptico.

—Yo sí —respondió prestamente fray Plácido, que sabia de memoria casi toda la Sagrada Biblia— pero esas palabras son oscurísimas, y aunque alguna vez serán claras para la inteligencia de los fieles, hoy me sumen en perplejidad.

—¿Cómo dicen?

—El profeta envía al mensajero de Cristo a cada una de las siete iglesias de su tiempo, y a una de ellas —la de Thyatira, ciudad muy comercial de la época— le dice: "Yo conozco tus obras, tu fe, tu caridad, tus servicios... Pero tengo contra ti que permites a Jezabel, mujer que se dice profetisa, engañar a mis siervos...

—Por esas palabras se advierte —observó Padilla— que se trata de una persona que se ha introducido en la comunidad cristiana.

—O que piensa introducirse —dijo fray Plácido— porque el mensaje agrega: "Le he dado tiempo para que hiciera penitencia, y ella no quiere arrepentirse... "

Como usted ve, mi amigo, la idea que a veces me viene de que la séptima cabeza de la bestia sea esa mujer es una simple intuición, y apenas me atrevo a formularla.

Larga pausa llena de pensamientos interrumpió la plática, hasta que fray Plácido retomó el hilo de sus conjeturas.

—Más clara me parece la alusión al imperio musulmán, que descubro en la otra bestia que sale del mar, en el capítulo tercero. Este monstruo, que vencerá a los santos y será adorado por todos los moradores de la tierra cuyos nombres no están escritos en el libro del Cordero, es, según los intérpretes, el Anticristo, y tiene también siete cabezas y diez cuernos. De una de esas cabezas se dice que estaba "como herida de muerte", pero que esa herida se curó y la tierra quedó maravillada de aquel aparente milagro.

—¿Vuestra reverencia descubre en eso una ilusión a la historia actual?

—En efecto. ¿Qué imperio, de los que han de existir en los últimos tiempos, está simbolizado por esa cabeza que casi murió y cuya milagrosa curación valió para la Bestia el asombro y la devoción del orbe? —preguntó el fraile.

Padilla reflexionó un momento, y en vez de contestar inte-rrogó a su amigo:

—¿Pero será un imperio? ¿No será más bien una herejía?

—Fue y será las dos cosas a la vez respondió fray Plácido—. Fue y será un imperio y a la vez una religión corruptora y terrible, que otrora dominó la cuarta parte del mundo y ahora lo infeccionará todo, según el texto sagrado.

—¿Dice V. R. que se trata de un imperio que estuvo herido de muerte y que resurgió sano y salvo?

—Efectivamente —confirmó el fraile—. Sólo hay uno en la historia con esas características, uno que es justamente un poder político y una religión...

—¡La Media Luna! ¡Mahoma! —exclamó Padilla.

—Así es —explicó el viejo—. La segunda cabeza, herida de muerte, la hemos visto curarse y renacer ante nuestros ojos por obra de los estadistas modernos, que han fomentado el panislamismo. El imperio musulmán llegó a su apogeo en el siglo XV, cuando las banderas negras del Profeta cubrían el sur de Asia y el norte de África, y sus caballos bebían en el Danubio y en el Tajo... Después de Lepanto, por obra de España, empezó su decadencia. En la gran guerra de 1914 Turquía fue casi aniquilada. Los estadistas no la borraron del mapa solamente porque no supieron a quién entregar su capital.

—Así es —dijo Padilla—. El haber fomentado el panislamismo se nos muestra ahora como la más terrible equivocación de los hombres en la historia. Hoy forman una sola nación enemiga de Cristo veinte naciones, desde los montes Atlas hasta el golfo de Tonkín: Marruecos, Libia, Egipto, Arabia, Persia, Irak, Afganistán y casi toda la India; cien grados de latitud con 700 millones de hombres que perseguirán a Cristo hasta la muerte, soberbios y sin contrición.

—La soberbia del hombre tiene a veces rasgos sobrehumanos, absolutamente diabólicos —murmuró Padilla.

—Así es —prosiguió fray Plácido— no se olvide usted de que vamos aproximándonos a los tiempos en que reinará el Anticristo.

—¿Los tiempos ya o solamente las vísperas?

La voz del fraile fue un susurro bajísimo.

—Yo le voy a contar lo que he referido a mi confesor; él me dice que es un sueño, pero yo creo que fue una visión.

Fray Plácido contó las dos visitas de Voltaire en 1978 y 1988, y el anuncio que éste le hiciera acerca del Anticristo.

Padilla lo escuchaba absorto, pero temiendo que aquello fuera un desvarío del viejo, se limitó a decir:

—Si el imperio del Anticristo ha de ser musulmán, ¿cómo pensar entonces que el propio Anticristo nacerá en Roma, capital del mundo católico?

—No nacerá; ha nacido ya —respondió fray Plácido—, en Babilonia, nombre que San Pedro da a Roma; los caminos por donde conquistará su grandeza nos son enteramente ignorados.

—De cierto, ¿qué sabemos del Anticristo?

—Sabemos por el profeta Daniel que sus comienzos serán...

—Es decir, "han sido", pues según V. R. ya estamos en esa época —apuntó Padilla sonriente y por complacencia.

—Efectivamente —dijo el fraile sin inmutarse— sus comienzos han sido humildes. Pero la victoria lo acompañará; se adueñará de Constantinopla y se ungirá emperador de la Media Luna. Congregará en los campos del Asia millones de jinetes —tal vez de aviadores— y los arrojará sobre Roma, su patria de nacimiento, la más gloriosa y magnífica de las ciudades del mundo. Hollará a los príncipes como un alfarero pisa el barro. Y para hacerse adorar de hombres y mujeres usará de toda suerte de embaucamientos.

—¿Será hermoso?

115

—Hermosísimo como un arcángel. Poseerá todas las seducciones de la iniquidad. Conocerá todas las ciencias que se aprenden y todas las ocultas que le habrá enseñado el Demonio. Estará dotado de una elocuencia irresistible. Será, según Daniel, "impudente y entendido en dudas", es decir, sofista, descarado y seductor.

—¿Hará milagros?

—Sí, falsos milagros. Los inventos modernos le servirán para presentarse y hablar a la vez en todas partes. Los aparatos de radio transmiten todas las sensaciones, no sólo las auditivas y visuales —como en 1940— sino también las que impresionan el olfato, el tacto y el gusto, y permiten que el orador vea y escuche al público que lo oye y lo ve. Así el Anticristo gozará de una aparente ubicuidad, sus imágenes podrán contestar a quienes las interroguen y se cumplirá el anuncio del Apocalipsis: "Y le fue dado que comunicase espíritu a la figura de la Bestia, de manera que hablase."

—¿Nunca sus ejércitos serán vencidos?

—Sí; su escuadra será vencida en el Mediterráneo por otra escuadra, tal vez la inglesa o la romana.

—¿De dónde saca V. R. esa curiosa interpretación?

—Del siguiente pasaje de Daniel, que en mi opinión describe las conquistas del Anticristo.

Volvió fray Plácido a abrir su manoseada Biblia y leyó:

"Llegará, en el tiempo marcado, hacia el sur; pero esta última campaña no será como la primera. Los navíos de Cethim vendrán contra él, y él perderá valor. Se entenderá una vez más con los que hayan abandonado la alianza." En este punto sigo la versión tan acreditada que hizo Crampon.

—¿Los navíos de Cethim? —interrogó Padilla.

—Kitthim es la palabra hebrea —explicó el fraile—. La Vulgata la traduce por romanos. Materialmente Kitthim o Cethim es la isla de Chipre. Por metáfora, se designa así en los libros antiguos a las islas occidentales con relación a la Palestina.

—¿Qué más?

—El Anticristo, furioso de su derrota, se arreglará con esos que viven en Cethim, después de haber abandonado su patria. El Anticristo se servirá de ellos, y derrotará a toda la nación y aniquilará a sus defensores por la espada y el fuego. Hará cesar las misas y ordenará la adoración de su imagen... Voy a leer textualmente, siguiendo en esto la famosa versión del padre Scio: "Quitará el sacrificio perpetuo y pondrá la abominación para desolación... No tendrá respeto al Dios de sus padres y será codiciador de mujeres; no se cuidará de ningún dios, porque se levantará contra todas las cosas. Mas honrará al dios Maozim (dios de la guerra)... y repartirá las tierras gratuitamente."

—Curiosa profecía, de la que ya hemos visto ejemplos: toda revolución anticristiana ha anunciado el reparto de las tierras de los ricos entre el pueblo.

—A mi juicio, la caída del imperio británico sería la señal de haberse roto el sexto sello del Apocalipsis y de que el mundo habrá llegado a sus postrimerías.

—¿En qué funda V. R. esta idea?

—He leído en el Apocalipsis que "a la apertura del sexto sello... las islas serán movidas de su sitio."

—¿Cómo se llamará el Anticristo?

—Nadie puede saberlo. Pero me inclino a pensar que llevará el nombre de Mahoma, aunque sea rey de Israel, Su reinado será breve: tres años y medio. De pronto, en medio de una grandeza que no ha conocido ningún otro hombre, lo turbará un rumor de Oriente y del Norte, y saldrá con numerosas tropas para quebrantar y matar a muchos."

—¿Qué conjeturas hace V. R. sobre ese texto?

—Que se alzarán dos de sus grandes aliados: al norte Satania y al oriente Mongolia. La invasión de los mongoles, como en los tiempos de Gengis-Khan, será arrolladora. Explotarán el descontento de los musulmanes, porque el Anticristo en el fondo es judío. El Anticristo volará desde Roma hacia la Palestina, sentará sus reales en Jerusalén y levantará su tienda en la montaña santa; allí lo sorprenderá la rebelión de su propio ejército. Nadie le prestará auxilio, pero

117

su derrota no será por mano de los hombres. "El Señor Jesús", dice San Pablo, "lo matará con el aliento de su boca y lo destruirá con el resplandor de su venida."

—¡Visión tremenda y maravillosa! ¿La alcanzaremos nosotros?

—¡Secreto de Dios! Se ennegrecerá el sol, se enrojecerá la luna, se descuajarán los montes, se moverán las islas y cambiarán de sitio los mares.

—¿Cómo se realizará ese descuajamiento de los montes y las islas, el ennegrecimiento del sol y el enrojecerse de la luna, sin una catástrofe universal del cosmos?

—Pienso —explica fray Plácido— que no será menester que el cosmos entero se trastorne. Los fenómenos pueden ocurrir, como ya ocurrieron cuando la tierra por impulso material y cambió su eje de rotación, inclinándose 23 ½ grados. Se alteró el nivel de los mares y se produjeron las estaciones, que antes no existían. Si la tierra se enderezara, mares y ríos cobrarían otros niveles y hasta los cielos parecerían trastornados. ¿Pero sabe de todos los signos apocalípticos cuál es el que más me espanta?

—¿Cuál?

—Ése que se describe así: "Y las estrellas del cielo cayeron sobre la tierra como la higuera deja caer sus higos cuando es movida de grande viento."

—Anuncio de innumerables apostasías, ¿no es así?

—Así es, y este signo concuerda con un pasaje del capítulo 8: "Cayó una estrella, y la tercera parte de las aguas del mar se tornaron acíbar." El sacramento del orden, el sacerdocio, es un aceite divino que penetra el alma por toda la eternidad. La apostasía, que reniega de esa gracia, saca de su quicio al mundo. La apostasía de un sacerdote es peor que la caída de la estrella de la mañana.

Con estas lúgubres palabras separáronse los dos amigos ese día. Era tarde.

La campana del convento llamaba al coro, y Padilla dejó para otra vez la segunda parte de sus confidencias, que se referían a Juana Tabor.

Cuando uno miraba al hermano Pánfilo se decía: "Ya lo he visto otra vez", aunque no lo hubiera visto nunca.

Porque aquel cráneo pelado, aquellas mejillas descarnadas y cetrinas, aquellos ojos sonámbulos que fosforecían entre las cejas hirsutas como dos luciérnagas enredadas en un matorral, los labios apretados y exangües, el haz de tendones de su pescuezo, las manos extáticas, la barba cenicienta nunca bien rasurada, y la cogulla y las sandalias, eran cosas muy vistas en algún famoso cuadro de Zurbarán o de Ribera; y uno, al hallarse con el lego de cuerpo presente, se creía delante de un viejo conocido.

Había ingresado de monago para ayudar a la misa de los frailes cuando tenía diez años, y hacía ya sesenta que vivía en el convento absorto en sus modestísimos quehaceres, que cada día le pesaban más por ser menos los que le ayudaban y más flacas sus fuerzas.

Cuando entró en el año 1920, huérfano de padre y madre y abandonado de sus parientes, propusiéronle estudiar la carrera eclesiástica; mas por modestia prefirió profesar de hermano lego.

Satisfechas sus ambiciones terrenas y puesta en el cielo su suprema esperanza, había sido enteramente feliz, de no tener ante los ojos la lenta agonía de la orden a la que amaba como a su propia madre.

Recordaba los tiempos en que él y otros cuatro o cinco motilones no daban abasto para ayudar a las misas de los quince o veinte sacerdotes de la comunidad, y tenían que llamar a los coristas, estudiantes de filosofía y aun de teología.

Llegó la hora satánica, y sobre la humanidad cayó una nube de cenizas estériles que sofocó la mayoría de las vocaciones religiosas. Treinta años, cuarenta años. Unos tras otros fueron cerrándose los conventos.

En 1978, cuando los espíritus fuertes celebraban el segundo centenario de la muerte de Voltaire —apoteosis que el desventurado presenció con macabra risa desde el fondo de la eternidad— tuvo lugar la fiesta en que los gregorianos consagraron siete sacerdotes.

Pues bien, de los siete no quedaba en 1990 más que uno, fray Simón de Samaria.

Los otros seis se habían hecho clérigos constitucionales —según se llamaba a los que salían de una orden para atender una parroquia por una pingüe mesada oficial— haciéndose la ilusión de servir a Dios al mismo tiempo que al Gobierno.

Atendían las parroquias que la persecución contra los sacerdotes seculares y las órdenes religiosas dejaba desiertas, oficiaban misas e impartían sacramentos, aunque la Santa Sede había censurado aquel culto, que se realizaba a espaldas de los obispos, y había excomulgado a los sacerdotes constitucionales.

Ahora el hermano Pánfilo, echando las cuentas, no hallaba en su convento más que dos frailes de misa y cuatro coristas próximos a ordenarse, amén de una media docena de sirvientes, de los cuales sólo dos eran legos profesos.

El hermano Pánfilo quería a sus cuatro coristas como a hijos, los mimaba en cuanto la severa regla se lo permitía y hacía la vista gorda a sus pequeñas infracciones.

¡Con qué impaciencia aguardaba el día de la ordenación, que los ataría para siempre a la Iglesia!

Capítulo VIII

La fuga de los últimos novicios

El hermano Pánfilo pasaba largas horas rezando ante el Santísimo para que no permitiera la extinción de su orden, pero el Señor, en sus inescrutables designios, no parecía dispuesto a escucharlo.

Una noche se levantó a las once y media como de costumbre, y fue al rincón de la campana con que despertaba a la comunidad.

No la halló. El resplandor del cielo alumbraba muy bien el sitio, permitiéndole ver en el techo el agujero por donde antes pasaba la cuerda. Alanochecer del día anterior él mismo había tañido esa campana, dando al convento la señal de reposo. Si la cuerda se hubiera cortado sola, la encontraría allí, sobre los ladrillos de la galería enroscada como una víbora.

Al no ver señales de ella, presumió que uno de los motilones, por jugarle una mala pasada, la hubiera cercenado y llevádosela. No valía la pena perder tiempo buscándola.

Comenzó, pues, a recorrer las celdas para llamar de viva voz a los coristas.

En la primera no tuvo que despertar a nadie: halló la puerta de par en par y ausente su dueño. La tabla del camastro estaba fría.

Mas dado que fray Palemón, el joven teólogo de la primera celda, era el mejor estudiante del convento y gustaba de levantarse antes de la hora para irse a la rica y silenciosa biblioteca a proseguir sus estudios, el hermano Pánfilo no se alarmó.

La segunda correspondía a fray Nilamón, el dormilón más intrépido que el sacristán hubiese conocido.

Casi siempre, después de haberlo llamado a la puerta, tenia que volver una o dos veces a sacudirlo por los hombros.

Esa vez, empero, no tuvo necesidad de despertarlo. También su celda estaba abierta y frío el camastro.

—¡Santísima Virgen de Pompeya! —exclamó el lego, santiguándose—. ¿Qué significa esto?

En la tercera celda la misma historia, y en la cuarta no hay para qué decirlo.

Desesperado, recelando que los cuatro coristas hubiesen hecho lo que hicieron otros, que colgaron los hábitos y se largaron sin decir adiós, corrió a avisar del tristísimo asunto, no al superior, con quien no tenía tanta confianza, sino a fray Plácido.

Descubrió entonces, arrimada a la pared que daba a la calle, una escalera de mano.

Se aproximó y divisó atada al último barrote la punta de la cuerda de su campana, colgando hacia una callejuela del profano mundo.

—¡Por aquí se han largado! ¡Palemón, Filemón, Nilamón, Pantaleón! ¿Adónde vais, desventurados jóvenes?

Traspasado el corazón de pena, despertó a fray Plácido y le dio la amarga noticia.

El viejo examinó los rastros de los fugitivos y comprendió que no podía pensarse otra cosa. Encomendó al lego que lo dijera al superior y se encerró en su celda. Se desnudó, cogió las feroces disciplinas de tres cuerdecillas con bolitas de plomo en las puntas y las hizo zumbar sobre sus flacas espaldas de noventa años, para que Diostuviera piedad de aquellos ilusos en quienes se cumplía la dolorida queja de Jehová: "Dejáronme a mí, que soy fuente de agua viva, para cavar para sí cisternas rotas que no detienen las aguas."

Acabó acezante la primera tanda de zurriagazos, descansó un par de minutos y reanudó la carnicería, esta vez a fin de que el Señor se apiadara de él mismo y de los que, investidos de autoridad, no habían sabido custodiar la viña que les confió la Providencia: "Pusiéronme guarda de viñas; mi viña no guardé", conforme al lamento de la Esposa en el Cantar de los cantares.

Terminó, besó las disciplinas ensangrentadas y las colgó detrás del postigo; se echó el hábito sobre las carnes molidas, y cuidando que ninguna gota de sangre manchara su blancura, ciñóse el cinturón de oro y fuese adonde lo aguardaba el desolado sacristán para ayudarle a celebrar misa. Se revistió con los sagrados ornamentos, y al aproximarse al altar vio el confesionario del superior bloqueado de penitentes, y entre ellos a Juana Tabor con su cinta roja en la frente.

¿Qué hacía de nuevo allí, pues no era católica? A lo menos fray Plácido no tenía noticias de su conversión, como antes la tuvo de sus primeros coloquios.

Dijo su misa, rogando por aquellos cuatro locos: Palemón, Filemón, Nilamón y Pantaleón, que más fatuos que el hijo del asno montés, habían abandonado el santo pesebre para correr al desierto.

Después de la acción de gracias pidió al sacristán que le avisara cuando Fray Simón se dispusiera a recibirle, se fue a su celda donde tenía un receptor de radio, y sintonizó la onda latina del Vaticano.

Ése era su único medio de información acerca de lo que sucedía en el mundo, ya que las otras emisoras solo transmitían en esperanto.

Escuchó un rato. Su imaginación se iba detrás de los fugitivos, siguiéndoles en el camino de la apostasía.

De repente se puso a atender las noticias. La humanidad parecía tocar los umbrales del Apocalipsis. El mundo era una inmensa marmita donde las brujas de Macbeth estaban cocinando la más espantosa mezcolanza de horrores.

En los últimos cuatro o cinco años las naciones habían hecho febriles preparativos para la próxima guerra, que a la menor chispa podía estallar y que sería no sólo universal —

por que ni la fría Groenlandia ni la ardiente Liberia se salvarían de ella— sino la última guerra, que aniquilaría toda cultura, toda belleza y todo sentimiento.

Por eso las gentes vivían espiando los signos anunciadores de la definitiva catástrofe.

Esa noche dos noticias fijaron la atención de fray Plácido. Primeramente la Vaticana que dijo que el papa estaba enfermo. Era el Pastor Angélico.

Cualquier flaqueza en la salud de aquel anciano más que centenario tenía que alarmar a los fieles.

La vacancia de la silla pontificia presentábase llena de peligros, por la tendencia de los emperadores y reyes a inmiscuirse en la elección del sucesor.

La otra noticia que le alarmó fue la de que en el Cáucaso había aparecido un joven príncipe que se hacia pasar por descendiente de David y se decía destinado a restaurar el templo y el trono de Israel.

Ya no era uno de tantos impostores como en los veinte siglos del cristianismo han explotado la credulidad del pueblo, desde Bar-Kosibá hasta Sabbatai-Cevi.

El nuevo Mesías presentábase con caracteres tan extraordinarios de inteligencia y de hermosura que en pocos años había soliviantado regiones enteras del Asia. Realizaba curaciones portentosas, resucitaba muertos, hablaba a aquellas poblaciones primitivas en su idioma local y les prometía el paraíso en la tierra si lo adoraban.

Millares y millares de hombres y mujeres aguardaban días y meses de rodillas al borde de los caminos, esperándole.

Fray Plácido, vencido por la fatiga y el sueño, se durmió en su sillón de vaqueta.

A eso de las cuatro de la mañana, según la hora antigua, el hermano Pánfilo le avisó que el superior se encontraba ya en su celda.

Era el mes de tischri. En las alquerías de la campaña cantaban los gallos al alba fresca que venía salpicando de diamantes las arboledas y los sembrados.

Fray Plácido golpeó con los nudillos la secular puerta de algarrobo, que armonizaba con las gruesas paredes de adobe y la pesada estructura del convento.

Nadie le contestó. Golpeó más fuerte y aguardó unos instantes. Bien distraído debía de hallarse el de adentro para no sentir aquel llamado.

Por la memoria del viejo pasó el amoroso reproche del Señor: "He aquí, yo estoy a la puerta y llamo."

Pero ¿cómo podía escuchar ningún llamado aquel para quien todos los rumores del mundo, aun la voz de la conciencia, se apagaban bajo la pequeñísima voz de su radio que le hablaba a él solo?

Fray Simón de Samaria había introducido en la ranura del aparato un film rojo, y escuchaba el alado mensaje.

Dos días antes había estado en la quinta de Martínez y comentado con Juana Tabor el capítulo XXI del Evangelio de San Juan, donde el Señor pregunta a su discípulo: "Simón, hijo de Juan, ¿me amas?", y él responde: "Señor, vos sabéis que yo os amo."

Al atardecer de ese mismo día un mensajero trajo al superior no un film sino una carta que olía a rosas de Estambul, con esta sola pregunta: "Simón, hijo de Juan, ¿me amas?"

Era la letra de Juana Tabor, firme y exótica tal como ella. En ese tiempo, personas de su posición ni leían ni escribían, pero ella era instruida y amaba el estudio y los libros.

Fray Simón sintió como un vahído. Aquella impetuosa pregunta exigía respuesta inmediata.

El mensajero aguardaba a la puerta, en su avión marcado con el emblema de Juana Tabor sobre la cifra de moda: 666.

Fray Simón se fue a su celda y en el mismo papel, abajo de la pregunta, escribió nervioso esta palabra:

"El hijo de Juan respondió: 'Señor, tú sabes que sí te amo.' En cambio yo no respondo nada. Pero sí yo le respondo: Si usted intentara hacerse católica, no por el solo amor de Dios, sino por otro amor, yo la despreciaría."

125

Al ir a cerrar el sobre se detuvo, y lentamente agregó estas líneas para endulzar la dureza de la contestación: "Si usted no ha comprendido mis palabras, jamás comprenderá mi angustia."

Ensobró de nuevo el papel y fue en persona a entregarlo al mensajero.

Ignorando qué impresión habría producido su respuesta, pasó el día siguiente en una cruel incertidumbre.

Dos o tres veces se encontró con los cuatro coristas que andaban desazonados y ansiosos de hablarle, pero no los atendió. Su pobre corazón lo torturaba. Ya se encogía al temor de algo que podría sobrevenir; ya se dilataba con una esperanza loca sin nombre, sin definición, sin substancia.

Quiso rezar y pasó una hora ante el Santísimo. Pero su imaginación voló hasta la arboleda de la antigua quinta de los jesuitas.

Se encerró después en su celda y escribió en su diario:

"Me siento más unido a esta alma en las cosas religiosas que al alma de muchos católicos cuya intransigencia me repugna ¡Cómo asimila ella las lecciones del Evangelio! Y sin embargo, ni siquiera es bautizada.

"Ayer le he hecho llegar una palabra de la que casi me arrepiento. Pero no podía ser de otro modo.

"¡Oh, mujer misteriosa y milagrosa, de quien está escrito que mi mano te bautizará! Vuelvo a pensar que nuestra amistad es un milagro que muestra la desaparición de los afectos impuros.

"Tengo la conciencia de que llevo conmigo un principio suficiente para vivificar razas enteras, para transformar la Iglesia y la humanidad. ¡Todas las energías de una Iglesia nueva! La renovación del viejo catolicismo existe ya en este germen."

Esa misma noche, mientras él escribía eso, colgaron sus hábitos los cuatro últimos coristas gregorianos; y cuando al alba, después de una noche de abrumadoras visiones, en vez de leer su breviario se puso a hojear un libro que ella le diera, halló adentro un film.

Puso la pequeña lámina de baquelita en la ranura de su radio y escuchó la voz que acallaba todas las voces de la tierra y del cielo. Decíale así:

"El otro día, cuando usted almorzó conmigo, hablamos de una profecía de un monje del siglo XII, Joaquín Flora, que anunciaba tres Iglesias. La primera, la de San Pedro o de la Autoridad (Edad Media). La segunda, la de San Pablo o de la Libertad (Reforma). La tercera, la de San Juan o de la Caridad (los últimos tiempos). Yo pienso que el apóstol de la Iglesia de San Juan será usted. Acuérdese de esta profecía que le hago: Usted será el próximo pontífice de la Iglesia Romana. Y usted realizará, por fin, la unión de las almas en la tierra. Eso es la Iglesia de Jesucristo.

"La Iglesia está en usted y en mí."

Fray Simón detuvo un momento la máquina, ahogado por la emoción.

Luego la puso otra vez en movimiento y escuchó estas palabras exquisitas:

"El otro día, bajo los árboles de mi parque, hablábamos del nombre nuevo que será dado al vencedor según este pasaje del Apocalipsis:'Al que venciere le daré una piedrita blanca y en ella esculpido un nombre nuevo, que nadie lo sabe sino el que lo recibe.' Y yo le dije a usted, padre mío y mi amigo: 'He tenido la idea de que yo todavía no he recibido mi verdadero nombre.' Y usted me contestó: 'Algún día yo la bautizaré y la llamaré Estrella de la Mañana.' Y por ese espíritu de contradicción que a veces me mueve, le repliqué: 'Si me bautizara, perdería el derecho de usar mi cifra de platino (666) Nunca me bautizará.' A lo que usted, que ha aprendido de ese viejo fray Plácido todos los profetas, me contestó con un versículo de uno de ellos, Oseas: 'Yo la conduciré al desierto y le hablaré al corazón.'

"¡Bueno, sí! Condúzcame al desierto y hábleme al
corazón; bautíceme y llámeme Estrella de la Mañana.

"Yo no sabía lo que era un amor virginal y cristiano antes
de haber conocido su alma. Y ahora yo le pregunto side
veras piensa usted que algún día nuestras oraciones se
elevarán perfectamente unidas en el templo de la naturaleza
—donde yo rezo— o en el templo más santo de la Iglesia —
donde reza usted—."

Con esto cesó la voz. Fray Simón quedó como en éxtasis,
y ése fue el momento del primer llamado de fray Plácido,
que iba a conversarle sobre la fuga de los coristas, Sólo al
tercer golpe lo oyó y lo hizo pasar.

CAPÍTULO IX

REBELDÍA Y EROTISMO

—¿A mí me busca V. R.? —preguntó fray Simón desabridamente al viejo, que entró con la cabeza gacha.

Erguido en medio de la celda, indignado de que alguien turbara su reposo, el superior parecía un juez y el otro —dolo-rido por los zurriagazos que acababa de darse— el reo, con las manos en las mangas, encorvadito y humillado.

—Busco a V. R. como un hijo busca a su padre en momentos de extrema aflicción.

—Siéntese —indicó el superior mostrándole una silla, mientras él ocupaba su sillón frailuno delante de su radio.

—Ya V. R. estará enterado de lo que ocurre...

—¿Que se han ido esos mozos? hace tres horas que lo sé —respondió con indiferencia fray Simón.

El viejo lo contempló sorprendido y suspiró:

—Dios envió pocos obreros a la viña, y he aquí que esos pocos la abandonan antes del mediodía. ¡Cúmplase su santa voluntad!

El superior contestó con estas soberbias palabras, tomadas del profeta Isaías:

"Los ladrillos cayeron, edificaremos de cantería; cortaron las higueras silvestres, plantaremos cedros en su lugar."

Fray Plácido sacudió apenado la cabeza.

—Discúlpeme V. R., no me gusta en sus labios esa expresión, porque es la respuesta de los habitantes de Samaria y de Efraím rebelados contra los castigos del Señor.

—¿Qué diría en cambio V. R.? —contestó el superior irónicamente, jugando con la lámina de baquelita que encerraba el mensaje de Juana Tabor—. ¿Qué debemos

129

decir y hacer nosotros, viendo desmoronarse esta orden gregoriana a la que ya no le quedan sino tres pobres ladrillos, o sea tres viejos frai-les?

—Los tres viejos frailes debemos bendecir al Señor, cuyos caminos son siempre inescrutables, y recordarle su misericordia con otras palabras que también están en Isaías: "No quebraré la caña cascada ni apagaré la mecha que aún humea" y conservaré la esperanza hasta que un día "las tierras sedientas sean fuentes de agua, y la soledad florezca como un lirio... "

El superior se dignó sonreír, condescendiendo con aquella devoción por las Sagradas Escrituras de donde el viejo extraía todas sus ideas.

Fray Plácido continuó:

—Y entretanto suplicaremos al Señor que nos haga ver si esta agonía de nuestra orden es un castigo; por cuáles pecados —propios o ajenos— perece, para buscar el remedio en la penitencia.

El superior no dijo nada. El viejo se atrevió a interrogarle:

—¿V. R. va a comunicar a Roma lo que ocurre?

—No he pensado en eso.

—Porque —prosiguió fray Plácido— dado que en la Argentina no existe un representante del papa, si V. R. no envía sus noticias a Roma allí no llegarán a saber...

—Prefiero que no sepan nada, y usted fray Plácido, absténgase de toda comunicación. Lo que ha de suceder, sucederá, lo sepan o lo ignoren allá. ¿Qué pueden hacer por nosotros ellos, que también sienten la muerte rondándoles?

El viejo alzó bruscamente la cabeza

—¿Cómo dice V. R.? ¡La Iglesia de Cristo no puede morir...!

—No, no puede morir —se apresuró a explicar el superior—. Tampoco puede extinguirse nuestra orden, y yo creo que pueden recobrar tanto ella como la Iglesia Romana su influencia sobre el pueblo, a condición de que se reforme.

—¿Reformar la Iglesia? ¿Reformar la orden? —interrumpió ansiosamente fray Plácido.

El superior no paró mientes en la pregunta y prosiguió:

—Pero ni la orden ni la Iglesia pueden reformarse por algunos movimientos superficiales. Es necesario que sean removidas y turbadas hasta lo profundo. Yo siento que tengo una misión que llenar.

—Dentro de la orden, ciertamente V. R. tiene una misión; pero dentro de la Iglesia, en el sentido de una reforma, no —re plicó enérgicamente el viejo fraile— porque sólo el papa es el llamado a ello.

El superior palideció ligeramente y permaneció callado durante algunos segundos; al cabo dijo:

—Este papa morirá pronto. El que vendrá después, ¿tendrá su mismo espíritu intransigente y hostil al espíritu del siglo nuevo? Yo soy sacerdote católico y cualquier cosa que suceda no la olvidaré nunca. Pero los católicos del siglo XXX pedirán cuentas a los del siglo XX de no haber sabido comprender las necesidades de la sociedad de este tiempo.

—¿Está seguro V. R. de que habrá un siglo XXX? —pre guntó fray Plácido, a lo que el otro no respondió. El viejo continuó—. No es la Iglesia la que tiene que reformarse si quiere vivir; es la sociedad del siglo XX que se muere de un mal que los sabios llaman lucha de clases y que los teólogos llaman envidia: propter invidiam diaboli... Los primeros siglos del cristianismo fueron piadosos, pero tuvieron la enfermedad de la Herejía. La Edad Media fue valiente y tuvo la de la Ambición. La Edad Moderna fue egoísta y se enfermó de Envidia. Nuestra sociedad es hija de mala madre: la Revolución Francesa, que pretendió enseñar al mundo los derechos del hombre y no se acordó de enseñarle antes sus deberes.

Fray Simón de Samaria miraba la hoja de baquelita, pensando: "Si la introdujera en la radio, ¿adivinaría él, por la voz de ella, que aún no está bautizada? Ella me dice que yo soy la puerta de la Iglesia. ¿Es lícito que yo piense de ella que es la puerta del Cielo, por la promesa del apóstol Santiago: 'Quien convierte a un extraviado asegura su propia salud'?"

El viejo fraile, que no veía transparentarse sobre la frente del superior sus recónditos pensamientos, siguió con inusitado brío:

—Los sacerdotes no podemos ser perros mudos incapaces de ladrar, Canes muti, non valentes latrare. Tenemos que gritar a los hombres que nuestra raza va a morir por la espada de otros pueblos que no conocen derechos sino deberes. Yo estoy cerca ya de la muerte y no veré eso, pero V. R. sí lo verá y debe anunciarlo en alta voz para que el Señor no le impute el silencio, conforme a las palabras de Ezequiel: "Si el centinela ve venir la espada y no suena la trompeta, yo pediré cuentas de la sangre del pueblo del centinela."

—Supongo —dijo con suave ironía el superior— que a mí,que desde hace veinte años hablo al pueblo, a veces como un profeta, a veces como un mártir, no me pedirán cuentas por haber callado, sino tal vez por hablar de más.

El viejo lo miró de hito en hito.

—Yo que no comprendo el esperanto, no puedo elogiar la predicación de V. R. sino por los resultados de ella, especialmente las conversiones que realiza.

El superior se estremeció, mas advirtiendo que aquello había sido dicho sin intención particular, guardó silencio.

—Su predicación no puede ser la de aquellos profetas de que habla Isaías, a quienes el pueblo les gritaba: "Predicad cosas que nos gusten; profetizad mentiras."

—Yo he predicado la palabra de Dios conforme al espíritu de la Iglesia.

—Estoy seguro y por eso no he creído que fueran ciertas expresiones que se le prestan.

—¿Se acuerda V. R. de algunas? —preguntó con curiosidad el superior.

—Con el máximo respeto voy a decirle lo que me han dicho, y que atribuyo a una mala interpretación.

—Diga, fray Plácido.

—Nuestro país, según todos sabemos, está inundado de musulmanes y de judíos. Éstos han venido buscando un refugio contra las persecuciones; aquéllos, obedeciendo al plan de mahometización del mundo que se ha trazado el imperio árabe de El Cairo.

—Efectivamente.

—Pues bien, V. R. sacerdote católico, dirigiéndose a los musulmanes, en vez de llamarlos a convertirse les habría dicho: "¡Oh, musulmanes! conservad vuestra fe en el Dios único que vuestra abuela Agar invocaba en el desierto de Sehur (Beer-Seba) y seréis salvos, porque ella recibió la bendición de esta magnífica promesa: 'Multiplicaré tu posteridad tanto que no podrá contarse.' "

—No lo han engañado; eso he dicho. Estamos viendo el cumplimiento de la promesa, señal de la bendición de Dios so bre ese pueblo; mientras la población de Europa y América dis minuye, la de Asia y África se multiplica. La raza de Jafet ca mina hacia su extinción, mientras que la de Cam ya no puede contarse. El día que todos los pueblos musulmanes formen una sola nación, su rey podrá poner en pie de guerra en sus campamentos del Éufrates tantos jinetes como toda Europa junta.

—Eso está previsto en el Apocalipsis —observó fray Plácido—. "Desató a los cuatro ángeles del abismo atados en el gran río Éufrates. Los cuales estaban prontos para la hora y el día y el mes y el año en que debían matar la tercera parte de los hombres. Y el número de las tropas a caballo era de doscientos millones."

—Bueno, pues Dios anunció a Agar, la madre de Ismael, la grandeza que concedería a sus descendientes por virtud de aquella oración que está en el Génesis. En estos tiempos del sindiosismo ya es mucho que 700 millones de hombres adoren al Dios de Ismael.

—También está en el Génesis —observó fray Plácido— lo que sería ese Ismael, padre de los musulmanes,

—Ya lo recuerdo: "Será un asno salvaje; su mano estará contra todos y todos contra él." En otro tiempo se creyó que el Anticristo sería un sectario de Mahoma. Ahora no pensamos en eso.

El viejo meneó la cabeza.

—Los sermones de V. R., según me dicen, también son del gusto de los judíos, a quienes tampoco incita a convertirse y, al contrario, confirma en sus errores.

—¿De qué modo podría confirmarlos en el error?

—Era a propósito de un comentario suyo a la epístola de San Pablo a los romanos.

—¡Ah, ya recuerdo! Aquel sermón que causó escándalo entre muchos amigos nuestros. Y sin embargo, yo me limité a decir que así como Dios, a causa de la incredulidad de los judíos llamó a los gentiles para que ocupasen el lugar de ellos, ahora por causa de la incredulidad de los gentiles — que hoy somos los cristianos— Dios llamará a los judíos para que ocupen nuestro lugar. ¿Es eso lo que le dijeron a V. R.?

—Eso fue —respondió fray Plácido.

—Pues no hice más que ajustarme a un texto de San Pablo, que afirma: "No hay distinción entre judíos y griegos, porque el Señor es el mismo para todo el que lo invoca. Cualquiera que invoca el nombre del Señor será salvado..."

—Le pido mil veces perdón —respondió fray Plácido, sacudiendo enérgicamente la amarilla cabeza—. El Apóstol se refiere a los judíos y a los griegos, una vez convertidos a Jesucristo, y no a los que obstinados en su judaísmo o su idolatría se contentan con exclamar: "¡Señor, Señor!" Jesús mismo les previene en un pasaje del Evangelio: "No todo el que me dice Señor entrará en el reino de los cielos." Porque si el santo nombre se limita a ser un talismán y no una conducta (legem vitæ et disciplinæ), de poco les aprovechará, según lo enseña el Apóstol: "La fe sin las obras es muerta." Y no sepuede creer en el Maestro si no se le sigue; y no se le puede invocar si no se cree en él, como lo dice el mismo San Pablo en la misma epístola que V. R. comentaba: "¿Cómo se puede invocar a Aquel en quien no se cree?" ¿Y cómo creerán en Jesucristo si sus sacerdotes no predican a Jesucristo, sino al dios de los agarenos y de los judíos? Son palabras del propio Maestro que quien aborrece al Hijo aborrece al Padre; y quien no cree en el Hijo no tiene al Padre, porque no se llega a Dios sino por el Camino de Jesús...

Más que impaciencia aquella discusión causaba hastío al superior, ávido de quedarse solo para escuchar de nuevo la ardiente voz que removía sus entrañas.

No quería suscitar sospechas acerca de su ortodoxia o de su conducta, y nada contestó a aquel que por primera vez se atrevía a hacerle frente.

Tomó el viejo por aceptación aquella calma, y temiendo abusar de su victoria cambió de tema.

—Y ahora déjeme V. R. felicitarlo...

—¿Por qué? —interrogó vivamente el superior, presintiendo que iba a hablarle de ella.

Porque hoy he visto que V. R. ha obtenido la conversión de esa dama de la vincha roja.

—¿Supone que se haya convertido porque la vio en mi confesionario?

—¡Naturalmente! El confesionario es la eterna trinchera del diablo. Cuando una persona acepta esa humillación, la gracia ha vencido.

—¡No! Ella no se ha convertido aún. Necesitaba exponerme otras dudas, y como no le importa que piensen que ya es católica, fue al confesionario.

—¡Ah! —exclamó el viejo con sorpresa—. Comprendo que la conversión de un protestante sea más difícil que la de un pagano, pues por rebeldía ellos han cegado dos fuentes copiosas de agua al renegar de nuestras principales devociones: la de la Santísima Virgen y la del papa.

El superior, que veía menguar en sí mismo esas dos devociones, estuvo a punto de replicar, mas temió descubrirse y solamente afirmó:

—Tardará mucho o poco, pero ella, mi hija espiritual, se convertirá y morirá católica.

La vehemencia de estas palabras sorprendió al viejo. En sus noventa años nunca había dicho una cosa tan grave como la que dijo entonces con voz ronca. Pero cada cosa tiene su tiempo y él sentía que no era tiempo de callar.

—Hace poco leía un triste libro que, a pesar de ser el diario de un apóstata recogido y publicado por otro apóstata, contiene grandes enseñanzas para los sacerdotes que quieran comprenderlo.

El superior se irguió sin despegar los labios. El otro prosiguió:

—¡Cosa extraña! V. R. ha empleado exactamente las mismas palabras que emplea el autor de ese diario refiriéndose a una dama protestante en cuya conversión estaba empeñado. El sábado santo del año 1888, hallándose en Roma, concluye una página de su diario con esta imprudente afirmación: "Mi querida señora Merriman, mi hija hereje, se convertirá y morirá católica."

—¿Acaso se equivocó? —preguntó el superior, acerbamente.

—Sí, reverendo padre. Ella pareció convertirse, fue bautizada por él, se confesó con él, comulgó de manos de él; pero influyó tanto sobre él, lo inflamó de tal orgullo, que lo hizo rebelarse contra el papa y lo arrastró fuera del convento. Ella murió protestante y él murió renegando de la Iglesia Romana, de la que fue sacerdote y a la que pretendió gobernar y reformar.

Como el viejo al hablar miraba las baldosas del suelo, no advirtió la lúgubre palidez del superior, cuyos labios blancos formularon trabajosamente esta pregunta:

—¿Alude V. R. al diario del ex carmelita descalzo, el célebre Jacinto Loyson?

—Sí, padre superior...

—No lo he leído. Sólo recuerdo haberlo visto en sus manos. ¿Está en nuestra biblioteca?

—No, padre superior. Me lo prestó mi viejo amigo el doctor Ernesto Padilla. Se lo devolví no hace mucho. Si V. R. quiere leerlo...

—Ahora no; más adelante. Pero en fin de cuentas, ese hombre arrojó los hábitos para casarse con una mujer que se le acercó pretextando el deseo de convertirse. Se trata de una aventura vulgar, que no puede tener grandes enseñanzas para nadie.

—Casi todas las apostasías —repuso fray Plácido— son aventuras vulgares, pero todos los apóstatas creen que su caso es de enorme trascendencia para la Iglesia. Todas las apostasías comienzan pretendiendo algún bien espiritual que se quiere im poner contra las reglas divinas. Al principio el orgullo se oculta de mil modos, y sólo aparece cuando se tropieza con la voluntad del superior. Se produce entonces la obstinación en el propio juicio, y como consecuencia la rebeldía contra la suprema autoridad. Y no bien se consuma la ruptura definitiva, que suele ser resonante y aplaudida por el mundo, vemos que Dios castiga al apóstata permitiéndole caer en esa aventura vulgar para que se vean los pies de barro de aquella estatua de oro.

Largo silencio de ambos frailes.

—Recuerdo haber leído en un tratado de teología —dijo por fin el viejo— ser estas bochornosas caídas un remedio heroico que el Señor permite a los que se complacen en su propia virtud. Hasta San Pablo, que ha visto las maravillas del tercer cielo, siente el aguijón de la carne mediante el cual el Señor quiere preservarle del orgullo.

—Si fuera como dice V. R. —contestó sarcásticamente el superior— deberíamos confesar que el tal remedio heroico no es muy eficaz. Al pobre Loyson no lo salvó de morir ateo.

—A él no, seguramente —repuso Fray Plácido— pero ¡cuántos otros habrán escarmentado ante su terrible ejemplo! Por eso he dicho que este diario, escrito por un apóstata en su propia defensa, contiene grandes enseñanzas, pues muestra a los sacerdotes cómo avanza poco a poco la tentación y cómo el apóstata en cierne trata de excusar con razonamientos sus primeras caídas. En el día del juicio sabremos cuántos que tenían las manos consagradas, llegaron hasta el borde del abismo y se echaron atrás.

—Tal vez se echaron atrás —observó el superior— no por virtud sino por pusilanimidad, por no atreverse a sacar las últimas consecuencias de sus primeros actos.

—Aunque así fuera —replicó el viejo fraile— en el día del juicio bendecirán su pusilanimidad. Los caminos de la apostasía no son muchos: el orgullo, la carne, rara vez la codicia. Ese libro de Loyson es un documento muy poco frecuente, porque es un diario principiado antes de la apostasía sin propósito de publicación, continuado después. Y allí se ve la diabólica filiación de las tentaciones. Unas engendran a las otras. ¿Cuál fue la primera? ¿La del orgullo o la de la carne? Yo creo que en Loyson fue la del orgullo: lo marearon sus triunfos de orador, la popularidad inmensa de sus sermones en Notre Dame de París. Se creyó un apóstol y pretendió dirigir la Iglesia y reformarla.

Fray Plácido tomó aliento y prosiguió así:

—Esa fama le conquistó la admiración de una dama protestante y se empeñó en convertirla. Leyendo ese diario se ve cómo corren su famosa carrera estos dos caballos: la rebeldía contra Roma, que es el orgullo, y la tentación carnal, que es su castigo.

—¿Ese libro está todavía en su poder? —preguntó maquinalmente el superior, sintiendo como una brasa la mirada del viejo.

—Ya lo devolví, pero si V. R. lo desea...

—Es verdad, ya me lo dijo... Después se lo pediré... Ahora no tengo tiempo.

El viejo prosiguió explicando el contenido del diario de Loyson.

—A una explosión de ternura hacia aquella mujer sucede siempre un rapto de devoción. Quiere hacer cómplice a Dios y especula con el poder de seducción que tiene la virtud. Cierto día escribe: "Os amo, mi bien amada, mi bien amada en Jesucristo..." En otro pasaje el pobre iluso nos ofrece una repugnante mezcolanza de erotismo y de teología: "Jesucristo nos ha merecido sobre la cruz al amarnos —ella y yo— con esta ternura y esta pureza."

—¿Había dejado de celebrar su misa? —preguntó el superior.

—No, padre. Continúa celebrándola, aunque no diariamente. A medida que avanza en concesiones a la pasión crecen sus dudas sobre algunos dogmas o sus arrebatos contra la Iglesia, especialmente contra el papa. Me han quedado en la memoria algunos párrafos por la impresión que me han producido. Dice así: "Siento sobre mis labios vuestros besos, tan tiernos y tan puros..." Ycasi a renglón seguido el tiro contra Roma: "Yo me veo más cristiano y más católico que nunca, pero no admito el principio de autoridad como lo entiende la Jerarquía romana en la definición de la fe..." Sus misas son ya sacrílegas y sus sacrilegios no son secretos, pues se los comunica a ella. Un día ella, que es norteamericana, le regala un algodón que fue moja do en la sangre de Abraham Lincoln, asesinado; y él, celebran do misa al día siguiente, en el augusto momento de la consagración —da horror y náuseas contarlo— empapa ese algodón en la preciosísima Sangre de Cristo, "para unir", dice textualmente, "la sangre del Hijo de Dios con la sangre de ese otro mártir doblemente excomulgado, por protestante y por masón". A todo esto va creciendo la obsesión de todos los que caminan hacia la apostasía: la pretensión de reformar la Iglesia.

—Grandes santos tuvieron en los siglos corrompidos esa pretensión, que yo más bien llamarla misión divina — observó suavemente el superior.

Fray Plácido se encogió imperceptiblemente de hombros y prosiguió sus citas:

—He aquí una blasfemia envuelta en torpe misticismo: "He celebrado misa a las ocho. Ella ha comulgado... Verdadero amor de los ángeles y substancialmente todo un culto que bastaría para regenerar el mundo, como ha regenerado mi vida."

El superior se puso de pie. Era trágica su palidez y la blancura de sus labios,

—¿Se siente mal V. R.?

—Sí, bastante; déjeme solo. Voy a descansar un momento. No he dormido y no puedo más... Después hablaremos.

Fray Plácido, sin replicar, se marchó.

La puerta de la celda se cerró, y el superior fue a arrodillarse junto a su duro lecho; apoyó la frente sobre el madero y sollozó largamente, como si un ángel acabara de mostrarle su espantoso destino.

Después de una hora se aquietó su corazón y llegó hasta a sonreír de la ingenuidad y falta de mundo del viejo fraile; se puso a hojear su diario y halló en él un texto del profeta Daniel que lo tranquilizó: "Los que hayan conducido a muchos a la justicia, serán como las estrellas eternamente", con este comentario que él había puesto: "Es una obra inmensa convertir a los herejes, pero también es obra grata a Dios acercar en caridad a paganos y católicos, aun sin convertirlos."

Recogió la hoja de baquelita, la volvió a introducir en la radio y escuchó de nuevo el dulcísimo mensaje de Juana Tabor, y entonces dictó al aparato la respuesta, que ella tal vez estaría aguardando:

Hela aquí: "Usted me ha sido enviada milagrosamente, para que yo la conduzca a la verdad a través del Evangelio y usted me conduzca al cielo a través del amor."

Luego para sí, en su diario, bajo la fecha de ese día, escribió: "Amor extraño, celeste y virginal, que no tiene semejante en la historia. Fundamento de la Iglesia del Porvenir. Preparación del Santuario. Cumplimiento de las sagradas historias del Cantar de los cantares. Nuestro amor es la cosa más pura y trascendental que existe ahora en la Iglesia."

Y no advirtió al escribir todo esto que, como lo había dicho fray Plácido, cada explosión de erotismo iba seguida de una manifestación de disidencia o de rebelión contra la Iglesia Romana.

CAPÍTULO X

EL NUEVO SANTO IMPERIO

Desde hacía medio siglo el káiser de la Gran Alemania había ido redondeando su mapa. Su poder se extendió desde el mar Báltico hasta el Adriático, y alcanzó al mar Negro. Y cuando murió el rey de Suecia y Noruega sin herederos, los escandinavos ofrecieron la corona del doble reino al káiser, quien la entregó a su nieto, el joven Otón. Para rehacer el imperio de su lejano antecesor Otón I, emperador de Alemania en el siglo X, faltábanle algunos pedazos del mapa europeo; Italia y su imperio.

Tentación vana y peligrosa que el viejo monarca ahuyentó de sus noches de insomnio, porque hubiera sido exponerse a traicionar al emperador romano Carlos Alberto, cuya amistad le había servido en sus planes.

Tenía, en cambio, otra ambición que acariciaba como la idea de un desquite contra el más pequeño de los reyes de la tierra, desde el punto de vista de la extensión de sus dominios: el papa.

El Pastor Angelicus seguía reinando en la Roma Vaticana, y la supervivencia de su minúsculo reino era un milagro en medio de tan grandes naciones y de los trascendentales cambios que había sufrido el mundo político.

Alfredo Enrique no quería morir sin ser consagrado emperador por la mano misma del papa, a fin de justificar sus conquistas ante los ojos del universo; porque el vicario de Cristo en la tierra era la mayor autoridad moral que reconocían los hombres.

Y una vez consagrado por el papa, ambicionaba extender su imperio sobre las almas de sus súbditos, reasumiendo las

HUGO WAST

atribuciones de los Otones y Enriques de la Edad Media, que se inmiscuyeron en el gobierno de la Iglesia hasta que los contuvo la mano enérgica de Gregorio VII, el famoso monje Hildebrando.

El actual señor de la Alemania osaba renovar así, en el siglo XX, la antiquísima querella denominada "de las investiduras", que tuvo por actores principales a Enrique IV de Alemania y a Gregorio VII, el cual obligó al emperador a ir en pleno invierno, descalzo, a pedirle perdón a la pequeña ciudad italiana de Canossa.

El Papa perdonó al emperador, mas no duró mucho la paz. Enrique era joven y orgulloso, y rebelóse de nuevo; y como no pudiese doblegar la voluntad indomable de Gregorio, lo hizo deponer del trono pontificio por un conciliábulo de obispos alemanes e italianos que eligieron un antipapa, el monje Guiberto, quien adoptó el nombre de Clemente III y se instalo en Roma, donde coronó emperador a Enrique IV.

A mil años de distancia, el nuevo señor del Sacro Imperio Germánico había repasado los dramáticos capítulos de aquella historia vieja y releído el discurso con que Gregorio VII acogió al mensajero que le llevó la noticia de que lo habían despojado de la tiara.

Hay en ese discurso un párrafo misterioso y terrible que dice así: "Ahora, cuando el precursor del Anticristo se ha levantado contra la Iglesia, debemos ser dulces y prudentes."

¿Tuvo entonces el papa una visión profética y vaticinó algo que no era para cumplirse inmediatamente sino mil años después?

Dios lo sabía. Pero Alfredo Enrique I sentía a través de diez siglos el ardor de fuego de aquella expresión: Precursor del Anticristo, intolerable afrenta que deseaba borrar, obteniendo que otro papa lo consagrase en Roma, desmintiendo así la profecía de Gregorio.

Hasta entonces el Pastor Angelicus se había negado dulce y tenazmente, sin dar pretexto a ruptura, y no le quedó al emperador más esperanza de lograr su propósito que la muerte del viejísimo rey de la Roma Vaticana y la elección de otro papa que se dejara manejar por él.

Pero él mismo era tan viejo que ya no podían quedarle muchas ilusiones de sobrevivirle. Un día no lejano también él moriría dejando su enorme imperio a su heredero.

Otón, su nieto nacido en Vilna —antigua capital lituana— mozo de veintitrés años, era un lobezno arisco al cual había hecho coronar rey de Escandinavia para adiestrarlo en el arte de gobernar.

Aquel mancebo disoluto a los dieciocho años se había casado con una princesa polaca; a los veinte la había abandonado y vivía a su antojo, sin ley ni rey.

De atezado color, alto, membrudo y flaco, de barba roja que le invadía las sienes y las orejas; de perspicaces ojuelos emboscados detrás de las cejas hirsutas y amarillas; bravo, fortísimo e insaciable, Otón inspiraba miedo a cuantos lo trataban, desde su indefensa mujer que temblaba oculta en algún rincón del palacio hasta su poderoso abuelo.

El día en que el emperador muriese y él quedase dueño de veinte naciones, con dos millones de kilómetros y treinta millones de soldados ¿qué pasaría en el mundo?

Otón, efectivamente, creía ser un soberano destinado a hazañas portentosas.

Cierto monje griego se le presentó un día con las Sagradas Escrituras en la mano y le dijo que el profeta Isaías, en el capítulo XLI, anunciaba sus futuras victorias, y le leyó estos ver-sículos que llenaron de furia las venas del mozo: "Que las islas se callen delante de mí... Las islas han visto y han temido y los extremos de la tierra han temblado... Del norte despertó uno y vendrá;del nacimiento del sol llamará en mi nombre, y hollará príncipes como lodo y como pisa el barro el alfarero..."

Y así, el joven rey de Escandinavia aguardaba la hora de su estrella maldiciendo el tiempo que perdía.

En la primavera de 1993 el viejo emperador volvió a montar su caballo de guerra.

Los pobres príncipes modernos están condenados a no ser nunca originales, porque no hay locura ambiciosa que no haya sido cometida veinte veces por sus antepasados en la historia.

Acababa de morir Juan IV, rey de España, hijo del tercero que llevó ese nombre, en quien se restauró la monarquía española después de la guerra civil más sangrienta y gloriosa que haya presenciado la humanidad.

Juan IV murió sin sucesión y surgieron multitud de pretendientes, entre ellos uno que a la vez pretendía la corona de Francia como descendiente de Carlos de Berwick, duque de Alba y conde de Chambord.

El gobierno francés intentó la repetición de una historia vieja, la de Felipe de Anjou —impuesto rey de España por su omnipotente abuelo Luis XIV, bajo el nombre de Felipe V— y ofreció al conde de Chambord aquel trono vacante, para que dejara en paz a la agitada República Francesa.

Enrique de Berwick aceptó la propuesta, renunció al problemático trono de San Luis y marchó a Madrid precedido por veinte divisiones francesas, que afianzarían en sus sienes la corona de San Fernando.

El viejo káiser, aburrido de pasearse por las enarenadas callejas de sus jardines de Postdam mientras la primavera llenaba de pimpollos sus rosales, al recibir aquella noticia pensó que no debía permitir que la península ibérica quedase bajo otra influencia que la suya. Sobre su escritorio había un tablero con ocho botones que marcaban ocho caminos hacia todos los rumbos de la rosa de los vientos.

Bastábale apretar uno de esos botones para que al instante la previsora y ordenada máquina de guerra del Santo Imperio se moviese en determinada dirección.

Oprimió sin titubear el botón que decía Francia, y esa misma noche veinte mil tanques alemanes cruzaron el Mosa y ocuparon sus principales cabezas de puente. Francia no tuvo tiempo de pedir ayuda a sus aliados, que tampoco estaban como para prestársela.

Inglaterra hallábase en plena revolución.

Su rey Jorge VII agonizaba, y su heredero, un niño de doce años apoyado por el Parlamento, tropezaba con la oposición de la alta banca.

Los financieros le oponían un rival, el joven duque de Kensington, nacido en Palestina, nieto de aquel que abdicara el trono en 1966 y se casó en Oriente con una opulenta muchacha judía. Sostenían los de este partido que el acta de abdicación presentada al Parlamento fue falsificada; y por lo tanto era nula. Si el entonces rey no adujo esa nulidad para conservar su trono, fue debido al romántico amor que lo enajenaba, pero aquella falsedad no podía destruir el derecho de sus sucesores.

La discordia entre el Parlamento y los financieros se transformó en guerra civil. Tanto el País de Gales como Escocia se pronunciaron por el príncipe niño nacido en Londres, pero una parte de Inglaterra, especialmente las grandes ciudades y regiones comerciales, reconocieron al de Kensington.

Rusia, o mejor dicho Satania, no se hallaba en mejor situación como para auxiliar a nadie.

Su emperador, nieto de aquel Yagoda a quien Stalin fusiló en 1938, acababa de perder las tres cuartas partes de su imperio, los 16 millones y medio de kilómetros que constituían la Rusia asiática.

Kriss, un tártaro analfabeto y bárbaro, ex acróbata que había trabajado en los circos del mundo entero, encabezó en Asia una revuelta, y después de asesinar a todos los funcionarios europeos residentes en los dominios asiáticos de Satania, seguido por una horda de centenares de miles de jinetes se proclamó gran khan de la Siberia independiente, cuya capital fijó en Tomsk.

La ansiedad de Yagoda fue impedir que el incendio cruzara los montes Urales e invadiera la Rusia europea, donde él afirmaba los restos de su poder envenenando a 99 sospechosos cada día.

En esta situación la República Francesa no tuvo más remedio que renunciar a sus propósitos y consentir que se coronase rey de España a Manuel V, rey de Portugal, que unió bajo un solo cetro la península ibérica como en los tiempos de Felipe II, con una doble capital en Madrid y en Lisboa.

Alfredo Enrique anunció que deseaba vivir en paz sus últimos años, y que para ello era indispensable restablecer la monarquía de Francia. Apoyó al conde de Chambord y logró sentarlo en el trono de San Luis. El único que hubiera podido resentirse habría sido el emperador romano Carlos Alberto, pero sopló a su oído palabras ambiciosas: "Tu, que disfrutas las conquistas de tus antepasados ¿quieres pasar a la historia con las manos vacías? ¿Qué has ganado por tu parte? ¿Qué tierras nuevas legarás a tus sucesores?"

Ahora al káiser le interesa que su aliado el emperador Carlos Alberto agrande sus dominios, porque ha encontrado una forma romántica de incorporarlos a los suyos. Es la siguiente:

Carlos Alberto no tiene hijos varones y sólo tres hijas mujeres, a quienes las leyes del Imperio Romano vedan el acceso al trono.

Clotilde de Saboya, la mayor, es a los dieciocho años un portento de gracia y de virtudes.

En ella ha puesto los ojos el káiser, y piensa presentar el negocio a Carlos Alberto de esta manera:

—Dame la mano de Clotilde, tu hija mayor, para Otón, rey de Escandinavia, mi único heredero, y toma tú mismo todas las tierras que desees, inclusive lo que queda de Francia. Yo estaré contigo.

Seguramente estas palabras conmoverán al joven emperador, mas el káiser adivina que su respuesta será así:

—Tu nieto Otón es casado... No puede tener otra esposa.

Y él replicará:

—El papa anulará ese primer matrimonio.

Ya descuenta que su nieto no vacilará en abandonar a su legítima esposa, que no le ha dado descendencia, y también que vencerá la resistencia del papa.

¿Y si a pesar de todo el Pastor Angelicus hallara en su viejo corazón la misma indomable energía de todos los papas que se han opuesto al divorcio de los reyes, desde Hikmar en tiempos de Lotario, hasta Pío VII en tiempos de Napoleón I?

—Sería un obstáculo —piensa el káiser— mas no por muchos años,

Pío XII tiene más de cien y no tardará en morir, y entonces él hará que se repita la vieja historia de otro emperador alemán (Otón III) que designó él mismo a Bruno, hijo del duque de Carinthia, quien tomó el nombre de Gregorio V y fue el primer alemán que haya sido consagrado papa. En aquellos siglos, en la elección de los papas intervenían el pueblo y los príncipes. Él haría que volvieran esas costumbres abolidas sabiamente por la Iglesia.

Si Pío XII muriese haría elegir a un cardenal alemán, y del nuevo papa obtendría la anulación del primer matrimonio de su nieto.

Una vez instalado éste en Roma como esposo de la futura emperatriz romana ¿quién lo expulsará? ¿Qué fuerza ni humana ni sobrehumana podrá impedir a la muerte de Carlos Alberto la restauración del Imperio Romano Germánico bajo el cetro de Otón V?

Carlos Alberto era joven y emprendedor, y antes de que el káiser le sugiriese la conquista de los territorios donde se pone el sol de Italia, había sentido la ambición de arrojar sus 50.000 aviones sobre las tierras donde nace: ¡Sofía, Belgrado, Atenas!

Desde el Adriático hasta el mar de Azov; desde el Danubio hasta el mar Egeo, todo el Oriente cayó en su poder sin que los que allí gobernaban pudieran resistirle.

Carlos Alberto en pocos meses volvió a su capital con la triple corona de Bulgaria, Rumania y Grecia, regiones que muchos siglos antes pertenecieron al Imperio Romano.

Carlos Alberto tenía otra ambición que le tocaba más de cerca.

¿De qué valía su imperio si dentro de Roma, su propia capital, había otro rey también con triple corona?

—¿No seré yo nunca rey de las almas como ese viejo indefenso y moribundo?

Era tiempo de contar cuántos cardenales respondían al emperador de Alemania y al de Roma para elegir un papa cortado a su gusto, sin esperar que la muerte los liberara de aquel eterno Pío XII.

La muerte no les dio tiempo, mas fue la de ellos.

Ese año, en 1993, murieron súbitamente ambos emperadores; el uno de viejo, el otro en lo mejor de su edad a causa de un accidente de aviación.

El nuevo emperador, Otón V, se condolió del infortunio de las tres princesas hijas de Carlos Alberto; se fue a Roma, se instaló en el Quirinal, y dijo a Clotilde, la mayor:

—Si quieres ser mi mujer serás emperatriz del mayor imperio de todos los siglos.

—Tú eres casado ya —le contestó Clotilde.

—¡No importa! El papa anulará mi matrimonio. Estoy harto de esa mula polaca que no sabe tener hijos.

—¿Y si el papa no anulara tu matrimonio?

—Me casaría lo mismo.

—Yo no —respondió la princesa y le volvió la espalda.

Pero Otón V, instalado en el Quirinal, aprisionó a la joven y llenó de tropas la península. También a él le gustaba repetir la historia hecha por otros reyes y emperadores.

Y dijo a Margarita, la segunda de las hijas de Carlos Alberto:

—Si quieres ser mi mujer serás la más gloriosa emperatriz del mundo.

—No quiero —respondió la princesa— tú eres casado.

Entonces Otón V habló a la tercera de las princesas, Ágata, que no tenía más de quince años y era ambiciosa y locuela:

—¿Quieres ser la más poderosa emperatriz del mundo?

—Sí, quiero —contestó la muchacha.

Y se casaron en Roma con la bendición de un obispo luterano, porque el papa no consintió en separar lo que Dios había unido.

Eso ocurrió a fines del año, cuando según los sagrados y misteriosos libros de la Cábala ya existía en alguna parte del mundo un joven que sería el Anticristo.

¿Dónde vivía?

De Otón V —dueño y señor del Santo Imperio Romano Germánico, que tenía dos capitales, Berlín y Roma— dijeron algunos que debía de ser el Anticristo; y él mismo, por su parte, sentía en sus venas furores satánicos.

Mas era feo e hirsuto como un lobo.

—No puede ser el Anticristo —explicaban los exegetas— porque el mayor enemigo de Cristo será el mancebo más hermoso que hayan visto las estrellas.

Apasionadas discusiones se abrieron en todo el mundo acerca de la personalidad del Anticristo y de la posibilidad de que aquellos años fueran los últimos de la humanidad.

Muchos creían ya inminente el advenimiento de N. S. Jesucristo en gloria y majestad, y como el labrador que espía los brotes de la higuera para saber si está próximo el verano, ellos espiaban en la tierra, en el cielo y en las almas las señales que el mismo Jesús dio de su segunda venida, a fin de que se encontraran preparados.

La restauración de Jerusalén sería una de esas señales, porque estaba escrito que su destrucción duraría hasta que se cumpliese el tiempo de las naciones, es decir que si alguna vez se restauraba el templo y el trono de David, sería cuando la humanidad estuviese tocando los umbrales del Apocalipsis.

Un astrónomo anunció, y no fue creído, que se produciría una extraña conjunción de astros, tal como aquella que en los comienzos de nuestro planeta hizo variar en 23½ grados el eje de la tierra con relación a la eclíptica.

El nuevo fenómeno ocurriría en el año 2000. La tierra recobraría su posición primitiva, lo cual introduciría un trastorno apocalíptico en su estructura.

Aunque la gente se mofó de eso como de un desvarío, muchos matemáticos se pusieron a calcular de qué modo cambiaría la posición de las aguas, en la hipótesis de que ocurriera semejante rectificación del eje de la tierra.

Y se publicaron libros explicando cuáles naciones quedarían sumergidas y qué mares u océanos se convertirían en tierras firmes; qué volcanes entrarían de nuevo en actividad, y qué ríos se agotarían como menguados arroyos en tiempos de sequía.

De donde nació la costumbre de preguntarse unos a otros en qué lugar del mundo instalarían sus moradas.

Pero había otras dos señales bien manifiestas en los libros santos que deberían cumplirse antes del fin: primeramente, la reunión de todos los judíos en una sola patria; después, su conversión en masa a la fe de Cristo.

Su libro sagrado, el Talmud, afirma en tres pasajes que el mundo no durará más de seis mil años, como representación de los seis días que Dios trabajó en hacerlo, ya que mil años a sus ojos no son más que un día.

Aquí discutían los intérpretes católicos si la conversión de los judíos se realizaría antes o después del Anticristo.

Cierta opinión, apartándose de antiguas interpretaciones, afirma que tal conversión sólo tendrá lugar después del Anticristo, puesto que primeramente los judíos lo recibirán como al Mesías prestándole adoración.

Su desengaño y su conversión en masa —según estos intérpretes— sólo ocurrirá cuando el "hombre de pecado" sea vencido y aniquilado por Cristo.

Pero estaba escrito que la Iglesia Católica, que ha salido victoriosa de tantos cismas, aún tendría que sufrir la "abominación de la desolación", o sea una apostasía casi general y la adoración del Anticristo en el templo mismo de Dios.

Postrera y segura señal de los últimos tiempos.

Entonces los hombres, despavoridos, verán encenderse en el cielo la Cruz del Señor, y al Hijo del Hombre llegar sobre las nubes con gran poder y majestad a juzgar a los vivos y a los muertos.

CAPÍTULO XI

LA MUERTE DEL PAPA

Una tarde, en la segunda semana del cálido mes de veadar, el decimotercero del año correspondiente al febrero antiguo, en esa hora triste en que las iglesias se llenan de sombras, fray Plácido ascendió una gastada escalera de ladrillos buscando a fray Simón, que se encerraba en el coro para tocar el órgano.

El superior de los gregorianos era un excelente músico; mas ponía en sus ejecuciones tal diabólica vehemencia que daba escalofríos, por lo cual irritábale que lo escuchasen y lo había prohibido, pero esa vez fray Plácido creyóse autorizado a violar el mandato.

Mientras se aproximaba oía aquellos compases de la marcha fúnebre de Beethoven, que hacen pensar en el ruido de las rótulas que golpearán la tapa de los féretros el día de la resurrección.

No se amedrentó y empujó la puerta con osadía. La radio Vaticana acababa de propalar una grave novedad: el papa Pío XII, el Pastor Angelicus anunciado por San Malaquías, había muerto a los 116 años.

Según esta profecía, que unos miran como inspirada y otros como apócrifa, después del Pastor Angelicus no habrá más que seis papas; luego la humanidad entrará en su grandioso final con la Parusía, esto es, la segunda venida de Cristo al mundo.

Ahora se reuniría el cónclave para elegir el sucesor, a quien le correspondía el lema de Pastor et Nauta. (Pastor y navegante).

Puesto que no quedaban muchos años hasta el 2000, en que algunos piensan reinará el Anticristo, era de imaginar que los seis papas últimos desaparecerían poco después de consagrados.

En la historia eclesiástica hay ejemplos de pontífices de brevísimo pontificado. Sin contar algunos de ellos (Esteban II, siglo VIII; Juan XV, siglo X; Celestino IV, siglo XIII; y Urbano VII, siglo XVI) que murieron a los pocos días de ser electos sin llegar a consagrarse; once no alcanzaron a reinar un mes y son cuarenta y cuatro los que no cumplieron el año.

Podría pues ocurrir que en el breve lapso que faltaba se sucedieran cinco o seis papas

Después de Pastor et Nauta vendría Flor Florum (Flor de las flores).

Según los intérpretes de la profecía el reinado de ambos sería un corto tiempo de penitencia, para que los católicos se preparasen a las últimas persecuciones y a la victoria definitiva.

Durante ese tiempo el catolicismo penetraría en las más hostiles y cerradas regiones de la tierra y de las almas, y empezaría la conversión del pueblo judío anunciada por San Pablo con palabras que encierran una promesa magnífica.

A Flor Florum le sucedería el anunciado así: De Medietate Lunæ (De la media luna), en cuya época se alzaría un antipapa, origen del gran cisma pronóstico seguro del fin del mundo. Tal vez el lema significaría el apogeo del nuevo imperio de la Media Luna. Sí se piensa que esta profecía data del siglo XII y que hasta ahora parece haberse realizado puntualmente, el anuncio de un resurgimiento de Mahoma, enemigo de Cristo, ha de inquietar a las almas porque vaticina un período de espantosas persecuciones. Los últimos tres papas desaparecerían vertiginosamente. Uno de ellos, De Labore Solis (Del trabajo del sol), sería asesinado por orden o por mano del Anticristo, y durante tres años y medio la Iglesia perseguida se refugiaría en los desiertos.

Los cardenales lograrían reunirse en Jerusalén, y tras laboriosísimo cónclave, elegirían al penúltimo de los papas, probablemente un judío convertido cuyo lema en la profecía es De Gloria Olivæ (Del esplendor del olivo), en cuyo tiempo se consumaría la conversión de Israel. La alusión al olivo, símbolo bíblico del pueblo hebreo, robustece la idea de que este papa será de estirpe judía.

Estarán ya sonando las campanas del año 2000.

El Anticristo, señor del mundo entero, verá de pronto una colosal rebelión de naciones en los tiempos del último papa, llamado por San Malaquías Petrus Romanus, o sea Pedro II.

Éste presenciará la aparición de la cruz luminosa sobre el campo de Armagedón y la derrota del Anticristo, a quien el Señor aniquilará sin golpe de arma y solamente con el soplo de su divina boca...

Todas estas visiones presentáronse de golpe ante la imaginación de fray Plácido.

La radio vaticana había trasmitido un detalle de especial interés: el papa había muerto con la pluma en la mano, acabando de firmar dos decretos.

Por uno de ellos rechazaba la constitución de los caballeros templarios. Por el otro aprobaba una nueva orden religiosa, la de los ensacados limosneros, cuyas acciones son todas una oración impetrando el segundo advenimiento de Cristo, a fin de merecer la corona que el apóstol anuncia estar reservada para todos los que ansíen su venida.

Tan absorto se hallaba en su música el superior, que no sintió llegar a fray Plácido. Éste no le habló de pronto, pues advirtió que la iglesia no estaba totalmente desierta.

Un fantasma evocado por aquella música infernal se movía cerca del presbiterio.

Ya en otra ocasión, mientras fray Simón tocaba el órgano, vio esa misma sórdida figura que desapareció al extinguirse las notas.

Aquella primera vez el superior le había preguntado con alarma:

155

—¿Ha visto V. R. algo?

—Sí, padre; he visto un viejo de barbas amarillas.

El superior hizo una mueca de fastidio y murmuró entre dientes:

—Siempre esta música de Beethoven me evoca a Sameri.

—¿Quién es Sameri?

El superior no contestó.

Fray Plácido, picado en su curiosidad, se encerró en la biblioteca y leyó viejísimos libros en latín hasta que dio con una explicación, que podía ser una historia o una leyenda.

Sameri se llamaba el judío que en el desierto fundió el becerro de oro adorado por los israelitas. Moisés lo condenó a peregrinar sin descanso hasta el advenimiento del Mesías, y así vivió el desventurado en Jerusalén bajo el nombre de Cartolifax, como prefecto del Pretorio cuando el proceso de Jesús.

Vio a la Madre del divino Rabí, a varios de sus discípulos y al mismo Rabí, quien le dirigió una ternísima mirada que conmovió al antiguo fundidor de metales, pero no lo convirtió. Cuando al siguiente día, el viernes de la crucifixión, hallándose a la puerta de su casa pasó Jesús ensangrentado y cubierto de sudor con la cruz a cuestas, y le pidió un sorbo de agua, Cartolifax se lo negó por no comprometerse. Y Jesús le dijo:

—¡Anda, anda, hasta que vuelvas a verme pasar!

De ese modo, según aquella historia, el infeliz Sameri andaría hasta la segunda venida de Cristo.

Fray Plácido tocó en el hombro al superior, y sucedió como la otra vez: al apagarse las notas del órgano desapareció el hombre de barbas amarillas. El fraile pensó que eso era signo de los últimos tiempos, conforme a las palabras del profeta Joel: "Los viejos tendrán visiones". Se limitó a balbucear:

—Reverendo padre, el papa ha muerto...

Fray Simón de Samaria se levantó con presteza, y sus ojos alucinados vieron mil cosas que los ojos piadosos y opacos del viejo no verían.

Se acordó de que al futuro papa le correspondía el lema "Pastor y navegante", es decir, que llegaría a Roma del otro lado del océano. Vio las circunstancias en que iba a realizarse su elección. Un viento de rebeldía contra la Iglesia azotaba fieramente al mundo. La barca de Pedro el pescador parecía a punto de hundirse. Una gran esperanza había en ciertas naciones católicas. En otras se alentaba la ilusión de que para salvarse era necesario aliar el espíritu del Vaticano con el de la democracia.

¿Quién sino el papa lograría hacerlo? ¿Y quién sería el papa? En otros tiempos los papas no siempre fueron elegidos de entre los cardenales; salieron del clero sin púrpura, y alguna vez, en la antigüedad, ni siquiera fueron sacerdotes, como San Fabiano, en el siglo III o Juan XX, en el siglo XI, promovidos al papado siendo laicos.

¿Quién era hacia fines del siglo la mayor figura de la Iglesia, quién gozaba de más gloria y popularidad en el mundo entero que el superior de la orden gregoriana? El superior quedó pensativo. ¿Iría a Roma, dejando aquel Buenos Aires, que le daba la impresión de un enorme desierto?

Hacía dos semanas que le había llegado un film de Juana Tabor con este melancólico mensaje:

"¡Adiós! A punto de recibir el bautismo y la comunión de manos suyas, debo alejarme. No me pregunte adónde voy ni si volveré. Piense que soy menos que una hoja seca en alas del huracán."

Después de tan misteriosa despedida le llegó otra laminilla. Metióla en su radio y escuchó lo siguiente:

"Anoche soñé con usted. Lo vi en un convento vacío. Usted fue el último en salir, y cuando salió ya era tarde."

No bien recibió esta fonocarta, el fraile, que tenía un hangar sobre los techos del convento y en él un avión, lo puso en marcha y voló hacia Martínez.

Llegó a la hora en que el sol poniente envolvía en suntuosa y melancólica púrpura los viejos troncos, por entre los cuales había paseado tantas veces conversando con su dueña. Los criados le dijeron que la señora se había ausentado como solía, sin avisar a nadie, en un avión especial que volaba en la estratosfera y que marchando con la velocidad de 1.200 kilómetros por hora, era capaz de dar la vuelta al mundo en menos de dos días.

No supieron informarle nada más y lo dejaron sumergido en su soledad y amargura, cerca de la ventana donde florecía aquel rosal que una vez dio rosas para su misa. No pudo resistir a la tentación de conocer el aposento de Juana Tabor, y penetró con paso de lobo. Tenía la garganta seca y el corazón palpitante.

Vio la cama de ella, de plata, con pies de ébano labrados como las patas de un chivo, y con pezuñas de rubíes conforme al ritual de la magia negra.

Y él pensó que, durmiendo allí, Juana había soñado verle abandonar un convento vacío ¡demasiado tarde! Y como un niño que pierde todo lo que lo amparaba, se arrodilló junto al lecho sollozando sobre un extremo de la blanca almohada.

A través de sus labios convulsos, escapábanse frases entrecortadas, mezcla repugnante de teología y erotismo:

—¡Oh, amor religioso y sacerdotal, fundamento de mi vida interior y apostólica! Cristo nos ama, y Él ha merecido para mí, en la cruz, el que yo pueda amarla a ella con tanta pureza, a pesar de hallarme al lado de su lecho virginal.

Lloró convulsivamente, y luego, dulcificada su congoja, se durmió con la frente en el suelo, larguísimas horas.

Volvió al convento a la madrugada del día siguiente y abrió con su llavín la pesada puerta, y nadie lo sintió. Una vez en su celda, buscó su cuadernito y llenó algunas páginas con expresio nes deshilvanadas, que se referían unas al torrente que rugía en su sangre; otras, como de costumbre, al gobierno de la Iglesia.

"¡Qué jornada y que noche! Como Jacob, hasta el alba he luchado con el Ángel y he prevalecido. Ha sido una de las grandes fechas de mi vida. Los antiguos patriarcas se habrán estremecido en sus tumbas; las profecías se han cumplido. Bronce derretido corría por mis venas. ¡Oh, mi Dios! ¡Cuántos siglos han pasado sobre mí durante esas pocas horas! Vuelvo a mi celda con la conciencia tranquila, porque estas angustias físicas y morales son fecundas para la Iglesia de Jesucristo."

Meses atrás, al confesarse con fray Plácido, éste lo había puesto en guardia precisamente contra esa mortal quietud.

—A V. R. lo tranquiliza la paz en que queda su conciencia después de estas cosas. Cree que esto es señal de que Dios aprueba su conducta. Más bien debería alarmarse de esa calma parecida a la del mar Muerto. El remordimiento y el bochorno que sentimos tras de una culpa son una gracia que el Señor concede al pecador humilde y suele negar al teólogo soberbio, que busca argumentos para justificar sus pecados. Por eso rezamos tantas veces aquel versículo del salmo 140: "No permitas que mi corazón se deslice a palabras maliciosas buscando excusas para mis pecados: ad excusandas excusationes in peccatis."

Desde ese día fray Simón no volvió a confesarse con fray Plácido; en vez de buscar otro confesor en alguno de los sacerdotes que vivían ocultos como en las catacumbas, acudió al obispo monseñor Bergman, antiguo fraile excomulgado que se había hecho sacerdote constitucional jurando fidelidad al gobierno anarcomarxista de Buenos Aires.

Monseñor Bergman escuchó la confesión del gregoriano y derramó sobre su conciencia el bálsamo de estas palabras:

—Dé gracias al Señor porque lo ha encontrado digno de una alianza mística. Una amistad semejante no puede existir sino con una mujer providencial y milagrosa. El corazón de vuestra paternidad es el mayor milagro de este siglo. Siga siendo sacerdote, y emplee sus fuerzas en modernizar a la Iglesia Romana para que su conciencia sea comprendida por los que ahora querrían ser sus jueces.

Fray Simón se levantó del confesionario lleno de brío y confirmado en su pasión.

Esa noche su cuadernito recibió esta confidencia:

"A pesar de cualquier cosa que ocurra, quiero permanecer siendo sacerdote de la Iglesia Católica, donde está mi grandioso destino. Nada puede conmover mi fe y mi amor por esta Iglesia, más grande que los que la gobiernan, más fuerte que los que la defienden, y que es dueña del porvenir aunque le arrebaten el presente."

Y a renglón seguido, esta declaración llena de turbios anhelos:

"Juana Tabor, sin dejar de ser virgen, ha engendrado un hombre, que soy yo. Pero yo engendraré un mundo nuevo, la nueva Jerusalén de las almas, en que serán verdad las palabras del Señor: mi yugo es fácil y mi carga ligera."

¿Qué ocupaciones eran las de Juana Tabor, que de repente la arrebataban hacia los más escondidos rincones del mundo? ¿Negocios? ¿Tal vez amores? El corazón del desventurado se encogía a este pensamiento. ¿Qué sabía él de Juana Tabor, puesto que ignoraba hasta el lugar de su nacimiento? ¿Chile, como ella afirmaba riendo, o Tartaria, como parecían denunciarlo sus ojos verdes, ligeramente oblicuos y en forma de almendras?

Se resolvió pues a irse inmediatamente a Roma, donde ya su nombre resonaba con insistencia sin que nadie supiera quién lo había lanzado.

Antes de meter en su maleta su cuaderno de apuntes escribió estas líneas:

"La Iglesia Romana es un edificio demasiado estrecho para hacer entrar en él a la humanidad; demasiado pequeño para que en él pueda caber un alma libre...

"Nuestro amor, si lo conservamos puro, es una base de piedra en que descansará la nueva Jerusalén.

"Una gran luz práctica ha descendido hoy sobre mí.

"Siento que a pesar de todos los abusos y de todos los excesos, es en la Iglesia Católica donde debo permanecer. Solamente allí podré realizar mi obra por la Iglesia universal y por la Iglesia del porvenir. Y si el Espíritu Santo no desciende al corazón de los que han de elegir al sucesor de Pío XII, comenzaré yo solo en mí mismo el perfecto reino de Dios."

CAPÍTULO XII

EL REY DE ISRAEL

Por fin Inglaterra, fatigada de su estéril mandato sobre Palestina y no habiendo logrado implantar la paz entre judíos y árabes, resolvió entregar aquellas tierras a un príncipe israelita de la estirpe de David para que se cumplieran las profecías. Y aprovechó la circunstancia de que en Apadnia, a orillas del mar Negro, en tierras compradas a Satania, habíase fundado una nueva dinastía y que un pequeño príncipe de nombre bíblico, diciéndose descendiente de David, se hacía llamar Rey de Israel y se aprestaba a conquistar la tierra prometida.

¿No era buena ocasión de abandonarle aquella tierra milenaria y dejarlo que se entendiera con los musulmanes, los seculares enemigos de la raza hebrea?

Ocupaba el trono de Inglaterra, después de la guerra civil, aquel niño nacido en Tel Aviv de madre judía y perteneciente, por su padre, a la rama de los duques de Kensington.

El parlamento inglés creyó hacer buen negocio renunciando al mandato de la Palestina, y entregó a Ciro Dan la ciudad de Jerusalén.

Pero Ciro Dan, por misteriosas razones, no sentó allí sus reales sino en Damasco, de más moderna edificación y no tan allegada al corazón de los cristianos.

Los judíos lo proclamaron su rey ebrios de orgullo mesiánico, y los árabes no osaron resistir al extraño conquistador que en una sola noche cruzó el mar Caspio y cubrió las colinas de Judea con las alas grises de diez mil aviones.

163

Lo más desconcertante de la aventura fue que todos sus aviadores eran ciegos.

Aquellos singulares soldados se orientaban por el oído, según la disciplina de Naboth Dan, el abuelo de Ciro, que aplicó en su ejército el invento modernísimo de sus sabios, que habían logrado comunicar los fenómenos externos directamente a los centros nerviosos del cerebro prescindiendo en absoluto de los órganos exteriores.

Aparatos eléctricos sutilísimos recogían en el exterior no solamente los sonidos sino también los colores y hasta las emanaciones que impresionan el tacto, el olfato y el gusto, y los trasmitían a los nervios. Los ciegos veían, y oían los sordos, y personas privadas del tacto, del olfato o del gusto, percibían sensaciones que les llegaban por otros conductos que sus sentidos muertos.

Naboth Dan había previsto que siempre sería más fácil fanatizar a seres mutilados, para quienes los esplendores del mundo exterior no llegan sino a través de inertes mecanismos, que a hombres o mujeres normales.

Los ciegos de nacimiento serían los más feroces soldados si pudieran dirigir sus golpes o sus tiros. Eran además capaces de viajar lo mismo de día que de noche y de combatir con el sol en la cara, que ciega a los videntes.

Los sabios de Apadnia inventaron aparatos que descubrían y localizaban a larga distancia un avión, una batería o un buque, y los señalaban con toda precisión golpeando en cuerdas metálicas que arrojaban diversos sonidos.

El oído, largamente adiestrado, distinguía cada una de sus infinitas combinaciones como se distingue un la sostenido de un la natural, y el aviador ciego sabía instantáneamente qué movimiento debía ejecutar con sus pies o sus manos para apuntar sus velocísimas ametralladoras, que disparaban ondas de gran alcance y de tremenda eficacia.

Mas para tal oficio era necesario ser ciego de nacimiento o desde muy niño y poseer un oído musical sumamente sensible.

A fin de lograr lo primero, Naboth Dan mandó que de cada tres niños varones o mujeres que nacían en Apadnia, a uno se le reventaran los ojos.

La infeliz criatura empezaba desde su primera edad el terrible aprendizaje.

Sólo que en muchos casos descubríase que aquel desventurado nunca distinguiría con exactitud las complicadísimas notas, por faltarle el buen oído.

Entonces se le sacrificaba por inútil, destinándolo a los laboratorios, donde los sabios de Apadnia estudiaban sobre seres humanos problemas biológicos que en otras naciones horrorizaría estudiar aun en animales.

Cuando Naboth Dan murió, su terrible escuadra de aviadores ciegos contaba con algunos centenares de soldados. Cinco años después, su nieto Ciro Dan había logrado reunir diez mil, que se distinguían por su larga cabellera.

Apadnia, con sus treinta mil kilómetros de superficie y su millón de habitantes, dueña ahora de la Palestina, iba creciendo como el cuernito del profeta Daniel.

Los jefes de las grandes potencias, desde Otón V, señor del Santo Imperio Romano Germánico hasta Timur Khan II, emperador de Mongolia, sonrieron cuando el minúsculo rey de Apadnia emprendió su campaña.

¿Qué podían temer de aquellos diez mil aviadores ciegos, peinados como mujeres, ellos que movilizaban veinte millones de soldados con un millón de ametralladoras?

Anuncia el Apocalipsis que cuando nos acerquemos al juicio final, una estrella caída de los cielos —imagen de un apóstata— recibirá las llaves del abismo y lo abrirá y saldrá de él un humo negro y una nube de langostas con cara de hombre, cabellos de mujer y dientes de león, que harán con sus alas un estruendo parecido al de muchos carros marchando al combate.

Así, como una nube de langostas, los diez mil aviones de Ciro Dan cruzaron en un solo vuelo el desierto de Siria, la fértil Mesopotamia, el norte de Persia y hasta el mar Caspio, y fueron a posarse en las mesetas del Turquestán, casi en los confines del Imperio Mongólico; reabasteciéndose allí se apoderaron de Samarcanda, la antigua ciudad de Tamerlán.

Aquellas poblaciones antiquísimas que habían formado parte de la Rusia del zar, y que ahora ignoraban si pertenecían a Satania o a Siberia, si su señor era el siniestro hijo de Yagoda o el tártaro Kriss, acogieron al joven y hermoso guerrero como a un libertador.

Los que tuvieron la dicha de verlo, enloquecidos y subyugados lo adoraron, y los caminos se llenaron de mozos que ansiaban enrolarse en sus ejércitos.

En una sola campaña Ciro Dan agrandó veinte veces sus dominios, y reunió quinientos mil infantes en los alrededores de Samarcanda.

Desde los tiempos de Tamerlán el mundo no había visto ejemplo de semejante fortuna militar.

Los soberanos que antes sonreían empezaron a inquietarse y fundaron sus esperanzas en que el tártaro Kriss, khan de Siberia, o Timur, emperador de Mongolia que desde Tokio dominaba la mitad del Asia, se le cruzarían en el camino y lo destruirían.

El tártaro, con su capital en Tomsk, a dos mil kilómetros de Samarcanda —es decir, a dos horas de vuelo de los aviadores de Ciro Dan— se adelantó al peligro y arrojó sobre las estepas del Turquestán a dos millones de bárbaros que comían carne cruda majada entre las caronas de sus caballos y avanzaban precedidos por cinco mil carros blindados y cuarenta mil cañones de bala azul.

Ciro Dan comprendió su inferioridad, no esperó a Kriss en Samarcanda y se alejó de sus nuevos dominios, donde en una sola noche cincuenta millones de habitantes se habían marcado en el brazo la cifra 666.

¿Los abandonaba acaso a las depredaciones de los tártaros? ¡No!

Todos recibieron orden de seguirle con sus mujeres, sus hijos y sus rebaños.

Hacía muchos siglos que el mundo no presenciaba la emigración de naciones en masa.

Las gentes se asombraron del exaltado fanatismo que Ciro Dan infundía en todos los que llevaban su marca. Ni uno solo se quejó de aquella orden; Kriss halló árido y despoblado el inmenso territorio, y después de destruir a cañonazos las desiertas ciudades, volvió —con sus carros inútiles y sus tropas fatigadas— a concentrarse en las negras tierras siberianas, donde seguiría soñando con la invasión a Europa.

Para facilitar sus conquistas, el rey de Israel se convirtió al islamismo. Ni los judíos protestaron ni los rabinos del gran kahal le arrojaron la temible excomunión del Herem. Todos adivinaron que eso no era una verdadera conversión, sino una estratagema.

A fines del siglo XX el inmenso imperio musulmán, que se extendía desde el estrecho de Gibraltar hasta el golfo de Bengala, estaba repartido en muchos estados cuyos reyes, enemigos entre sí, hallábanse a. punto de guerrear para recoger la herencia del sultán Mahoma V, que iba a morir.

Murió, en efecto, cuando Ciro Dan acababa de conquistar la Persia, el Egipto y la Libia y se aproximaba a Constantinopla. Para apoderarse de ella le bastó declarar su nueva fe y enarbolar la bandera negra de Solimán el Magnífico, que tenía una media luna con éste soberbio lema en latín: Donec impleatur (Hasta que se complete), y al ocupar el trono de los sultanes cambió su nombre por el de Mahoma VI.

Europa entonces comprendió que el minúsculo príncipe de Apadnia en cinco o seis años se había transformado en el mayor de sus enemigos, y que si llegaba a aliarse con el bárbaro Kriss podrían entre ambos aplastar el continente europeo como una avellana bajo el taco de la bota de un mujik.

La televisión y la radio habían difundido la imagen y los discursos del misterioso conquistador, pero nadie conocía su verdadera historia.

Cuando el Apocalipsis anuncia al Anticristo, da su nombre mediante un enigma que ha torturado durante muchísimos siglos el ingenio de los intérpretes: "Quien tiene inteligencia calcule el número de la Bestia; porque es número de hombre y el número de ella es 666."

En el siglo VIII, cuando los musulmanes aterraban a Europa, se advirtió que las letras del nombre de Mahoma en griego (idioma en que se escribió el Apocalipsis) arrojaban el asombroso número, sumando los valores aritméticos de cada una de ellas.

Otros intérpretes dijeron que significaba "El Rey de Israel" escrito en hebreo (Ha-Melek Le Ish-Rael) con diez letras cuyos valores sumados dan la misteriosa cifra: 666.

De esa manera Ciro Dan, Rey de Israel, una vez coronado sultán con el nombre de Mahoma VI, reunió de extraño modo las dos impresionantes interpretaciones. Cualquiera de ellas arrojaba el fatídico número, y el mundo se estremeció de espanto. ¿Era pues el Anticristo?

Una mujer que lo había buscado en Samarcanda, en El Cairo y en Damasco, y que hacía diez años volaba en una athanora de cristal acerado por todos los caminos de sus conquistas, lo alcanzó en Estambul, en el palacio de los sultanes.

Era Jezabel, la de los ojos verdes y oblicuos, hija de príncipes, nacida en una aldea birmana, que lo adoró desde el primer instante al verlo pasar en un camino de la meseta del Irán.

La revolución comunista la había arrojado de su patria, y era en todos los países una misteriosa vagabunda, cuya fortuna deslumbraba a las otras mujeres y cuya belleza cautivaba a los hombres. Un día en América; dos días después en Europa; a la semana siguiente en Asia o en África, como una golondrina, como una nube.

En cada país tenía un palacio, un nombre distinto y una leyenda inventada por sus amigos o sus enemigos. Y en todas partes buscaba el olvido y la paz para su corazón, envenenado por el amor a aquel a quien nunca más pudo volver a ver.

De tiempo en tiempo desaparecía de las ciudades donde vivía, y era que había emprendido un nuevo viaje para encontrar al que amaba su alma, a quien sólo veía en efigie por la televisión, y por quien habría desafiado al mismo Dios.

¡Dichosa de ella, si algún otro amor curaba su llaga!

Sabios de Damasco la iniciaron en la Cábala, y merced a sus secretos infernales y al dinero que gastaba sin medida, logró por fin dar con su verdadero rey.

Ya hacia tiempo que Jezabel llevaba en la frente la señal de Ciro Dan, y constantemente un pequeño instrumento de oro para marcar a los que por amor a ella consentían en aparecer esclavos de él. De ese modo, en todas partes fue haciéndole adeptos.

Ella fue la mujer vestida de blanco a quien los jenízaros el día de la coronación le abrieron paso, creyendo que la marca que llevaba, caldeándose sobre los carbones de su incensario, fuese instrumento del ceremonial. Así entró y vio por segunda vez a aquel que la había hecho renegar de Dios.

A pesar de su orgullo sin límites y de la conciencia de su misión sobrehumana, y aun sabiendo que un día la humanidad entera se postraría delante de él, Ciro Dan era hombre, y como dice el poeta, "nada humano le era extraño".

Amó a Jezabel más que a ninguna de las otras mujeres, porque ella era en su comparación como el cedro del Líbano junto a la hierba del prado. Mas no la buscó sino para exasperar su pasión y adiestrarla en su servicio y extender su reinado en el mundo.

Púsole precio al favor de ser la primera en su corazón, y le ordenó que se alejara y difundiera el culto del 666 hasta que él la llamase.

Adonde quiera que fuese la tendría siempre cerca. A fines del siglo la distancia había sido allanada por la aviación y las ondas.

—¡Oh, mi Jezabel —díjole Ciro Dan— tú que has visto con tus hermosos ojos tártaros cuánta astucia y cuánta paciencia me cuesta conseguir una hostia consagrada para mis sacrificios! El sacrilegio aterra hasta a los incrédulos. Solamente esa pordiosera de San Pedro ha sido capaz de traerme una. Tengo muchos adeptos, pero pocos sacerdotes dispuestos a venderme a su Cristo. Los apóstatas españoles a quienes mi abuelo marcó con mi señal se han ido muriendo. No tuve ni un solo obispo que pudiera consagrar válidamente a otros sacerdotes.

—Yo te proporcionaré muchos más —prometióle ella besándole las manos.

—Necesito una orden religiosa —le dijo él—. De allí sacaré todo, sacerdotes y aun obispos.

Las órdenes religiosas eran perseguidas en casi todos los países; las que habían resistido la prueba, vivían y se santificaban en el misterio. Resultaba en extremo difícil descubrir y atraer a esos cristianos de las nuevas catacumbas, dispuestos al martirio y no a la apostasía.

Jezabel penetró en todos los centros, se ligó con los personajes más famosos y obtuvo secretos militares. Nadie logró de ella un favor.

En algunos países la creyeron espía de una gran potencia asiática. Mongolia, Siberia, tal vez Arabia o la misma Apadnia.

A tiempos desaparecía. ¿Adónde iba? ¿Quién podría seguir el rumbo de su avión, viruta de cristal acerado invisible en las nubes?

¿Cuál de sus amadores podía jactarse de conocer sus pensamientos o su vida?

En dos años, la hermosa de los ojos asiáticos no fue llamada por Ciro Dan más que tres veces para que le rindiese cuentas de su cometido. Y él la torturó con su desdén, porque nunca había cumplido su misión. Él le había dicho: "Necesito verdaderos sacerdotes que consagren hostias para mis sacrificios, y verdaderos obispos que consagren sacerdotes para mi culto. ¡Necesito una orden religiosa! ¡De allí sacaré todo!"

¡Con qué pasión y astucia se entregó la infeliz enamorada a corromper a los que el Evangelio llama la sal de la tierra! ¡Cuántas estrellas de los cielos se derrumbaron como los higos de una higuera azotada por la tempestad! En todos los climas ella tenia agentes, hombres y mujeres, que trabajaban en la destrucción de las virtudes cardinales con dos eficacísimas herramientas: la envidia y la indiferencia religiosa. Ésta, como un agua subterránea, disolvía los cimientos; aquélla, como un taladro, perforaba las murallas, y al cabo de poco tiempo todos los vientos del mundo batían y penetraban el alma, indefensa como una torre cuarteada.

La lucha era más difícil contra aquellos que se asociaban y se defendían codo con codo, unidos en una sola disciplina y con la oración en común.

Ciro Dan suspiraba por conquistar una orden religiosa: "¡De allí sacaré todo!" Y Jezabel para servirlo fomentó la difusión de los templarios e intrigó en Roma de mil maneras, para que el papa aprobara su constitución.

Un día recibió de sus espías en el Vaticano la noticia de que el Pastor Angélico se disponía a censurar la orden de los templarios por el espíritu masónico de su constitución, e iba en cambio a aprobar la de los ensacados, limosneros que hacían de la obediencia al papa su regla esencial.

Tomó su velocísimo avión con la esperanza de atajar aquellas medidas pero llegó tarde: el papa acababa de firmar ambos decretos.

Pero recibió esta mala noticia con otra que la llenó de regocijo, y que el Vaticano quiso mantener por algún tiempo en secreto: el papa había muerto.

Convenía el secreto, para que influencias profanas no intentasen perturbar la libertad de la nueva elección.

El cardenal Cafferata, el camarlengo en quien recaía la autoridad durante la sede vacante, dispuso reducir a tres los nueve días que el ceremonial prescribe para los funerales de los papas. Con esto se tardaría menos en iniciar el cónclave que habría de elegir al sucesor.

Sabíase que el emperador Otón V movería cielo y tierra para que resultara elegido un papa que consintiera en coronarle emperador del Sacro Imperio Romano Germánico y en anular su matrimonio con la polaca, para que pudiera casarse con la princesa italiana Ágata.

No bien supo Jezabel la muerte del papa, voló al palacio de la joven emperatriz para envolverla en el vasto plan que su imaginación empezó a tejer.

Ágata, la tercera de las hijas del emperador Carlos Alberto, la única que había aceptado a Otón V, era ambiciosa, tenaz y depravada. Su vida era un maelstrón en que chocaban las más opuestas corrientes, desde la gracia del bautismo hasta el pecado contra el Espíritu.

Escuchó a Jezabel y entró en la empresa infernal de lograr que el cónclave eligiera a un judas.

Jezabel tenía un privilegio de que ni los ministros, ni el gran rabino, ni los generales del imperio gozaron jamás: el de penetrar en las habitaciones del sultán sin hacer antesalas.

El día de su llegada a Estambul, Ciro Dan escuchaba a un sabio de la Universidad de Bagdad. la más célebre de las universidades orientales, en que el estudio de la física intraatómica había alcanzado una incomparable perfección.

Eliphaz Ben Gazul era universalmente conocido por sus obras de matemáticas y sus inventos relativos a la atracción de la tierra.

Decía haber hallado la manera de aislar y dirigir esta fuerza misteriosa, en la forma que se aísla y dirige la electricidad, que en otros tiempos pareció a los hombres igualmente indócil y misteriosa.

De una cajita que tenía en sus manos sacó un velo resplandeciente, tan sutil que parecía un tejido de luz y púrpura.

Lo extendió; el velo quedó suspendido en el aire al igual que un humo y empezó a levantarse.

El sabio miró receloso a Jezabel, que entraba turbada como la reina Esther cuando sin ser llamada llegó al trono de Asuero. Ciro Dan le dijo unas palabras al oído y ella desapareció.

Volvieron a quedar solos el Rey de Israel y el profesor de Bagdad, y éste explicó la maravillosa invención qué durante medio siglo le había preocupado.

—Todos los hilos de este velo son de fotonia, material más flexible que la seda, de una tenuidad extrema y luminosa como la propia luz, y al mismo tiempo absolutamente impermeable a los gases más imponderables, al éter mismo. Cada hilo finísimo, verdadero hilo de araña, es hueco y está lleno de nihilita, gas aislador que intercepta todas las fuerzas del universo, inclusive la que hasta ahora no se había logrado interceptar: la gravitación universal.

Ciro Dan tomó el velo, que era un tenuísimo vapor tibio, y lo redujo al hueco de una sola mano.

¡Estupendo! —dijo, y el sabio se estremeció de gozo— ¿Qué aplicación das a tu invento?

—Mira, señor —respondió Eliphaz, recogiendo el velo y envolviéndose en él—. Si yo me cubriera enteramente de la cabeza a los pies, ni la atracción de la tierra, ni la de los planetas actuarían sobre mí, y yo podría ascender en el éter hasta alturas inconcebibles, aun hasta las estrellas. Pero como soy hombre y no puedo vivir sin respirar, me limitaría a remontarme y a mantenerme en las altas capas atmosféricas. Dado que entretanto la tierra giraría bajo mis pies, doce horas después yo me encontraría suspendido exactamente en los antípodas, sin haberme movido. A las veinticuatro horas podría descender de nuevo en el preciso punto de partida. Naturalmente, debería contrarrestar los movimientos de la atmósfera o aprovecharme de ellos, como un barco compensa o utiliza las corrientes del mar.

Ciro Dan reflexionó. Cristo, el día de la Ascensión, se elevó a los cielos ante los ojos asombrados de sus discípulos, que en eso vieron un nuevo testimonio de su divinidad.

Envolviéndose en el velo de Eliphaz él podría realizar un milagro parecido y levantarse en los aires.

—¿Tu invento se halla escrito?

—Sí, mi sultán y mi rey. El verdadero secreto consiste en la preparación de la substancia aisladora, la nihilita, y la materia del velo, la fotonia. En este libro manuscrito he condensado mis estudios y mis descubrimientos.

—¿Alguien ha leído ese libro?

—Nadie, mi rey y sultán. Yo lo pongo en tus manos y te entrego mi velo; y no quiero otro premio que vivir en tu palacio sirviéndote de cerca.

—Está bien —dijo Ciro Dan.

Tenía sobre su mesa una botella de licor. Llenó un vaso y lo ofreció a Eliphaz.

—Bebe —le dijo— y quedarás para siempre en este palacio.

La gratitud brilló en los ojos del ingenuo sabio.

Con mano trémula cogió la preciosa copa que Ciro Dan le ofrecía y bebió lentamente.

—El primer sorbo es amargo —dijo— pero el último es dulce, mi sultán y mi rey.

—Sí —respondió Ciro Dan— como la muerte.

Las rodillas del viejo se doblaron y su cuerpo se desplomó a los pies de Mahoma VI, quien dueño ya del milagroso velo, no quería que nadie en el mundo conociera la superchería mediante la cual iba a remedar a Cristo.

Guardó en la caja el velo y el libro y llamó a sus criados. No podrían asombrarse éstos de retirar un cadáver, pues hallábanse acostumbrados a los envenenamientos de Ciro Dan, semejantes a los de Stalin y de Yagoda en la Rusia soviética. Silenciosamente se llevaron el cuerpo y cambiaron la copa. Entonces volvió a entrar Jezabel.

—¿Alguna buena noticia me traes, puesto que viniste sin que yo te llamara?

—El papa ha muerto —respondió Jezabel excusándose—. El Vaticano lo oculta para no dar tiempo a la intervención de las potencias en el cónclave. Dentro de unos pocos días se sabrá quién es el sucesor del Pastor Angélico.

Ciro Dan la escuchó con desdén, y ella quedó aterrada y exclamó, arrodillándose.

—¡Perdóname! ¡Ya no podía vivir sin verte!

—Estas palabras valen más que las otras —respondió Ciro Dan, acercándola a sí tiernamente—. ¿Por qué te creías que me interesaba la vida o la muerte de ese viejo vestido de blanco?

—Todos los reyes de la tierra han vivido ansiosos por comprar su voluntad, que nunca lograron vencer, y ahora quisieran que el sucesor no fuese como él.

—Así es —observó Ciro Dan— esos pobres reyes creen que manejando al papa manejarán al mundo. Ignoran que un día yo seré dueño del papa y del mundo.

—¿Tú, mi rey y mi dios? —exclamó Jezabel con amorosa inquietud—. ¿Y cuando eso ocurra qué seré yo para ti?

El joven sultán prosiguió:

—Eso está escrito en los libros santos de los cristianos. ¡Léelo tú misma!

De arriba de la mesa cogió una Biblia, abrióla hacia el fin, y le mostró dos pasajes del Apocalipsis,donde se anuncia el advenimiento y el triunfo del enemigo de Cristo:

"Y vi salir de la mar una Bestia que tenía siete cabezas y diez cuernos, y sobre sus cuernos diez coronas, y sobre sus cabezas nombres de blasfemias..."

—Cuenta mis reinos —indicó él.

Y ella contó, desde Apadnia en el Cáucaso, hasta Egipto en África, y Turquía, en Europa y Asia, las diez coronas que acababa de conquistar.

—¿Y cuáles son las siete cabezas con nombres de blasfemias? —interrogó Jezabel maravillada.

—Cuenta los sistemas filosóficos que han preparado mis caminos.

Y ella contó: el paganismo, el judaísmo y el islamismo, el protestantismo, el naturalismo, el sindiosismo y finalmente la adoración del diablo, el satanismo, las siete inmensas blasfemias contra Dios y su Cristo.

—Ahora sigue leyendo ese mismo capítulo del Apocalipsis.

Jezabel leyó:

"Y le fue dada boca con que hablaba altanerías y blasfemias, y le fue dado poder de hacer aquello cuarenta y dos meses...

"Y le fue dado que hiciese la guerra a los santos y que los venciese, y le fue dado poder sobre toda tribu y pueblo y lengua y nación. Y lo adoraron todos los moradores de la tierra, aquellos cuyos nombres no están escritos en el libro de la vida del Cordero..."

— ¡Escucha! —le dijo él, acercando sus labios a la oreja de ella como quien desea que ni siquiera el aire se entere de un secreto—. Yo quiero que todos me adoren, hasta los que están escritos en el libro del Cordero. Con tal de lograr esa derrota del Cordero, no me importa la eternidad.

—Yo te ayudaré, mi sultán. ¿Pero es posible seducir a los elegidos?

—Si conquistas para mí una orden religiosa eso lo conseguirás, porque seré dueño de los que hacen diariamente el milagro de la consagración. Y seré dueño... de un papa... Sigue leyendo y lo comprenderás.

Y Jezabel siguió deletreando los insondables misterios de aquel libro anunciador de los últimos tiempos:

"Y viotra Bestia que subía de la tierra y que tenía dos cuernos semejantes a los del Cordero, mas hablaba como el Dragón..."

—¿Y éste quién será? —preguntó ella.

—Los intérpretes han reconocido que la Bestia que habla como el Dragón y que se parece al Cordero, será un papa...

—¿Un antipapa entonces?

—Así dicen ellos... —respondió sonriendo Ciro Dan—. Un papa que anunciará mi reino como un profeta.

—¿Y cuándo será eso?

—Conquístame una orden religiosa que restaure para mí el Templo de Jerusalén, y yo instalaré mi trono en el lugar santo y seré adorado hasta por los que están escritos en el Libro del Cordero.

—¿Y cuando eso ocurra, mi dios, qué será de mí? —se atrevió ella a articular, como quien pone una condición, antes de comprometerse en una tarea.

Él la atrajo sobre su pecho y la colmó de caricias.

—¿Y tú quién eres para querer saber los secretos del rey?

—Nadie, señor, pero te amo.

—¿No has comprendido que yo también te amo?

—Pero cuando seas señor de todo el mundo y te adoren los hombres y las mujeres, ¿no me desdeñarás?

—Ésta es mi contestación —le dijo Ciro Dan—. Mira.

Se abrió la túnica que cubría su pecho varonil y con una lanceta de oro se produjo una incisión e hizo saltar la sangre.

Desgarró un pañuelo de purísima batista y entregó a Jezabel el retazo con que restañó la sangre.

—Quiero —le dijo— que un sacerdote católico mezcle undía mi sangre con la sangre de Cristo.

Y luego agregó:

—Al hombre que haga eso yo lo haré elegir papa, y tú entonces serás mi dueña, ¡oh, Jezabel, mi profetisa anunciada en el Apocalipsis de Juan...!

Ella, que respiraba las palabras de Ciro Dan, le respondió:

—Mi rey y mi dios: el papa que saldrá electo del cónclave mezclará en su cáliz tu sangre con la de Cristo y será tu precursor y llenará de sacerdotes consagrados todas tus iglesias, y por su propia mano te coronará rey del mundo en el Templo de Jerusalén.

—Anda y haz como has dicho —le dijo él, besándola.

666

HUGO WAST

CAPÍTULO I

LAS MIL PUERTAS VERDES

Y sucedieron cosas que los más viejos habitantes del país, aun los que pasaban del siglo, no habían visto nunca. En la primavera los sembrados de lino y de trigo de las provincias de Santa Fe y Buenos Aires prometían un pingüe rendimiento. Las dos grandes empresas que acaparaban las cosechas argentinas estaban de plácemes y contaban ganar cien millones de marxes. Esas dos grandes firmas eran la de misia Hilda Kohen de Silberman —que a pesar de ser presidenta de la República no había interrumpido sus afortunadas operaciones mercantiles— y la de los hermanos Tres Rosas, que habían comenzado siendo tres y eran ocho ahora, distribuidos estratégicamente en los países productores de granos, pero con su sede principal en Buenos Aires, la ciudad más libre y feliz de la tierra.

De repente asomó el pulgón rojo, que cundió vertiginosamente y cubrió los campos. Por la mañana aparecían manchones bermejos sobre el suelo; a la tarde aquello se convertía en miríadas de mariposas que no bien se ponía el sol agusanaban los granos. En una sola noche las bolillas del lino y las espigas del trigo quedaron absolutamente vacías, sin que sus tallos ni sus hojas perdieran su lozanía.

Misia Hilda y los ocho hermanos rasgaron sus vestiduras y prorrumpieron en lamentaciones. No eran, sin embargo, los más perjudicados, pues si bien habían acaparado treinta millones de toneladas, no habían adelantado por ellas ni un panchosierra a cuenta, y no se hallaban obligados a pagar hasta que la mercancía estuviese en sus depósitos. En cambio, un millón de agricultores quedaron sumidos en la miseria y endeudados hasta los ojos.

En las otras 19 provincias argentinas —ya no había territorios nacionales— una sequía tenaz arrasó los cultivos, y mangas horripilantes de langostas royeron hasta los troncos de los árboles. Fue tan grande el azote que los vientos arrastraron sábanas inmensas de langostas hasta los remotísimos mares del sur, donde los pescadores de ballenas las encontraban cubriendo las aguas en las inmediaciones del cabo de Hornos. Los pozos y las vertientes se agotaron. Los ríos, casi exhaustos, eran pútridos y fangosos, color de sangre, como si el tercer ángel del Apocalipsis hubiera vertido su copa sobre las fuentes de las aguas. Los ganados, enloquecidos de sed, se agolpaban en el lecho seco de los torrentes o al borde de aquellos lodazales sangrientos, y perecían por millones, mientras bandadas de buitres graznadores y hediondos acudían de todos los rumbos a devorar la podredumbre.

Los pueblos emigraban en masa, y hordas enteras morían a lo largo de los caminos con las manos crispadas y la boca llena de hierbas secas, y en las ciudades los pobres desfallecían sobre los umbrales de los palacios.

Calamidades semejantes cayeron sobre las otras naciones. El reino de Chile había sido quebrantado por ciclones y terre-motos, durante los cuales los montes parecían huir y el cielo se enrollaba como un libro negro. En el Brasil colosales incendios de bosques, cuyo calor el viento llevaba a toda su extensión, hacían insoportable la vida. En los Estados Unidos una se quía pavorosa quemó de raíz los cultivos, y enloquecedores tor bellinos de polvo cubrieron el país. Hombres y animales tenían que soterrarse en cuevas para no perecer asfixiados, no obstante lo cual millones y millones murieron de tan rara muerte.

Fray Plácido, escondido como un gusano entre las viejísimas tapias de su convento y vivo por gracia de Dios, iba enumerando aquellas cosas inauditas e interpretándolas a su modo. Un día dijo: —Cinco de los siete ángeles del Apocalipsis han derramado sus copas sobre el mundo. Faltan dos...

Hubo un momento de respiro en la catástrofe, y se alzó la poderosa voz del Pastor Angélico, en su última encíclica, llamando a penitencia a las naciones.

Bien podía ser que aquellas calamidades fueran de las anunciadas en el Apocalipsis.En todo caso no eran más que el comienzo de los dolores (initium dolorum). Dios castigaba a los hombres en este mundo, donde todo tiempo es breve, para que se arrepintieran de los horrendos pecados que venían cometiendo —especialmente el del malthusianismo y el del satanis mo— a fin de no tener que castigarlos en la eternidad, donde el dolor ya no tiene mérito y no hay lugar para la contrición.

La palabra del papa fue escuchada con ira y escarnio por la gran mayoría de los hombres, que en lugar de hacer penitencia renegaron de Dios. Por lo tanto se cumplió la profecía que dice: "Y blasfemaron al Dios del cielo por sus dolores y por sus heridas y no se arrepintieron de sus obras."

—Sólo cinco ángeles han volcado sus copas —volvió a decir fray Plácido viendo que las plagas cesaban y que el mundo entraba en un nuevo período de prosperidad, olvidando las pasadas tribulaciones—. ¡Todavía faltan dos! ¡No pueden tardar!

Las catástrofes de Chile habían hecho olvidar a su rey lo que en un discurso llamó "las aspiraciones naturales de su pue-blo". Harta labor tenía ahora con restaurar las ruinas de las ciudades aniquiladas por los terremotos. Del otro lado de los Andes se felicitaron de aquel olvido, que se imaginaron sería perpetuo; la vigilancia en las fronteras se adormeció y pareció ridículo hablar de guerras en Sudamérica, el venturoso continente de la eterna paz. Las fábricas que producían cañones fueron transformadas en estudios cinematográficos o gigantescas salas de diversiones populares.

La juventud abandonó alegremente los cuarteles y volvió a los cabarets; de nuevo las preocupaciones de comités y de clu bes llenaron el corazón de los patriotas de 1995. ¿Quién sería presidente? ¿Quiénes serían senadores, diputados, concejales?

Pero el sensible corazón de misia Hilda, presidenta de la Nación, había comenzado a inquietarse con otra preocupación: aquel asunto del que todos hablaban ya y que los diarios llamaban "el drama de las costureras." Desde cien años atrás todos los gremios habían ido conquistando mejoras en las condiciones de vida, pero las costureras fueron siempre olvidadas.

Como no trabajaban en talleres sino privadamente en su casa, no entendían de huelgas ni de revoluciones, porque en su mayoría eran pobres mujeres acobardadas por la miseria; como su drama era íntimo, los que trataban con ellas, almas de negreros, les imponían precios inicuos. Invierno y verano, sanas o enfermas, tenían que trabajar agachadas sobre sus costuras, durante dieciocho y aun veinte horas al día, por jornales misérrimos, que se les retaceaba con mil artimañas.

La Argentina era uno de los pocos países libres del mundo; es decir, allí todo se regía por leyes que sancionaban los representantes del pueblo. Por horrorosa que fuese una injusticia, no había modo de corregirla mientras no se dictase una ley.

Una vez, años antes, se acordaron de las silenciosas costureras y se dispuso que los negreros les pagasen jornales humanos. ¡Inocentes legisladores que creyeron resuelto el problema y que esa noche durmieron en paz!

Inmediatamente los explotadores del trabajo femenino hallaron la forma de burlar la nueva ley, obligando a las costureras a firmarles recibos falsos, por cantidades que no habían recibido, con lo cual el negrero podía comprobar ante los inspectores de la ley que cumplían lo mandado.

Si la costurera no quería firmar el empresario no le daba más trabajo. Un día u otro la infeliz tenía que ceder. De un lado estaba la fuerza incontrastable del dinero, fortalecida

por la astucia y amparada por la policía; del otro lado no
había más que una pobre mujer pretuberculosa, en cuyo
hogar aguar-daban su vuelta un niño o varios niños
hambrientos, tal vez un marido enfermo, tal vez unos viejos
padres...

¿Piensan alguna vez los que recorren las tiendas y se
asombran de una liquidación, que esas telas y esas ropas
pueden venderse a vil precio porque los comerciantes han
roído hasta el hueso no sus ganancias sino los miserables
salarios de sus esclavas, que mueren sobre sus costuras para
que ellos puedan hacer su propaganda y su negocio? Era éste
uno de esos pecados que según la Sagrada Escritura
provocan la ira de Dios: defraudar el salario del pobre.

Se hizo indispensable reparar la injusticia enmendando la
ley. Mientras los legisladores discurrían nuevas disposiciones
que no pudieran burlarse, agonizaban de miseria cien mil
costureras, para quienes más que un consuelo resultaba una
mofa decirles que en cambio del salario que se les robaba
tenían voto y podían elegir cada dos años doscientos
representantes que seguirían estudiando su interminable
problema.

La donna e fatta per parire, había dicho rudamente
Mussolini hacía setenta años; es decir: la mujer está hecha
para el hogar, no para la industria, ni para el comercio, ni
para la política. Mas para que eso no fuera una palabra
arrogante y vacía, era necesario que la sociedad asegurase al
jefe de familia salario suficiente, a fin de que no necesitara
del jornal suplementario de su mujer.

Esto se logró realizar en algunos países que se habían
libertado de las funestas doctrinas de la economía política
clásica repudiando el oro, instrumento con el cual los
financieros dominaban antaño las monedas y dirigían en su
provecho la producción nacional. En esos países
independizados del oro, no se conocía otra moneda que la
de papel que emitía el Gobierno. Allí todo trabajo útil
obtenía de la sociedad una retribución, o sea un salario

proporcionado a su importancia y a las necesidades del que trabajaba.

Se consideraba trabajo tanto el partir piedras en las canteras como sembrar trigo, escribir poesías, pronunciar sermones, curar enfermos, enseñar a los niños. Publicábanse listas valuando tales y cuales tareas según las razones y las circunstancias, y nunca se halló sin salario ningún trabajador, ni se dio el caso de que alguien produjese mercaderías que después no tenían comprador o adoptase una profesión u oficio y no encontrase luego dónde emplearse.

En esos países se acabaron las especulaciones ficticias y las trapisondas de los bolsistas que rebajaban a mansalva los salarios y las cosechas. Todo producto se negociaba en los almacenes del Gobierno, contra certificados que servían de moneda, pero no podían acapararse mucho tiempo, pues cada año perdían un décimo de su valor.

Se lograban así dos fines: I.-Intensidad en la producción del país, porque el productor estaba seguro de vender su mercadería. Esto acrecentaba la prosperidad de la nación. II.-Un mejor standard de vida, pues quien producía vendía lo producido y tenía prisa en gastar sus bonos, para no sufrir la merma anual de su valor.

Era una insensatez acaparar el dinero; el mejor negocio era invertirlo. Se consideraba una estupidez de la antigua escuela económica el elogio de la famosa media de lana en que algunos pueblos durante siglos, renunciando a toda comodidad y privando a sus industriales de todo elemento de progreso, fueron atesorando sus ahorros y gloriándose de su tacañería.

Los antiguos economistas sostuvieron en libros sesudos que esos ahorros guardados en la media de lana, iban formando el capital de la nación. En realidad aquella tacañería, tan elogiada por los antiguos financieros, fue una rémora, porque siendo el ahorro un instrumento de trabajo, al esconderlo quitándolo de la circulación lo que se hacía era quitar el arado a algún agricultor o las pinzas a algún mecánico, con perjuicio para la producción nacional.

Si en vez de guardar siglos su oro improductivo para que
lo despilfarraran los remotos herederos en guerras
insensatas, lo hubieran ido empleando en vivir con más
comodidad y en perfeccionar su planta industrial, aquellos
pueblos habrían sido más felices y su producción más
abundante.

Estas sencillas nociones no se comprendieron sino
cuando las escuelas económicas se independizaron del
prejuicio del oro, verdadera trampa en que los prestamistas
habían aprisionado al mundo. Pero todo esto ocurrió en
aquellos países donde la producción nacional no era
gobernada por la codicia de especuladores o financieros en
provecho particular, sino por el Gobierno en beneficio
común. No ocurrió en la República Argentina, que se
mantenía fiel a los principios del liberalismo económico y
donde reinaba lo que se llama libertad de comercio, que es el
derecho de los más ricos para estrujar y sacar el jugo a los
más pobres.

En el año 1995 los acaparadores, ansiosos de resarcirse
de lo perdido en las pasadas calamidades, elevaron a las
nubes el precio del pan y de la carne, mientras otros
mercaderes determinaron también reforzar sus ganancias,
entre ellos Las Mil Puertas Verdes, la ingeniosa organización
de tiendas que fundara el riquísimo abuelo de misia Hilda,
don Zacarías Blumen.

Cuando en 1940 se inauguró la primera de aquellas
tiendas de fachada verde, el famoso banquero anunció:
"Dentro de cincuenta años habrá en la Argentina 1.000 casas
como ésta."

Como no era probable que él viviese hasta entonces y
quería sin embargo contemplar su triunfo, se hizo
gurdivanizar disponiendo que lo volvieran a la vida medio
siglo después, en 1995.

Nunca jamás el abuelo se equivocó en sus vaticinios. Alos
cincuenta años, en efecto, Las Mil Puertas Verdes cubrían
todo el país. En la Capital Federal tenían 400 sucursales y
600 entre las otras ciudades. Desde un modesto cuello de

camisa hasta un suntuoso ajuar de novia, todo lo que servía para vestir a la persona o adornar una casa vendíase en cualquiera de Las Mil Puertas Verdes.

Mientras la empresa tuvo rivales sus precios fueron siempre los más bajos, pero cuando todo competidor desapareció y los herederos de Blumen quedaron dueños del campo, los precios fueron alzándose progresivamente y el pueblo pagó el costo de la larga batalla comercial. Era la empresa más poderosa y también la más odiada. Su prosperidad se asentaba en dos malditos pilares: I.-La ruina de centenares de comerciantes de larga y honrada tradición, que sucumbieron balo el pulpo de mil brazos. II.-La explotación inicua del trabajo de aquellas 200.000 esclavas blancas, más aherrojadas con sus máquinas de coser que un presidiario con su grillete.

Misia Hilda Kohen, heredera de Blumen y como tal propietaria de la mayoría de sus acciones, vivía en 1995 angustiada viendo acercarse el día en que a su helado abuelo le aplicarían la máquina descongeladora para devolverlo a la vida y a la circulación. Seguramente el viejo pretendería recobrar aquel negocio que había sido la más brillante de sus creaciones.

Entre tanto, a fin de recuperar lo perdido durante la crisis, el directorio de Las Mil Puertas Verdes se reunió y tranquilamente, cual si se hablara de las estrellas, resolvió rebajar en un treinta por ciento las mezquinas ganancias de las costureras. Alzáronse algunas tímidas protestas, pero a las que protestaron, en ningún rincón del país se les dio una sola pieza de costura durante un mes. Además se anunció que si seguían rezongando todo se traería cortado y cosido por obreras de Liberia y de la China, dos naciones donde imperaba la magna y suculenta libertad de comercio.

Aquella sentencia de muerte contra 200.000 desvalidas no tenía remedio dentro de lo que se llamaba pomposamente "el juego regular de las instituciones libres". Era necesario dictar una ley si se quería salvar a las pobres costureras. Pero corría el mes de tabeth. Ambas Cámaras se hallaban en vacaciones y no se reunirían hasta cinco meses después, o sea hasta la tercera semana de nisan, y la presidenta de la Nación andaba de paseo pescando salmones en los lagos del sur.

Las costureras, aterradas, después de reuniones secretas celebradas en todo el país, un día se convocaron en el Lup-Anark, especie de circo y de aquelarre que solían usar los partidos políticos. Las infelices no llegaron, como solían los políticos, en lujosos aviones o en autos, sino a pie, con la muerte en el corazón; porque el motivo de la asamblea era tratar una idea desesperada que se le había ocurrido a una de ellas.

Si solamente cinco de las innumerables costureras que trabajaban para cada sucursal de Las Mil Puertas Verdes se resignaban a morir por sus hermanas, se salvarían las demás. ¿Qué era el sacrificio de 5.000 víctimas frente a la salvación de 195.000, que mantenían sus hogares?

Se aceptó el proyecto; se obligaron todas al más estricto secreto y recibieron una hoja de papel, que devolverían con su nombre y su número, para sortearlas. Así, aquella triste noche, a medida que fueron saliendo los números premiados, se comunicaba a las víctimas ante cuál de las mil sucursales verdes se cumpliría su destino. No hubo una queja, no hubo discursos.

Al anochecer se había terminado el sorteo y la siniestra reunión se disolvió silenciosamente, sin que Buenos Aires se enterase. Las elegidas fueron de todas edades. Hubo la madre de familia para quien comenzaba la vejez sin ilusiones, y la muchachita de diecisiete años cuya frente aún conservaba el resplandor de la inocencia. Todas se resignaron guardando el secreto, y al día siguiente al alba, sin que lo supieran los hijos, ni los padres, ni los esposos, ni lo sospechara la policía, antes de que se abrieran Las Mil Puertas Verdes,se envenenaron cinco mujeres en la entrada de cada sucursal. Sus pobres manos fatigadas de la aguja habían trazado una breve carta que se halló sobre el pecho del cadáver: "Tengo cuarenta años, mi marido y tres hijos."

"Tengo veinte años y estaba de novia." "Tengo diecisiete años; mi madre enferma queda sola y se morirá de hambre. Ella me perdone."

La repercusión de aquellos cinco mil suicidios fue espantosa. Misia Hilda dejó de pescar salmones y volvió apresuradamente a Buenos Aires. El Parlamento se reunió en sesiones extraordinarias. Pero no habían terminado de hablar los mejores oradores de cada bloque, cuando el pueblo, enfurecido, prendió fuego a Las Mil Puertas Verdes.

Con la misma celeridad e igual secreto que las mujeres, en un día determinado acudieron grupos exasperados que la policía no atinó a contener, e hicieran justicia quemando los magníficos comercios. Y entonces recordaron que el inventor de aquella odiosa máquina, el viejo Blumen, no estaba muerto, sino congelado en El Palomar, aguardando la resurrección. ¡Eso no más faltaba, que el tipo volviera a vivir! Una imponente columna de energúmenos se encaminó allá y se entregó al más horroroso y grotesco exterminio.

Miles y miles de aparentes cadáveres yacían dentro de científicos ataúdes, mantenidos en una temperatura perfectamente calculada para conservar la vida. El pueblo odiaba aquel limbo de los ricos, donde los privilegiados podían arrancarse del mundo en los malos momentos y prolongar su existencia por décadas y aun por centurias.

¡Al fuego con ellos! ¡Al fuego no sólo el fundador de Las Mil Puertas Verdes, sino también todos los que desde el Gobierno o las finanzas habían hecho posible que la riqueza y la honra y las ideas de una gran nación pudieran ser objeto de tráfico para un puñado de advenedizos!

La turba enfurecida empezó a amontonar aquellos "cajones de fiambres" en una colosal pirámide, los bañó de gasolina y les prendió fuego. Había que ver cuando las llamas, después de haber consumido los tablones, entraban a quemar las carnes heladas del personaje, cómo despertaba bruscamente de la muerte aparente y se retorcía sorprendido y blasfemando.

El viejo Blumen especialmente resultó pavoroso; se incorporé al sentirse tostar las costillas, se frotó los ojos azorado y comenzó a gritar que disminuyeran la corriente porque lo estaban asando. Creía sin duda que había llegado su hora de levantarse para ver el esplendor de sus creaciones financieras, pero que los técnicos de la heladera vital se habían equivocado al aplicarle el calorcillo con que lo deshelarían.

Una carcajada insolente y brutal respondió a sus gritos, que se volvieron maldiciones, gemidos, promesas de dinero a quien lo ayudara a salvarse. El desventurado había comprendido que no era un error de los técnicos, sino una venganza del pueblo que le escupía su rabia de una vez por todas.

Pronto iguales alaridos resonaron en todos los cajones, y la tapa de algunos de ellos saltó, y como un muñecón de juguete se levantó el semicadáver con la faz descompuesta. Y el populacho —que es la fiera más cruel que existe cuando se embriaga en un furor colectivo— para cada grito tuvo un sarcasmo, y cuando de lo alto de la pira se desmoronó algún ataúd y el inquilino llamado a la vida en forma tan brutal quiso escapar, mil brazos se apoderaron de él, y con largas pértigas volvieron a arrojarlo a aquella hoguera extraordinaria que solamente la justicia de Dios podía encender, para consumir el pecado bíblico de haber defraudado el salario del obrero.

Ya hacía mucho rato que se habían apagado las postreras promesas y maldiciones de Zacarías Blumen cuando llegaron los bomberos a rociar con agua tardía las cenizas de aquel auto de fe "fin del mundo". La policía no apareció hasta bien entrada la noche, cuando los millares de incendiarios satisfechos se habían desbandado.

Y como explicación de ese retardo se dijo, sotto voce,que había muchísimos vivos, entre ellos misia Hilda, para quienes la quema de los "cajones de fiambres" no resultaba catástrofe sino pingüe negocio, porque la reaparición del personaje adormecido les habría complicado la vida. Los muertos deben morirse para siempre.

CAPÍTULO II

LA MATANZA

Poner armas en manos del pueblo es necedad peor que confiar un revólver a un niño. Este vacila artes de usarlo, ignora y teme. Aquél cree saberlo todo, descuenta la impunidad y con la primera sangre se emborracha. Como en la España de 1936 el mísero gobierno de Azaña disgregó el Ejército y se entregó a los milicianos, en la Argentina los politiqueros eliminaron a los oficiales de carrera, corrompieron a los soldados y armaron el brazo irresponsable de las poblaciones.

Estupidez que equivalió a un suicidio. Se dice que monsieur Guillotin, inventor de la guillotina, fue el primero que murió guillotinado. Es falso, porque Guillotin murió en 1814 de muerte natural, cuando hacía ya un cuarto de siglo que funcionaba "la Luisita", como se llamó en los primeros tiempos a la terrible invención. Pero es verdad que los ingenuos políticos que se enternecían ante la bondad natural del pueblo y lo creían fácil de gobernar por la persuasión, sin la policía, perecieron cada vez que aplicaron su dogma de fe. Al revés de Saturno, que devoraba a sus hijos, ellos, los padres, fueron devorados por su engendro.

Después del incendio de El Palomar el pueblo de Buenos Aires saqueó algunos viejos depósitos de armas, y con frenesí de fiera que saborea la primera sangre se lanzó a la matanza.

Para castigar la esclavitud de indefensas mujeres y para vengar la muerte de 5.000 madres, esposas y novias cuyo luto llevaban sobre el pecho a guisa de escarapela, les parecía muy poco haber frito en su grasa egoísta las carnes congeladas de dos o tres mil ricachos semidifuntos. ¡Puff! Aún seguían humeando sus osamentas y ya el pueblo que desfilaba con el puño cerrado buscaba otros culpables.

Nada lo hubiera aplacado mejor que ofrecerle algu-nos miles de frailes y de monjas y algunos cientos de sacristías y de iglesias para que asesinara e incendiara hasta el espasmo. Pero hacía años que los demagogos gobernantes habían expulsado las órdenes religiosas y clausurado las iglesias. ¡Ahora lamentaban su insensatez!

Ahora los descristianizadores del pueblo descubrían aquella nueva utilidad de los siervos de Dios, que en ciertos casos sirven para aplacar a las turbas con su martirio.

El pueblo buscaba nuevas víctimas, y habría sido imposible que dejara de hallarlas en una nación donde la extrema riqueza de los acaparadores se codeaba con la trágica miseria de los explotados. Uno de los oradores de los innumerables clubes arro-jó como una brasa en un polvorín la terrible imputación que ya esperaban transidos de horror cinco millones de seres humanos, ocultos en sus casas. ¿Por qué la esperaban? ¡Ay! Porque conocían la historia de su raza, predestinada a la persecución desde los tiempos de los faraones.

Barrida de casi todas las naciones de Europa, había hallado un espléndido refugio en la República Argentina, tierra de libertad. En setenta años de paz prosperaron y se multiplicaron grandemente. Además de los enormes negocios de banca, hacia fines del siglo les pertenecían los pequeños negocios de almacenes, farmacias, panaderías, roperías, cigarrerías; todo lo que está en inmediato contacto con las clases populares; también eran suyos los vastos falansterios que habían reemplazado a los antiguos conventillos, las inmensas casas de departamentos en que se apiñaban las familias de mediana posición, y todos los teatros y cinematógrafos. Ellos finalmente eran los únicos que especulaban sobre las cosechas y las carnes argentinas, y

JUANA TABOR - 666

fijaban en las pizarras de la Bolsa el precio a que los productores debían venderles sus productos.

Un día, como el rey David en el apogeo de su gloria, quisieron averiguar el número de los circuncisos y de sus mujeres, y se censaron y tuvieron la satisfacción de saber que eran cinco millones sobre una población de treinta. Aunque casi todos habían nacido en el país, ni ellos sentíanse argentinos ni el pueblo los consideraba tales. Fieles a su estirpe, estaban orgullosos de pertenecer a la nación escogida y predestinada a dominar sobre las otras.

Profecías sagradas, viejas de cuatro mil años, zumbaban en sus oídos y removían sus corazones como el viento remueve las olas del mar. Los herederos de tan magníficas promesas, ¿habían de renegar de la ley y de los profetas ahora que se aproximaba la plenitud de los tiempos?

Cual más, cual menos, aunque distraídos por el ruido de los negocios, comprendían esas palabras, y aun viviendo en el país más libre de la tierra, llevaban una vida nacional propia y autónoma apegados a sus comunidades y a sus costumbres, y eran una nación distinta dentro de la nación.

Por su parte, el pueblo criollo adivinaba en sus extrañas costumbres rituales que eran gentes de otro país, que estaban de paso en todos los países del mundo a la manera de peregrinos, con la cintura ceñida y el bordón en la mano, prontos a partir.

En aquellos días del mes de tammuz —que caía entre los meses llamados antes junio y julio, en lo más crudo del invierno porteño— cuando el pueblo enfurecido por el suicidio de las costureras se agolpaba en los clubes, uno de sus oradores preguntó y su pregunta se multiplicó un millón de veces por la radio: "¿Queréis saber quiénes son los que han envenenado con la desesperación el corazón de esas cinco mil pobres mujeres, antes que el cianuro envenenara su sangre?"

En otro tiempo, cuando había frailes, un orador de puño cerrado hubiera dicho: "Buscadlos en los confesionarios, o en las iglesias o en los conventos." Ahora dijo otra cosa:

"Buscadlos detrás de los mostradores, en todos los comercios que son suyos y junto a las cajas de hierro de todos los bancos, que también le pertenecen..." Y el pueblo, que ama la síntesis, no aguardó el fin de la perorata y lo interrumpió clamando: "¡Los judíos!"

Esa palabra corrió por todas las ciudades donde humeaban las ruinas de Las Mil Puertas Verdes, y encendió la más terrible persecución antisemita de que haya recuerdo en la historia de Israel. Ya no se trataba de dictar leyes o decretos imponiéndoles multas o prohibiéndoles tales o cuales profesiones. No era un gobierno el que organizaba la persecución, sino una masa irresponsable, delirante y perversa, que repetía y agrandaba los nefandos capítulos de la historia de España en los años apocalípticos de 1936 a 1938.

Aquellas checas o tribunales populares que asesinaron a cuantos aristócratas pudieron atrapar; aquellos caudillos de barrio ebrios de un poderío fugaz, que saquearon museos e incendiaron conventos; aquellos milicianos y milicianas armados por el Gobierno y alentados por las logias, que arrancaban del hogar a sus víctimas cerca del alba, para hacerles dar lo que llamaban en su jerga "el paseíto del amanecer", y los amontonaban en una pileta o en un patio, y rociándolos de gasolina les prendían fuego; aquellos epilépticos del asesinato, del robo y de la destrucción, que creyeron extirpar el catolicismo martirizando a veinte mil religiosos, hombres y mujeres consagrados a amar a Dios y a servir al prójimo; aquellos forajidos que cometieron medio millón de asesinatos, fueron superados por sus discípulos en la República Argentina.

¡Qué leyes ni qué decretos antisemitas a la manera nazi! ¡Cuánto hubieran dado las víctimas de 1995 porque todo se resolviera con romper algunos escaparates o cobrarles algunos miles de millones o acorralarlos en algún campo de concentración! ¡Bah! Eso que huele a papelería y burocracia al pueblo le repugna. Él es más expeditivo, cuando no lo atajan con una buena fila de bayonetas o de ametralladoras.

¡El cuchillo en la garganta o en las tripas, sin examinar si los asesinados eran realmente explotadores de sus obreros o pobres diablos, explotados también ellos a pesar de sus barbas talmúdicas por otros más ladinos, judíos o sindiosistas!

Fueron treinta días tenebrosos, en que toda doctrina se redujo a levantar el puño y a matar judíos. ¡Ay de aquellos que en los días de la prosperidad marcaron sus puertas con la estrella de seis picos o anunciaron su negocio en letras hebreas! A ésos no les pidieron papeles para identificarlos; los acorralaron en sus madrigueras, hombres, mujeres, niños; los empaparon de petróleo según la práctica de los milicianos madrileños, y los quemaron vivos. Otras veces los tostaron con lanzallamas eléctricos que volatilizaban hasta el cemento de las paredes.

Los tres mil años de su historia de persecuciones palidecieron en esos treinta días, y se cumplió mil veces la tremenda maldición de los judíos del cautiverio contra sus enemigos, los descendientes de Eom o de Esaú: "¡Hija de Babilonia, condenada a la ruina, feliz el que te devuelva el mal que nos has hecho! ¡Feliz el que se apodere de tus niños y los destroce contra la piedra!" (Salmo 138).

Era ya el sexto día de la segunda semana del mes de tammuz, como quien dice principios de julio, y ninguno de los oradores que alentaban al pueblo desde los clubes, ninguno de los diarios parlantes que señalaban la tarea de cada hora, había pronunciado el nombre de misia Hilda, a pesar de su estrecho parentesco con el fundador de Las Mil Puertas Verdes. Porque todos ellos habían trabajado en su favor cuando fuera elegida presidenta y continuaban a sueldo de ella. Pero una tarde, en un mitin de la plaza Stalin, uno de los oradores rompió la consigna y la nombró.

A esa misma hora, muy tranquila y fiada en la habilidad de sus agentes, misia Hilda recibía en su palacio una visita que en tiempos menos turbulentos hubiera despertado mucha algazara y curiosidad. Eran dos viejos personajes que en la antigua Argentina desempeñaron un gran papel y fueron ambos presidentes de la República.

Uno de ellos pasaba largamente el siglo; tenía la edad del Pastor Angelicus, pero se conservaba jovial y vigoroso. En la vivacidad de su mirada de halcón se advertía un espíritu encendido y juvenil. Era el general de la Nación que en 1950 entregó el bastón de mando al otro personaje que ahora lo acompañaba y desapareció de la escena política. Díjose, aunque nunca se probó, que se había hecho gurdivanizar por treinta años, y que a eso debía el haber cumplido más de cien conservando una excelente salud.

Afortunadamente, lo habían despertado antes del incendio.

Su compañero, con bastantes años menos, parecía de su misma edad y tan sano y ágil como él, si bien más alto y corpulento; en su tiempo había hecho la carrera de marino y había llegado a almirante. Aquellos dos hombres eran enemigos irreconciliables del gobierno anarcomarxista. Más de una vez la policía había lanzado sus mejores sabuesos para vigilar sus andanzas. Graves motivos debían de ser los que les obligaban a pedir audiencia a misia Hilda.

En momentos en que crujían los pilares de su poderío, la dama pensó que le convenía conversar con los presuntos jefes de la secretísima secta de los nacionalistas argentinos, y les hizo avisar que los aguardaba a las 65 de ese día, hora equivalente a las cuatro de la tarde. Con toda puntualidad, conducidos por un agente de la policía secreta, llegaron ante la verja electrizada los extraños visitantes que eran el general Falucho Cabral y el almirante Rosendo Zía.

Un pedazo de verja se abrió silenciosamente y los dos personajes entraron en el palacio. A esa hora ninguna compañía de seguros hubiera asegurado la preciosa existencia de misia Hilda, porque en realidad ya no valía ni un panchosierra.

CAPÍTULO III

LA QUINTA COLUMNA

Un muchachito de catorce años con indumentos de niña —pues en aquellos tiempos los muchachos vestían trajes femeninos, mientras las chicas usaban desenfadados pantalones— corría desolado por las calles de menos tráfago hacia la plaza Constitución, que aún conservaba su nombre. Quien conociera a la servidumbre de misia Hilda, habría podido descubrir en él, no obstante sus deseos de ocultarse, a Mercurio Phantom, hijo del primer aviador de la presidenta, la persona de su mayor confianza después de su hija Rahab.

Pero muy pocos en Buenos Aires tenían noticias de quiénes eran los palaciegos de misia Hilda. Mil veces reclamó ella, en fogosos discursos, que los presidentes vivieran en casa de cristal. Pero cuando llegó a la presidencia sehizo construir un palacio de piedra, y sólo contadísimas personas conocieron sus costumbres y sus negocios. Mercurio Phantom asistió al mitin de la plaza Stalin para escuchar conversaciones, y oyó esta frase que lo dejó aterrado:

"Habéis achicharrado la infecta momia del viejo Blumen, habéis levantado la tapa de los sesos a tres de los ministros, comedores de semillas de girasol, y os habéis olvidado de la mayor culpable, de esa mujer corrompida y egoísta que hace quince años nos gobierna y hace medio siglo chupa la sangre del país con sus empresas comerciales..."

¿Cómo se explicaba que aquel orador hubiese roto la seve-ra consigna de no mencionar nunca a la primera dama del país? ¿Era un despechado a quien ya no le bastaba el sueldo convenido por callar? Lo cierto es que instantáneamente después de oírlo, millares de bocas vomitaron el nombre de misia Hilda entre maldiciones y sarcasmos. Y el orador se puso a contar la historia de las mil toneladas de oro guardadas en los sótanos del palacio presidencial.

¡Leyenda pura! No era tan necia la ilustre señora como para colocar sus ahorrillos en la boca del lobo. Si tenía mil toneladas de oro o muchas más, y dónde las tenía, no lo sabían sino pocas personas en el mundo.

Excitado por la codicia y el odio el pueblo se formó en columnas para marchar al saqueo del palacio, y la policía, miedosa o cómplice, se declaró incapaz de contener a aquellos cientos de miles de energúmenos cebados en sangre. El vino estaba sacado y la ilustre señora tenia que beber su parte.

¡Si en vez de aquella policía demagoga y cobarde, misia Hilda hubiese tenido un par de regimientos de línea! Pero no, el Ejército argentino, que se pulió como una espada en los primeros cincuenta años del siglo, con sólido cuadro de oficiales bien educados por los institutos de guerra, había llegado a ser, gracias a la diabólica conjuración de la prensa, del cinematógrafo y de la radio, un objeto de antipatía y de repugnancia para el pueblo, que razonaba de la siguiente manera:

"La República Argentina no tiene cuestiones internacionales pues sus fronteras están bien demarcadas. Siendo así, no necesita gastar cientos de millones en mantener quinientos mil parásitos. Es preferible que costee quinientos mil maestros."

No es de asombrarse, pues, que un día, años atrás, el entonces presidente don Juan Pérez disolviese todas las fuerzas armadas del país, y con tal motivo pronunciase dos frases tan bonitas que le abrieron las puertas de la más gloriosa inmortalidad: "¡Todo el pueblo será mi ejército! ¡Vale más un maestro que cien soldados!"

En letras de oro se grabaron estas enternecedoras palabras sobre el frontispicio de los antiguos edificios militares y de los cuarteles cerrados y de las logias abiertas, y para que las oyeran diariamente los niños de las escuelas se imprimieron millones de pequeñísimos films con la desdentada vocecilla del presidente y su ingenua jaculatoria.

Los buques de guerra, que se oxidaban en los inútiles diques, se transformaron en museos, en hospitales y en escuelas.

¡Sobre todo escuelas! Sin embargo, a pesar de la multiplicidad de las escuelas, cada vez eran menos los que sabían leer, porque no hacía falta. Ya no había casi libros, sino revistas que se escuchaban en vez de leerse.

En reemplazo de los dos ministerios de Marina y de Guerra, suprimidos, se creó una nueva secretaría de Estado, el Ministerio del Mar y de la Tierra, al cual se le encomendaron los antiguos asuntos militares y navales.

En 1995, bajo la segunda presidencia de misia Hilda, estaba al frente de ese departamento un ministro con pantalones, es decir, una mujer —ya hemos dicho que los hombres vestían entonces como antes vistieron las mujeres— doña Aspasia Pérez de Montalván, hija del famosísimo presidente que disolviera el Ejercito, viuda de corazón de oro que a los cincuenta años no creía en Dios, pero seguía creyendo en la paz universal.

Sucedió, pues, que en aquel día del mitin de la plaza de Stalin misia Hilda convocó a su ministerio para que asistiera a la conversación con los dos formidables enemigos del régimen que le habían solicitado audiencia.

Pero de sus dieciséis ministros no concurrieron al llamado más que dos: el del Interior, doctor Alfredo León Alcázar —que contaba ya la friolera de 120 años y se mantenía en buena salud y excelente espíritu gracias a los adelantos de la ciencia de la nutrición— y la mencionada Aspasia Pérez de Montalván. De los otros catorce, tres habían perecido a manos del pueblo, y los restantes once, por temor al mismo tratamiento, habían puesto pies en polvorosa.

Con sus dos ministros aguardó misia Hilda a sus visitantes, en el palacio de la plaza Constitución. Ninguna de las grandes reinas de la historia, ni Cleopatra, ni Isabel la Católica, ni Catalina de Rusia, estuvieron tan espléndidamente alojadas, ni fueron mejor pagadas que la democrática presidenta de la República Argentina.

El grandísimo patio de honor era de acero azul y levantábase sin ruido, como un veloz ascensor, sobre rieles bien engrasados hasta el último piso, y allí las visitas, llevadas por suavísimos tapices rodantes, eran conducidas a través de salones tan esplendorosos que en su comparación las maravillas de Las mil y una noches parecían modestos sueños de un palurdo.

El general Cabral y el almirante Zía no pudieron reprimir una irónica sonrisa al cruzar la sala de alabastro con cortinas de púrpura, que en tiempos normales servia para que los cronistas de los diarios-films jugaran al ta-te-ti con los desocupados ujieres y porteros, esperando algún comunicado de la presidencia.

Esa tarde la sala estaba desierta; los reporteros se habían volatilizado. De varios de ellos sabíase que moraban ya en el seno de Abraham. Uno que otro ordenanza, ario al cien por cien, paseaba por allí su estampa orgullosa.

—En nuestro tiempo —dijo a media voz el general— los presidentes no estábamos tan bien alojados como esta buena señora.

Zía se encogió de hombros y murmuró:

—¿Qué irá a quedar mañana de todo esto?

En medio minuto el movible tapiz los condujo silenciosamente hasta el despacho privado de la presidenta, salita casi modesta cuyas paredes, tapizadas de rojo cuero de Rusia, tenían por todo adorno algunos cuadros robados en España y vendidos en Buenos Aires.

Sólo el ministro del Interior se levantó cortésmente a saludar a los visitantes. Las dos señoras les tendieron una

JUANA TABOR - 666

mano fría sin moverse de sus asientos. El doctor Alcázar los invitó a sentarse, y cogiendo un platillo de oro que había sobre la mesa presidencial les brindó su contenido:

—¿Gustan servirse?

El general Cabral se sirvió sin mirar qué fuese, seguro de que nada le haría mal; pero el almirante Zía, antes de morder uno de aquellos granos, preguntó en voz baja:

—Che, decime: ¿qué es esto...?

—Semillas de girasol... Comé sin miedo. Son riquísimas; yo aprendí a comerlas cuando muchacho en la Casa del Pueblo, y aquí la presidenta las convida como si fueran bombo-nes.

—¡Todo sea por la patria! —respondió alegremente Zía, y se echó en la boca un puñado de aquel sobrio alimento:

—Es un poco raro verles a ustedes por aquí —dijo misia Hilda con una sonrisa que hacía agradable el reproche.

—En efecto, señora presidenta —respondió el general—, pero se ha subido V. E. tan arriba, y ya estamos tan viejos, que sólo por muy graves motivos podemos deci-dirnos a hacer esta ascensión.

—¿Graves motivos? —preguntó misia Hilda.

—¡Muy graves! —confirmó el almirante Zía.

—Estoy ansiosa de saberlos... ¿Quieren explicármelos?

—Sí, señora presidenta, en pocas palabras. Acabamos de cruzar las cinco provincias del sur desde el estrecho de Magallanes, y venimos a anunciarle que se está preparando una invasión...

—¿Invasión de qué? —preguntó nerviosamente doña Aspasia Pérez.

—¡Eso! ¿De qué? —insistió misia Hilda.

—¿De langosta? —agregó Alcázar con sorna.

Ni el general ni el almirante recogieren el chiste, y el general, aproximándose a la mesa de la presidenta, díjole:

—¿De qué podría ser una invasión, para que mereciera el que nosotros molestásemos a la señora presidenta y nos molestásemos nosotros mismos, si no fuera de tropas extranjeras?

—¿Tropas extranjeras? —exclamó estupefacta misia Hilda—. ¿De qué nación?

—¿Alemanes, tal vez? —preguntó el doctor Alcázar, que desde 1942 conservaba escrúpulos por ese lado.

—¿De yanquis? —interrogó la ministra.

—Ni alemanes ni yanquis, señora —se apresuró a responder el general.

—¿De chilenos, entonces? —interrogó doña Aspasia Pérez.

—Sí, señora —respondió el almirante Zía.

—¡No puedo creer! —repuso ella con sequedad.

—Pues antes de ocho días lo creerá, porque en la próxima semana habrán pasado la frontera treinta divisiones chilenas que tendrán como bases de aprovisionamiento las ricas estancias de sus compatriotas que hay por allí.

—¡Pero mis gobernadores nada me han avisado! —ex-clamó la presidenta, fastidiada.

—Esos gobernadores, señora, viven en Buenos Aires, donde es más grato el vivir. Han metido la cabeza debajo de la arena como el avestruz, y porque ellos no ven nada, piensan que no sucede nada.

—¡No puedo creer, no puedo creer! —repitió obstinada la ministra— ¿Acaso Chile no pertenece también a la Sociedad de las Naciones?

—Que ya no existe, señora.

—¡Ah, es verdad! ¿Acaso no está obligado a comparecer ante el supremo y pacífico Tribunal de La Haya...?

—Que tampoco existe, señora.

—¡Mujer! —exclamó irritada misia Hilda—. ¡Qué atrasada estás de noticias!

—¡Es verdad! —dijo resignadamente la ministra—. Como quiera que sea, yo no puedo creer que en plena paz un país ligado a nosotros por la historia y por tratados...

—Señora, la historia no ataja a ningún conquistador ni los tratados son eternos. A los cien años de los Pactos de Mayo, que celebró el general Roca con Chile, los chilenos se han hecho más fuertes que nosotros, tienen un ejército bien organizado y nosotros no tenemos nada.

—Tenemos el derecho —interrumpió la ministra— y nuestros diplomáticos lo harán valer en una conferencia...

—Cuando los artilleros toman la palabra, señora ministra —replicóle el almirante Zía— los diplomáticos enmudecen...

—¡Tenemos el derecho! —repitió ella alzando las manos al cielo. El pueblo de Chile es hermano del nuestro. Yo no creo en los cañones; creo en la fraternidad de los pueblos americanos.

El doctor Alcázar echó sobre su colega una ojeada de conmiseración y dijo:

—Con permiso de la señora presidenta... ¿Se puede saber, mi general, cómo ha llegado a usted tan asombrosa noticia?

Cabral y Zía se miraron, interrogándose.

Al cabo de un minuto de perplejidad, el general se decidió:

—Lo hemos sabido de un modo casual. Veníamos de Magallanes a Ciudad de los Césares, que es la metrópoli de aquellas regiones. Fundada por el general mendocino Eduardo Are-nas Malbrán con una escuadra de aviadores, en el lugar que suponen ocupó la legendaria ciudad de su nombre en la intersección del meridiano 72 con el paralelo 42, sobre el río Chubut, tiene ahora 400.000 habitantes y es un emporio de riquezas.

Misia Hilda, que poseía un banco en Ciudad de los Césares, conocía muy bien aquello.

—Es justo decir —observó— que la mayoría de esos habitantes son nacidos en Chile o proceden de familia chilenas.

—Pero —agregó doña Aspasia Pérez— se trata de un pueblo hermano, ¡Yo creo en la fraternidad de los pueblos! ¡Yo creo en la paz universal! ¡Yo creo...!

—Vale más el credo de Nicea, en que usted sin embargo no cree —apuntó suavemente Zía, y ella lo envolvió en una melancólica sonrisa.

—Yo soy como mi padre: no creo en Dios, creo en la soberanía de los pueblos.

—Bueno, pues ustedes iban de Magallanes a los Cesares... ¿Y qué ocurrió? —dijo la presidenta.

—Que tuvimos que aterrizar a mitad del camino por una falla del motor, en la estancia de un chileno. Era la medianoche, y para anunciarnos, el almirante Zía, con esa voz que Dios le ha dado, gritó ante la verja de hierro de la casa: ¡Aquí está el general Cabral...!

—¡Es claro! —explicó Zía—. Supuse que ese nombre debía de ser en toda la Argentina una especie de "Sésamo, ábrete."

—Y en esta oportunidad lo fue —aclaró el general— mas por equivocación. Tal vez ustedes sepan que el jefe del Estado Mayor chileno...

—Tiene su mismo apellido —apuntó el ministro Al-cázar— Se llama también general Cabral.

—Pues, asómbrense ustedes —prosiguió el general— el dueño de esa estancia estaba esperando anoche al general chileno Cabral. Debía llegar de incógnito desde Valdivia. Esto es lo que comprendimos no bien cambiamos los primeros saludos con Mr. Clay, que es un viejo descendiente de antiguos malvinenses, con carta de ciudadanía chilena. Resolvimos explotar el afortunado quid pro quo que el azar nos proporcionaba para averiguar mejor lo que se estaba tramando y de lo cual ya teníamos algunas sospechas.

—¿Sabe usted, general, que resulta muy interesante su relato? —observóle misia Hilda.

—Muy interesante, señora presidenta —dijo el doctor Alcázar, que se levantó para asomarse a uno de los balcones.

A pesar de los 400 metros de altura a que se hallaban, escuchábase un extraño rumor, como el oleaje de lejanas rompientes.

—Muy interesante, pero la tormenta no va a darnos tiempo para escucharlo.

—¿Hay tormenta?

—Algo malo está cocinando nuestro pueblo en la plaza Lenín. No se escandalice mi colega dona Aspasia, que cree en la bondad sublime del pueblo.

—¿Y usted no cree en ella? —replicó indignada doña Aspasia.

—Voy perdiendo la fe —respondió Alcázar con socarronería.

La presidenta se levantó y miró por la ventana.

—Continúe, general.

—No tardamos en comprender que el viejo estanciero no estaba al tanto de todo lo que deseábamos indagar. El centro de los preparativos, donde se aguardaba anoche al otro general, hallábase a unas veinte leguas al norte, en los frigoríficos de los Harriman...

—Son los dueños de la mitad de las haciendas de la Patagonia —observó misia Hilda, que gustaba poner de manifiesto la riqueza de los otros para que la gente no se acordara de la suya.

—Mister Clay no sabía más de lo que le habíamos sonsacado. Nuestro mecánico nos anunció que ya estaba listo para reanudar el vuelo. Mister Clay, convencido de prestar un gran servicio a su nueva patria, quiso acompañarnos y tener el honor de presentarnos en el establecimiento de los Harriman. Era lo que necesitábamos, a fin de que a nadie se le ocurriera pedirnos documentos de identidad. Partimos. Mucho antes del alba aterrizamos a la puerta misma de la casa administración de aquel feudo chileno en tierra argentina.

—¡No hay duda! Los chilenos son hombres inteligentes y grandes patriotas, pero esa vez, gracias a la presentación del inocente mister Clay, se dejaron sorprender —apuntó Zía.

—¡Hum, hum! —gruñó el ministro Alcázar, mirando de nuevo por la ventana con indisimulada inquietud—. Es muy importante lo que nos cuenta general, pero... algo se prepara allá abajo...

—Continúe, general, ya sé lo que es eso —dijo misia Hilda, refiriéndose a lo que sucedía en la calle y con absoluta confianza en sus agentes y sus policianos.

Mientras la turba desbordada en las calles avanzaba como un negro reptil, el general Cabral refería cómo se informaron aquella noche que desde tiempo atrás los frigoríficos chilenos de la Patagonia y de la Tierra del Fuego venían almacenando enormes cantidades de víveres, y que en las estancias se acumulaban municiones de guerra traídas en camiones aéreos del otro lado de la frontera. Ya estaban listos, además, cincuenta mil caballos con sus respectivos atalajes.

El escepticismo de misia Hilda fue cediendo paso a la convicción de que todo eso era verdad. Pero doña Aspasia seguía manoteando en el aire y clamando:

—¡No puede ser! ¡Un pueblo hermano! ¡Tenemos veinte pactos de no agresión con las veinte naciones americanas!

El general no le hizo caso y siguió su relato:

—La invasión se preparaba para la próxima primavera, en el mes de marshevan, pero la revolución de las costureras les da una oportunidad. A río revuelto...

—En efecto —dijo misia Hilda cavilosa.

—Acababan de informarnos —prosiguió el general— que antes de ocho días medio millón de soldados caerían sobre la Patagonia, cuando entró un peón joven, de muy buena laya y se puso a mirarme. La médula se me congeló. Comprendí que no era un peón. Los militares advertimos al instante cuando enfrentamos a otro militar, aunque se vista de fraile. Para que al menos uno de nosotros escapara, hice al almirante la señal de peligro. Oí el ruido del motor, que estaba como un caballo enfrenado a la puerta de la casa. El fingido peón no me quitaba los ojos. Se me acercó de sopetón y apartando a las personas que me rodeaban, me dijo:

—Mi general, yo creo que su cara me es conocida...

—¡Ah, me alegro mucho! Siempre es agradable hallarse entre amigos —le respondí, tendiéndole la mano izquierda para tener libre la del revólver.

Yo uso un pequeño revólver eléctrico que hace saltar los sesos a distancia. Mi nuevo amigo no se movió y se limitó a decirme:

—También conozco al otro... general Cabral.

—¿A qué otro general Cabral?

—Al chileno, que no debe de tener más de cincuenta años, mientras que usted calculo que pasa de los cien...

Me eché a reír y le dije tranquilamente:

—Eso quiere decir que he sabido disfrazarme bien. Yo soy el general chileno. ¿Piensa usted que los gendarmes argentinos me habrían dejado pasar la frontera de haber venido con mi propia fisonomía? Por eso he copiado la del viejo general argentino.

En vez de sacar mi revólver, saqué mi cartera y se la entregué; aproveché los segundos que él apartó los ojos de mí para escabullirme y saltar al avión, que encendió sus faros y los encandiló a todos, y despegó inmediatamente con la velocidad de una golondrina. A cincuenta metros apagamos las luces para que sus ametralladoras no nos acertaran y nos perdimos en la noche. Hemos salvado el pellejo de la peor aventura de nuestra vida, señora presidenta.

—Y ahora queremos salvar a la patria —dijo Zía.

—¿Cómo ve usted la situación, general? ¡Hábleme con franqueza!

—Muy mal —respondió Cabral crudamente—. Considero que la Patagonia será ocupada por el enemigo en ocho días y que difícilmente la recobraremos nunca. No tenemos ejérci-to...

—Podemos convocar inmediatamente un millón de soldados...

—Milicianos, señora, pero no soldados válidos y expertos —apuntó Zía—. ¿Cuántos de ellos serán aptos para el servicio de las armas? Recuerde usted que cuando existía la conscripción, del cincuenta al noventa por ciento de lo conscriptos resultaba inútil por deficiencias físicas.

—Sí, recuerdo; es cosa vieja; hace sesenta años se habló de eso en el Parlamento.

—Se habló pero no se hizo nada más que hablar. A los anarcomarxistas les han repugnado siempre los problemas militares.

—No tenemos ejército —prosiguió— y lo peor es que no tenemos espíritu, no ya de guerreros, pero ni siquiera de argentinos. Se ha insuflado en el pueblo una vocación politiquera y antimilitarista. Se pasan los años debatiendo minucias, como les ocurría a los bizantinos del siglo XV, que discutían de gramática y de teología en los momentos en que Mahoma II estaba socavando las murallas de Constantinopla y metiendo su escuadra en el Bósforo.

—¿Por qué no nos dijo antes esto mismo?

—¡Ah, señora, me habrían lapidado! Me habrían acusado de comprometer las relaciones internacionales.

—¡La Sociedad de las Naciones! ¡La Corte de La Haya! —gimió doña Aspasia Pérez—. ¡Hay que restablecerlas!

Misia Hilda se puso de pie, pálida y rabiosa, y dirigiéndose a su acongojada ministra le dijo olímpicamente:

—Señora ministra, no merece usted los pantalones que lleva. Le acepto su renuncia aunque no la haya presentado. Señor general Cabral, le ofrezco la cartera de Guerra, y a usted, almirante Zía, la cartera...

La ministra de los pantalones se cubrió el rostro y se puso a lloriquear. El general Cabral, que se había aproximado al balcón del oeste, volvióse de pronto con cara radiante, como si hubiera visto lo que estaba aguardando, sacó un papel y se lo presentó a misia Hilda.

—¿Qué es esto, general?

—La renuncia que debe firmar y que hemos venido a pedirle en nombre de la patria...

—¿Que debe firmar esa pobre mujer?

—No, señora; usted, la presidenta de la Nación.

Hilda Silberman apartó el papel como si fuese una víbora,

—Pero, ¿usted se atreve, general? ¿Sabe que puedo mandarlo preso y fusilarlo?

—No discutamos, señora; eche un vistazo por ese balcón y verá los cincuenta mil ciudadanos que nos apoyan —y señaló el balcón del oeste.

En cambio el doctor Alcázar, que miraba por los balcones del rumbo opuesto, tocó en el brazo al general.

—Esos hombres no los apoyan a ustedes, general; son anarcomarxistas. Pero usted, señora presidenta, y yo y todos los que formamos este desdichado gobierno, debemos renunciar.

—¡Alcázar! ¡Eso no más faltaba! Usted, un mozo tan templado y cuerdo está delirando... —exclamó la Silberman, horrorizada—. Señor general, vuelvo a ofrecerle la cartera de Guerra...

—¡Ya es tarde, mamá, para ofrecer carteras! —dijo Rahab, que había entrado sin que la sintieran y alcanzó a oír el de-satinado ofrecimiento—. Si quieres salvar la piel, vente conmigo.

El almirante Zía les cerró el paso.

—Váyanse en buena hora, pero usted firme antes esta renuncia; de algo le valdrá el hacerlo.

En ese instante se presentó monseñor Fochito, el patriarca constitucional de la Argentina, revestido de las resplandecientes vestiduras purpúreas que él había inventado para su uso y que el Gobierno había impuesto por ley. Sobre la cabeza arrogante, a pesar de sus ochenta inviernos, asentábase la cuádruple tiara de los patriarcas argentinos, prodigioso artefacto de oro que tenía una corona más que la del papa. Cada corona era de distintas piedras, y según la original liturgia de la Iglesia Argen-tina, simbolizaba una de las cuatro virtudes fundamentales de sus jefes; la primera, de topacios, por la fe; la segunda, de esmeraldas, por la esperanza; la tercera, de rubíes, por la caridad; la cuarta, de esplendorosos brillantes, por la virtud magna de los ciudadanos: la democracia.

¡Fe, esperanza, caridad y democracia!

Monseñor Fochito había sido fraile conventual hasta los cuarenta años, en que a pedido del presidente Juan Pérez de Montalván, la Santa Sede lo preconizó obispo de las Malvinas.

Cuando los anarcomarxistas se apoderaron del gobierno y empezaron a quemar frailes y monjas, monseñor Fochito, que no tenía vocación de mártir, prestó el juramento constitucional que lo apartaba de Roma y lo hacía incurrir en excomunión mayor.

Patriarca de la Iglesia Argentina desde hacía veinte años, aunque era viejo y no tardaría en dar cuenta a Dios de cómo había apacentado sus ovejas, ni su ambición de honores ni su codicia de riqueza estaban saciadas, y vivía acechando las oportunidades de acrecentar su influencia entre el pueblo y ante el Gobierno.

Al saber que se conspiraba contra misia Hilda, quiso salvar con su elocuencia a la riquísima dama. Corrió al palacio a ofrecerse como mediador y pidió a la presidenta que lo dejara exhortar a la multitud amenazante desde la balconada de honor.

—Velociter currit sermo ejus —dijo, aplicándose a sí mismo lo que un salmo canta de la palabra de Dios—. Mi palabra será luminosa y veloz...

—¡Vamos, mamá! —repitió Rahab viendo a su madre inclinada a permitir aquel discurso que dilataba sus esperanzas—. No pierdas tiempo en escuchar a este viejo chocho.

El patriarca se hizo el desentendido y con gran majestad añadió:

—Dejadme hablarles al corazón.

—Sí, fíese en el poder de sus discursos y no escape ahora mismo —dijo violenta y fastidiada Rahab, asiendo de la mano a la presidenta.

El general le cerró el paso, y misia Hilda comprendió que no le permitirían salir si no se despojaba de su carácter presidencial.

—¡A ver ese papel, general Cabral! ¡La suerte esta echada!

En aquellos momentos en que el país se iba a hundir en un lagar de sangre, el general conservaba una calma fría y lúci- da.

Entregó la hoja con la renuncia escrita, y para que la dama no tuviera que buscar pluma le ofreció su estilográfica.

Misia Hilda sonrió:

—¡No soy tan antigua! Yo acostumbro a firmar de otro modo.

Sacó una pistolita de platino y disparó sobre el papel, y en el sitio en que debía firmar apareció un sello rojo, que introducido en un aparato de radio decía con la propia voz de ella: "Yo, Hilda Silberman."

Era su firma, que desafiaba toda falsificación.

—¡Ya está! ¡Vamos, Rahab!

Se acercó a un panel de la muralla, apretó un resorte y se abrió un ascensor secreto donde entraron las dos.

—Arriba en la azotea —dijo Rahab a su madre mientras ascendían dentro del tubo— tengo mi athanora. Huiremos al Uruguay... En la isla Martín García, mi novio, capitán de la base uruguaya, nos dará asilo. Ya le hablé por radio... Si estos bandidos nos persiguieran él los atajaría a cañonazos.

El salón de la presidencia íbase llenando de jóvenes con uniforme nacionalista: pantalón y chaqueta azul y blusa celeste de cuello volcado, con corbata blanca. Un birrete negro de cuartel y un sable corvo, como el clásico sable de San Mar- tín.

Entraban por puertas disimuladas cuyos secretos conocían, lo cual significaba que misia Hilda los había tenido muy cerca sin saberlo, en su propio palacio. Saludaban militarmente y pedían órdenes al general.

Sobre la plaza Constitución convergían doce avenidas, que la vista dominaba desde el salón de la presidencia.

Alcázar, con unos anteojos prismáticos, intentaba descubrir lo que ocurría, pero el pulso le temblaba. Divisaba confusamente el negro oleaje de una muchedumbre arrolladora, que avanzaba con el puño en alto y entre banderas rojas.

Anonadada y gimiendo zambullida en un sillón, estaba doña Aspasia, y junto a ella el patriarca, estático, que no sabia qué hacer delante de aquellos militares.

¿Quiénes eran?, se preguntaba Alcázar. ¿Qué relación tenían los que se habían adueñado tan fácilmente de la Casa de Gobierno con las turbas que rugían abajo viniendo del este, y los regimientos que avanzaban por el oeste? ¿Cómo Zía y Cabral se quedaban allí, donde no tardarían en sitiarlos? ¿Y él mismo, Alfredo León, ministro de misia Hilda, qué hacía allí? Habló entonces al general:

—¿Debo irme? ¿Debo quedarme? El peligro en que está la patria es lo único que me inquieta. Mi vida nada vale, pero se la ofrezco. Disponga de mí hasta la muerte...

El general, que siempre vio en Alcázar a un sincero argentino, le tendió la mano y Zía le dijo al oído:

—Mirá, che, si fuéramos prudentes, a vos te deberíamos fusilar por las dudas; pero somos imprudentes y vamos a abrirte un pequeño crédito. Quedate aquí; como tenés mucha labia y buena pluma, te vamos a confiar la redacción de los comunicados del Gobierno.

Alcázar le mostró la muchedumbre de las calles.

—¿Y les parece a ustedes que esos que vienen allí van a darles tiempo de hacer comunicados?

Zía se sonrió. Sentíase ya el trepidante rumor de una caldera encendida. El altísimo rascacielos vibraba como si fuese de cristal, y ni las dobles vidrieras de las ventanas podían atajar el vaho que subía; aliento de revolución, de incendio y de matanza.

Se oyó un cañonazo y luego un penetrante toque de clarín.

—¿Qué es eso? ¿Artillería? —interrogó Alcázar—. ¿Pero el pueblo tiene cañones?

—Eso quiere decir —le respondió Zía— que cuando se está en la Casa de Gobierno no hay que abrir los balcones de un lado solo. Después de mirar hacia el puerto pordonde nos llegaron tantas buenas máquinas y tantas malas doctrinas, miremos hacia el interior del país, dedonde nos vendrá lasa-lud...

Y Zía abrió la ventana del oeste en el preciso momento en que una banda militar atacaba aquellas cuatro notas soberanas, majestuoso pórtico musical con que se inicia el himno argentino. Formidables altavoces desparramaron sobre la ciudad los sublimes acentos olvidados por los más, pero conservados en los corazones puros que aguardaban la hora de la patria.

—¡Por favor, Zía, explicame qué significa todo esto! —ex-clamó Alcázar, sacudido por una saludable y desacostumbrada emoción—. ¿Qué es esa inmensa tropa uniformada, con camisas celestes, que llena las seis avenidas de este lado?

Treinta años hacía que no flameaba en Buenos Aires una bandera argentina. El solo guardar un trapo con aquellos colores execrados por los marxistas equivalía a un crimen que el Gobierno consideraba de lesa humanidad. ¿Cómo, pues, de repente surgían los uniformes, los fusiles, los cañones y centenares de banderas argentinas, banderas de guerra, bordadas con el sol de oro en cuyas fimbrias chispeaban los últimos rayos del otro sol que se iba poniendo?

Varios oficiales penetraron en la sala y ocuparon las puertas.

El general se asomó a la ventana y mostró a Alcázar avenidas repletas de camisas celestes.

—¿Le asombra? ¡Ya me lo imagino!

—Explíqueme, general, ¿qué significa esto?

—Esto es lo que durante la guerra civil española se llamó la quinta columna. Estos son los patriotas que han vivido organizándose a ocultas del Gobierno, alentados por dos amores sublimes: la religión y la patria, y esperando la señal de su jefe para alzarse en armas. ¡Hoy he dado la señal!

—Hacía treinta años —exclamó Alcázar— que no veía una bandera argentina. Un enorme crimen cometimos los marxistas al proscribir sus sagrados colores. Aunque yo, senador, voté contra esa ley, me siento culpable...

Los cristales de los prismáticos se empañaron con las ardientes lágrimas del viejo político, en cuyo corazón revivían juveniles sentimientos y memorias.

Sonó un nuevo cañonazo y se oyó el trueno de una división de caballería lanzada al galope hacia la plaza, adonde llegaban ya las primeras oleadas del populacho ávidas de saquear el palacio más rico del mundo.

Otros oficiales más penetraron en la sala, a dar cada cual su noticia.

—¿Qué hay? —preguntó el general.

—El servicio de teléfonos ya está arreglado —respondió uno de ellos.

—Cinco mil jinetes han llegado de la campaña —informó otro.

—Se ha logrado sacar de los arsenales diecisiete cañones y cien ametralladoras, y ya están enfilados sobre la avenida de la Pasionaria —dijo un tercero.

—Los marxistas han cortado la corriente que electrizaba la verja del palacio y se están trepando por ella... Se calcula en doscientos mil los que vienen...

El general se acercó a uno de los teléfonos y se comunicó con su jefe de Estado Mayor.

Por primera vez iba a probarse la máquina de guerra forjada silenciosamente en años de conspiración.

La quinta columna tenía armas y banderas, y lo que valía más, tenía jefes y un ideal por el que sus cincuenta mil soldados de antemano renunciaban a la vida.

—¿Coronel Olegario Andrade?

—¡Ordene, mi general!

—Que la batería empiece el fuego, y que cada cañón apunte sobre distinta avenida. Que luego la caballería cargue.

El general se apartó del teléfono.

—Vamos a empezar nosotros —dijo—. El que pega primero pega dos veces.

En ese instante reapareció Rahab con su madre.

—¿Todavía ustedes aquí? —les preguntó Zía.

—Me han robado el avión; tenemos que buscar otro camino para salir.

—Déjelas pasar —ordenó Zía al oficial que guardaba la puerta—. Ellas sabrán adónde dirigirse.

—¿Y nosotros? —preguntó doña Aspasia Pérez de Montalván saliendo de su anonadamiento y señalando al patriarca, que estaba más aterrado que ella.

—¡Déjelos salir también a éstos! ¡No irán muy lejos, me imagino!

Ya Rahab y su madre habían desaparecido.

Existían en aquel falansterio de cien pisos ascensores secretos que descendían hasta los sótanos, en un punto donde arrancaba un subterráneo. Era ésa la única puerta de escape que les quedaba. ¿Pero adónde ocultarse después, que no los alcanzara el odio de las turbas?

Misia Hilda se había serenado desde que oyó los primeros cañonazos.

—Esto es lo que me hubiera hecho falta a mí: una buena artillería mandada por un buen general Y aunque estos cañonazos no me defienden a mí, ahora estoy más tranquila.

En contados segundos el ascensor las depositó a la entrada del subterráneo, que se dividía en varios ramales.

—Ven por aquí, mamá —dijo Rahab imperiosamente—. Tengo una idea.

Su madre la siguió. Estaban a cincuenta metros debajo de tierra. Cada veinte segundos sentían sacudirse la costra de cemento que las envolvía. La artillería del general había empezado su terrible discurso, y no tardó en difundir el pánico en la multitud, que arrojó las armas y huyó por las calles transversales. Una carga de caballería acabó de despejar la plaza.

Esa noche el comunicado del nuevo gobierno fue así:

"La Nación estaba harta de los enemigos interiores y los ha barrido con escoba de hierro. Ahora debemos enfrentarnos con el enemigo exterior que ha invadido la

Patagonia. Todos los argentinos serán llamados a las armas
¡Dios salve a la Patria!"

CAPÍTULO IV

LA ARGENTINA EN GUERRA

El bando del general convocando a la lucha contra el invasor provocó la rebelión de los demagogos.

Los anarcomarxistas no tenían más Dios que "la soberanía del pueblo", ni más templos que los comités. Allí adoraban su extravagante deidad, es decir, adorábanse ellos mismos, pues por soberanía del pueblo no entendían otra cosa que la voluntad de su propio partido, y allí se refugiaron a deliberar cómo sabotearían la movilización y a maldecir "el crimen de la guerra", título de un libro argentino que los gobiernos reimprimían y desparramaban como una biblia.

Cuando los marxistas no tenían libertad de robar, matar ni incendiar, pronunciaban discursos humanitarios renegando de toda violencia. Durante veinte años misa Hilda había fomentado a los oradores de comité, distribuyendo millones de marxes para alimentarlos mientras aprendían a discursear, y centenares de bancas de diputados para que ejercitaran su arte. Así llegó el país a contar con los mejores oradores del mundo.

Era un orgullo nacional saber que sus discursos podían oírse hasta en la luna, y que no bien los oyentes universales captaban por radio el tonillo esperantoarrabalero de los oradores porteños, estrangulaban presurosos todas las otras voces y se entregaban con deleite a esa onda. ¡Qué bien hablábamos los argentinos de 1996, cuando se nos vino la guerra con Chile!

Al cabo de cuatro lías de discursos, los enemigos de la defensa nacional advirtieron que casi todos los periódicos se habían puesto al servicio de "la bota militar", es decir, del nuevo gobierno. Indignados por ello y no queriendo morir acorralados en sus diez mil comités, se echaron a la calle proclamando la guerra civil y el exterminio de los periodistas.

"Los pueblos no serán libres hasta que el último comedor de semillas de girasol no sea ahorcado con las tripas del último cagatinta", proclamó uno de los oradores, remedando la histórica barbaridad de D'Alembert.

Y ardió Buenos Aires por las cuatro puntas, y se comprobó la triste verdad de que la nación estaba espiritualmente dividido, y que era llegada su hora conforme a la sentencia evangélica: "Todo reino dividido contra sí mismo, desolado será."

Existían en el país tres partidos enemigos a muerte: los anarcomarxistas, los judíos y los nacionalistas.

Primero, los anarcomarxistas, en su mayoría inmigrantes venidos de otras naciones atraídos por la suprema perfección de las leyes argentinas, que no hacían diferencias entre un criollo y un extranjero. El inmigrante llegado ayer hoy podía ser elegido presidente de la Nación. El único privilegio reservado a los argentinos de nacimiento era el honor de hacerse matar en defensa de la patria. Se comprendía que a un extranjero le horrorizase morir por un país que no era el suyo, y se lo eximía de ese riesgo.

A los anarcomarxistas les horrorizaba la guerra. ¡Oh, el crimen de la guerra! Pero sólo cuando la guerra era en defensa de la Nación y se hacía por jefes disciplinados, que fusilaban sin asco a los desertores y a los pistoleros.

En cuanto a la guerra civil que obstruía los servicios públicos, volaba los mejores edificios, saqueaba los bancos, abría las cárceles soltando a ladrones y asesinos, incendiaba, violaba y mataba, ésa les parecía sacrosanta: era la justicia del pue- blo.

En segundo lugar estaban los judíos, de los que sólo habían quedado tres millones. Todavía eran fuertes por las secretas organizaciones de sus kahales y sus inagotables recursos financieros.

En tercer lugar estaban los nacionalistas, que habían vivido ocultos preparándose para las grandes batallas de la patria y de Dios. No eran muchos en comparación con los otros. No más de doscientos mil nombres estaban anotados en sus sigilosos registros. ¿Cómo, pues, lucharían contra veinte millones?

En la Biblia, los pocos soldados de Judas Macabeo, viendo avanzar el formidable ejército del rey de Siria, se preguntaban lo mismo: "¿Cómo podremos nosotros, que somos tan escasos, combatir contra una multitud tan poderosa?"

Y el Macabeo les respondió "No hay diferencia para Dios entre salvar con muchos o con pocos, porque la victoria en la guerra no está en el número de los combatientes, sino que del cielo viene la fuerza."

Ya no se trataba de ganar elecciones, único terreno donde el mayor número, cualquiera que sea la calidad, significa todo el derecho y la razón. Para los nacionalistas mil túnicas valían menos que una espada, y mil votos menos que una túnica. Una espada, pues, valía para ellos más que un millón de votos.

El populacho rojo horripilábase de esta horrenda aritmética de acero. La urna electoral era su arca de alianza. Todos, hombres, mujeres, niños desde los siete años, criollos o extranjeros, libres o encarcelados, gozaban del más sacrosanto de los derechos humanos, el verdadero rasgo distintivo del hombre en la escala zoológica: la facultad de votar, elegir y ser elegidos.

Pero una nación tan rica en estadistas resultaba muy difícil de gobernar.

Trataremos de explicarlo: Si el gobierno ha de ser una realidad viva y fuerte y no un armatoste que el primer choque desbarate, los pueblos no pueden ser gobernados sino por personas cuyo derecho a mandar se funde en alguna superioridad indiscutible.

No bien empieza a discutirse por qué gobierna aquél y no éste, se descuaja el fundamento de la obediencia.

Y cuando la única razón del gobierno de aquél es la mayoría, a cada instante se lo puede poner en discusión, porque las mayorías son la cosa más inestable del mundo, y ese hombre pudo tenerla ayer y puede haberla perdido hoy. El peor estreptococo en las venas de un pueblo es la doctrina de la igualdad. En la naturaleza no hay dos seres iguales. La naturaleza está dominada por un instinto aristocrático que tiende a la selección de los más aptos y al dominio de los inferiores por los superiores. Y lo prueban con su conducta los más enardecidos declamadores contra los privilegios. No les bastan las infinitas desigualdades que por naturaleza hay entre los hombres, y crean otras artificiales que no les repugnan cuando son en su provecho. Quieren distinguirse en alguna forma, poseer una llave que abra las puertas cerradas para los demás, conseguir una chapa blanca para su automóvil, una medalla para su reloj, un privilegio.

Cuando impera la doctrina de que todos somos iguales, cualquier desigualdad engendra el sentimiento diabólico de la envidia. No envidiamos al que posee o al que manda siendo superior a nosotros, sino al que posee o manda siendo nuestro igual.

Mientras más pobre de espíritu es uno más confianza tiene en su propia capacidad, porque es incapaz de juzgar rectamente a los otros.

Se han declamado infinitas sandeces contra el derecho divino de los reyes, o sea la doctrina católica de que la autoridad del que gobierna no viene del pueblo sino de Dios.

Aun suponiendo que esta doctrina fuese falsa, sería una de las más sagaces invenciones del ingenio. Su antiquísimo autor habría penetrado mejor que los modernísimos sociólogos la psicología del pueblo, y comprendido que a la autoridad del que manda hay que darle un fundamento estable y natural y no esa pobre contabilidad del sufragio universal, o sea el voto de una mayoría —la mitad más uno— que a cada minuto cambia.

Si no hay superioridades naturales o sobrenaturales permanentes, no hay jefes legítimos. Aquel que no se apoye más que en una votación que significa una voluntad de ayer, no puede invocarla contra ella misma, que hoy se siente distinta de ayer.

Aunque yo me haya comprometido a no cambiar de idea durante cuatro años, si en realidad he cambiado y tengo la mayoría suficiente para imponer mi nueva opinión, ¿quién puede alegar derechos adquiridos contra esa mayoría, fuente única de toda autoridad? Fundar toda autoridad en la mayoría es asentar sobre arena el pesadísimo edificio del orden social, que necesita cimientos de piedra. Un solo voto que se pase de aquella acera a ésta otra, manda al diablo la autoridad que en él se fundaba.

En cambio, a un rey que reina porque es hijo de reyes y heredero de la corona no le pueden discutir sus títulos ni siquiera sus hermanos, porque él es el primogénito, y en todo caso nunca serán muchos los que se sientan con derecho a discutírselo.

Y también a un jefe que manda porque se impuso a causa de su genio (César, Tamerlán, Mahoma, Napoleón) tampoco lo pueden discutir sino sus iguales, y éstos no han de ser muchos.

Convencer a un pueblo de que quien lo manda y lo oprime no tiene más autoridad que la que ayer le prestó la mayoría, es quitar al gobierno su fundamento sagrado y hacerlo una simple criatura de la más caprichosa entidad que existe en el mundo: la opinión popular.

Mujerzuela impresionable y tornadiza, hoy lleva al héroe coronado hasta el Capitolio y mañana, sin dar tiempo a que se marchiten las flores de la popularidad, lo despeña desde la roca Tarpeya. Hoy piensa negro y mañana piensa rojo, y sigue creyéndose infalible.

¡Y pensar que hay filósofos de cabeza blanca que no creen en la infalibilidad de la Iglesia con su unidad doctrinaria de veinte siglos, pero creen en la infalibilidad de la mitad más uno que se rectifica cada seis meses y se contradice cada año!

Por más vueltas que se le dé, la verdad es ésta: el mundo no puede ser gobernado sino por hombres a quienes la naturaleza haya hecho superiores; por el nacimiento, que son los príncipes hereditarios, o por el genio o el valor, que son los caudillos.

La tiranía de mil, que es la orgía demagógica, es mil veces peor que la tiranía de uno. La anarquía oprime a los individuos y da rienda suelta a la muchedumbre. La dictadura enfrena a la muchedumbre y da libertad al individuo. Cuando la tiranía del populacho se prolonga sobreviene tal desbarajuste que el pueblo, el verdadero pueblo, ansía un libertador, el hombre enérgico capaz de cortar las cien cabezas de aquella hidra monstruosa. Y entonces ocurre este asombro: el mismo pueblo que antes creía en su propia infalibilidad ya no piensa en elegir él mismo a ese libertador, porque instintivamente sabe que el producto de todo plebiscito es un ser mediocre, y lo que necesita es un ser superior. Espera a alguien no elegido, y no bien aparece lo reconoce, arrojando por la borda como un lastre inútil la doctrina de la elección popular.

Alguna vez aquel jefe no elegido que se impuso por su propio genio ha tenido el capricho de convocar al pueblo para que sancione su autoridad. Hay que ver la alegría con que el pueblo se precipita a las urnas demostrando cuán ufano está de que hoy lo llamen para endosar el hecho consumado. Esto es un plebiscito, la firma del pueblo sobre la espalda de un dictador.

No hay ejemplo en la historia de que los plebiscitos hayan jamás resultado adversos a los grandes caudillos no elegidos. El pueblo los vota siempre con entusiasmo, y si no los votara, el no elegido se encogería de hombros y seguiría gobernando, seguro de que su autoridad le viene de Dios y no del pueblo.

El verdadero pueblo tiene asco de la política y una romántica debilidad por esos jefes que suprimen la política.

El gran caudillo, que no debe su autoridad al comité, es siempre un hombre superior; sanea el ambiente y libra al pueblo de los infinitos caciques de barrio cuyas pequeñas tiranías mortifican más que las complicadas inconstitucionalidades de un rey absoluto. Un grano de arena en el zapato es mil veces más fastidioso que un obelisco construido sin ley en medio de una plaza. Y por un obelisco que se erige cada cuatro siglos con deficiencias constitucionales, el cacique de barrio me llena de arena los zapatos cada cuatro días.

Esta larga explicación es necesaria para entender lo que ocurrió después que el general Cabral echó a misia Hilda de la Casa de Gobierno.

Los anarcomarxistas habían acatado durante varios lustros la autoridad de aquella mujer porque tenía una superioridad indiscutible; poseía la fortuna más grande del mundo y despilfarraba los marxes en los comités, aunque escatimara los panchosierras en el trato con su servidumbre.

Pero cuando misia Hilda saltó por el balcón, fueron millones los que estando en condición igual podían ser elegidos presidente de la República. El grito de "¡Nuevas elecciones!" fue el grito de guerra para imponerse al Gobierno. El general no se dejó intimidar, no convocó a elecciones, sino a los cuarteles para defender la patria invadida.

"¡Traición a la democracia!", clamaron los anarcomarxistas, que consideraban más sagrado el ir a las urnas que el acudir a los campos de batalla. Y pronunciaron centenares de discursos excomulgando el militarismo y colocaron decenas de bombas en los sitios donde se reunían los contingentes para formar el ejército, y sucedió lo que antes dijimos, que Buenos Aires ardió por los cuatro costados transformándose en un volcán.

El general prefirió abandonar a su suerte aquella Babilonia descastada y corrompida, y puso su esperanza en los campos y en las ciudades pobres. No se equivocó. Al toque de los clarines, al estrépito de los camiones blindados y de la caballería, acudían a enrolarse cientos de mijes de jóvenes para defender su verdadera patria, que no era para ellos ni Satania, ni Liberia, ni Madagascar.

En pocos días el general habría tenido un millón de soldados si todos los que acudieron hubieran sido aptos para manejar las armas. Empero, ¡cuántas decepciones! Más de la mitad de ellos resultaban físicamente inútiles.

La salud del pueblo, tema constante de los demagogos, significaba la salud de los habitantes de las ciudades. El pueblo de la campaña era como la raíz de un gran árbol, que nadie veía y en la que nadie pensaba. Solamente las ramas y las hojas atraían las miradas, y aunque el ambiente de los campos era más saludable, la raza de los campesinos, traicionada por los gobiernos de las ciudades, había ido empobreciéndose físicamente.

Empero aquellos millares de mozos a quienes los médicos declararon ineptos para las armas se resolvieron a servir a la patria en cualquier forma.

En la guerra moderna lucha tanto el aviador de la primera fila como el agricultor que abre el surco a doscientas leguas del campo de batalla para alimentar al ejército. ¡Las vueltas de la historia! En 1814 Güemes salvó con sus gauchos la independencia argentina atajando al enemigo en la frontera de Salta, mientras San Martín en Mendoza preparaba el ejército que había de libertar a Chile.

A los 175 años de su muerte, cien mil jinetes que revivían su espíritu renovarían sus proezas en la Patagonia, dando tiempo al general Cabral para organizar su ejército en el centro del país. ¿Pero cómo armar a aquellos 100.000 soldados? Los arsenales, consumidos y desnaturalizados, no podían suministrar ni un cañón, ni una ametralladora, ni una lanza.

La magnífica Escuela de Aviación de Córdoba, donde a mediados del siglo se construían los mejores aviones de guerra, se había convertido en una colosal Escuela de Danzas y de Arte Escénico. Volaron las danzarinas de pies ligeros y sus innobles eunucos cuando el coronel Palenque penetró en la escuela con su regimiento de Húsares de Pueyrredón, barrió los tinglados y sobre las indecentes decoraciones de los muros clavó sus mapas militares.

Córdoba era una región industrial donde ningún obrero podía trabajar más de diez horas diarias, y puesto que las horas "fin del mundo" eran la centésima parte del día, la jornada de un obrero no alcanzaba a tres horas de las antiguas. De ello resultó que la Argentina quedó tan rezagada industrialmente que a fines del siglo XX su ganadería y su agricultura seguían siendo sus únicas riquezas como en los tiempos de Concolorcorvo.

El general suprimió todos los reglamentos de trabajo e impuso en las industrias disciplina militar. Fábricas y talleres empezaron a producir sin cerrar sus puertas ni de día ni de noche.

Al comienzo de la segunda semana de la guerra se libró la primera gran batalla. El ejército chileno de la Patagonia, fuerte de 200.000 hombres, encontró a la vanguardia argentina en la margen derecha del río Negro y la arrolló, y al octavo día logró instalarse en la margen izquierda. Con esto el rey de Chile dominaba la Patagonia.

Tan penosa noticia le llegó al general Cabral en momentos en que atendía a un viejo sabio jesuita alemán, de los que vivían desempeñando secretamente su ministerio. Era el profesor Salomón, que a principios del siglo se ocupó de medicina y realizó admirables descubrimientos. Cuando cumplió 65 años, él y su esposa renunciaron al mundo y entró cada cual en un convento. El doctor Salomón se hizo jesuita y cantó misa el año mismo en que recrudeció la persecución anticatólica. Sentíase perfectamente sano y capaz de servir a Dios y a las almas en su nuevo ministerio.

En La Candelaria, una antigua población de las sierras de Achala, criando ovejas en las anfractuosidades de aquellas serranías, desoladas en verano e inaccesibles en invierno, vivió el doctor Salomón no menos de treinta años. Celebraba misa diariamente e impartía los sacramentos a los paisanos que conservaban su antigua fe. En los entreactos de su ministerio, el doctor Salomón, que proseguía sus laboriosas investigaciones, había logrado producir, como el sabio de Bagdad, una sustancia aisladora de la gravitación universal, que llamó achalita,en homenaje o las montañas de Achala.

Era un gas que al extenderse en capas horizontales, interceptaba esa misteriosa corriente que ejercen los astros, en razón directa de sus masas e inversa del cuadrado de la distancia. La achalita, no obstante ser un fluido imponderable, era elástica e impenetrable como una chapa de acero. Una nube de achalita cubriendo una ciudad la defendería de un bombardeo mejor que una caparazón blindada.

Además, el doctor Salomón había descubierto un rayo que disgregaba a distancia inconmensurable el platino y el iridio, con los que se construían los órganos esenciales de los motores fin del mundo. Un avión, un tanque, un barco en movimiento sobre el cual caía ese rayo, quedaba paralizado como si de pronto sus bielas, sus ejes, sus cojinetes, se hubieran fundido en un solo bloque.

El general comprendió la inmensa importancia militar de aquellas invenciones y dispuso que sus ingenieros instalaran usinas para producir en vasta escala el rayo salomónico y la achalita.

En pocos días, mientras ardía Buenos Aires en manos de los anarcomarxistas y resonaban los caminos de la Patagonia bajo los ejércitos de Chile, pudo realizarse él primer gran experimento de aquellas invenciones. Se cubrió la ciudad de Córdoba con una nube de achalita y se la sometió a un rudo bombardeo.

Desde las colinas que circundaban la vieja capital los cañones arrojaron sus obuses, que al caer sobre la capa gaseosa rodaban como gotas de mercurio sobre un cristal. A veces estallaban en el aire.

Cuando el proyectil, por la fuerza del cañón llegaba a penetrar en el gas, a la manera de una bala que se entierra en una almohadilla de algodón, se volatizaba, disgregados sus átomos por la potente carga eléctrica de la achalita. A veces rebotaba, semejante a una bolita de cristal que golpea sobre un mármol y desaparece.

El doctor Salomón explicó el fenómeno: —Lo que ha ocurrido es que el proyectil, aislado por la achalita de la atracción de la tierra, ha obedecido a la atracción de otra masa, tal vez del sol, y se ha precipitado hacia ella. ¿Cuánto tardará en llegar a su remoto destino? Sería fácil calcularlo, pero no nos interesa...

Todavía más prodigioso resultó el rayo salomónico, según se experimentó con aviones que se echaron a volar sin tripulantes. La invisible onda los captura en el aire y los arrojaba en tierra como a palomas heridas por una certera escopeta. Con semejantes armas era segura la victoria, si el invasor le daba tiempo al general Cabral para producirlas en cantidad suficiente.

Pero el mismo día de los experimentos divulgóse una gravísima noticia. La Argentina tendría que hacer frente no sólo a los enemigos del sur, sino también a los del norte, pues Bolivia y el Paraguay la acababan de invadir sin declarar la guerra; y además a los del este, ya que el Imperio del Brasil había cruzado el Uruguay y apoderádose de la provincia de Entre Ríos.

CAPÍTULO V

¿SIMÓN I?

Cuando fray Simón, antes de partir para Roma, fue a despedirse de su confesor, monseñor Bergman, volvieron a hablar de Juana Tabor, y el obispo le dijo:

—Su vida es un grande y peligroso poema que me atrevo a llamar el Cantar de los cantares del siglo XXI.

Y luego, estas palabras con tono de profecía:

—Vuestra reverencia va a Roma, adonde no voy desde que presté el juramento de obedecer en todo al gobierno de la nación. Mi corazón sigue detrás de sus pasos, porque vuestra reverencia es el hombre de esta hora. Estamos destinados a presenciar inmensas transformaciones de la Iglesia en el sentido de la democracia. Si estuviese en los planes de Dios, ¿y quién puede negarlo?, que vuestra reverencia resultara elegido pontífice, aplíquese a esa magna reforma, para que el catolicismo recobre la influencia que tuvo sobre el pueblo en los siglos antiguos.

—¿Qué reforma es ésa? —preguntó fray Simón, como si ya sintiera en las sienes el peso de la tiara.

—Voy a resumírsela en cuatro puntos; 1° Abolición del celibato de los clérigos; 2° Supresión de las órdenes religiosas y de todos los votos; 3° Elección de los obispos por el clero y los fieles, y del papa por los cardenales y los obispos; 4° Uso del esperanto en vez del latín. Democratizada así la jerarquía católica, la Iglesia será del pueblo y para el pueblo. No más la Iglesia del papa romano, sino la Iglesia del Dios universal.

—¡Sería un milagro la elección de tal papa! —exclamó fray Simón con la garganta seca y enronquecida.

Y el monseñor constitucional, que hablaba con voz enaceitada y frases cuidadosamente construidas, repuso:

—Yo, que rechazo los pretendidos milagros, ansío presenciar uno verdadero. Si Dios, que todo lo puede, inspirase a los cardenales una elección así, el mundo no habría visto un hombre más grande que ese papa, desde los tiempos de los profetas y de los apóstoles... Pero si el milagro no se hace, si la Iglesia Romana se obstina en la vía en que está desde los tiempos de Pío IX, que proclamó su propia infalibilidad, el cristianismo perecerá en su forma latina, y nuestros pueblos perecerán con él: finis latinorum.

Fray Simón prometió hacerlo así y salió deslumbrado, como si hubiese estado mirando el sol.

—El catolicismo —se decía en sus delirios de reformador— no es aún la religión definitiva, pero ella palpita en su seno. La verdadera religión de Cristo no está hecha; todavía tenemos que hacerla.

Se acordaba de que cierta vez Juana Tabor, entrando en el locutorio del convento, donde se sentía olor a encierro y humedad, le había dicho:

—A la Iglesia Romana le pasa lo que a su locutorio, mi querido amigo: le falta el aire, ¿Me permite usted que rompa algunos vidrios de su ventana?

Él entonces le contestó con una simple sonrisa, que era una tímida complicidad. Ahora le habría contestado asintiendo a tamaña blasfemia.

A pesar de las precauciones que adoptó la corte romana para retardar la difusión de la muerte del Papa Angélico, al segundo día llenaba ya el mundo de ansiedad.

Hasta aquellos para quienes los dogmas católicos son libro cerrado se interesaban por saber quién sería y qué marcha adoptaría el nuevo papa.

¿Qué influencias presionarían al cónclave para su elección?

¿Qué reyes, qué naciones le serían favorables, y cuáles contrarias?

¿Con qué ojos miraría las cuestiones que dividen a la gente? ¿Qué pensaría de los judíos y de la soberanía del pueblo y de la democracia? ¿Reformaría la iglesia o la mantendría rígidamente en su cauce milenario? Al tercer día estas preguntas parecieron hallar respuesta. Ya navegaba en los aires rumbo a Europa el avión en que viajaba el superior de los gregorianos, cuando la radio difundió la inmensa novedad. Nadie sabía quién había sido el primero en lanzarla. pero al instante se apoderaron de ella todos los vehículos de la propaganda, y los seiscientos millones de católicos, y los mil quinientos millones de almas sin religión que poblaban la tierra, reclamaron la biografía y la imagen del que los diarios y las radios presentaban como el candidato más seguro a ceñirse la triple corona.

El futuro pontífice no saldría del Colegio Cardenalicio. Volvería a suceder en esta elección lo que hacía ya muchos siglos que no ocurría: que resultase electo un simple sacerdote, presbítero, nada más.

Esto importaría ya una revolución, no en la doctrina de la Iglesia, pero sí en las prácticas que regían la más augusta elección que pueden realizar los hombres: la del vicario de Cristo. Y ella decía, claramente, cuán reformador sería el espíritu del nuevo pontificado.

Las cien mil voces de la prensa mundial alabaron aquel espíritu, el del siglo XXI, que por fin se infiltraba en el Vaticano, espíritu liberal, decían unos; espíritu democrático, llamábanlo otros; y no faltaban quienes lo calificasen de "espíritu fin del mundo".

Y todas las bocas pronunciaron el nombre del futuro pontífice: fray Simón de Samaria.

Eran muy pocos los que sabían que el superior de los gregorianos viajaba en el avión de Roma, y nadie a bordo paró mientes en el temblor de sus labios cuando la radio lanzó la noticia.

233

Traíase a colación la profecía de San Malaquías, que anuncia con un lema cada uno de los papas que han de sucederse hasta el fin del mundo. Después de Pastor Angelicus no quedaban más que seis. Al próximo, que de un momento a otro saldría del cónclave, le correspondía el lema: Pastor et Nauta (pastor y navegante). Parecía entenderse que ese lema anunciaba a un papa llegado de otro continente, por arriba de los mares y que habría sido guía o pastor de una orden, calidades que coincidían con las propias del superior de los gregorianos...

En la escala que hizo el avión en Río de Janeiro, subieron los tres cardenales del Brasil, que viajaban para asistir al cónclave.

Fray Simón no se dejó ver de ellos ni salió de su camarote en lo que restaba del viaje.

Conveníale guardar el secreto de su próximo viaje al Vaticano.

Cuando el avión aterrizó en uno de los cien aeródromos romanos, fray Simón descubrió entre los que esperaban a los viajeros, al que había ido por él, monsieur Odiard, un artista encuadernador amigo de lo gregorianos en Buenos Aires, instalado en Roma desde hacía años.

Aunque era el más famoso de los encuadernadores de la Ciudad Eterna y el Pastor Angélico le confió siempre sus libros, monsieur Odiard vivía modestamente en una casita de dos pisos en un rincón cerca de la Roma Vaticana, que conservaba por milagro su fisonomía arcaica y tranquila.

Fray Simón le había pedido alojamiento, y el buen señor acudía a recibirlo, manejando él mismo un viejo automóvil que hacía morir de risa a las gentes, pero del que monsieur Odiard estaba muy ufano, porque era obsequio del difunto papa.

¡Cuál no sería la sorpresa del noble y honrado artista al saber que su venerado amigo fray Simón era el más probable candidato a sucesor del Pastor Angélico!

Con orgullo le aderezó una habitación en su casita y acudió a recibirlo. ¡Y con qué emoción se sintió estrechado por los fuertes brazos del gran personaje!

Fray Simón de Samaria le había advertido que quería guardar el más severo incógnito, y el buen hombre le juró que ni por él, ni por su mujer, ni por ninguno de sus hijos, se enteraría nadie del magno suceso.

Era de regla, conforme a la constitución In eligendis, de Gregorio X, promulgada en 1562, que a la muerte del papa debían reunirse los cardenales diez días después, para elegir el sucesor. Los funerales del difunto no podían durar más de nueve días. Esperábase durante uno más la llegada de los cardenales ausentes y al undécimo entraban todos en cónclave, sin que les fuera permitido salir del lugar, cuyas puertas y ventanas bajas se marcaban hasta finalizada la elección. Si alguno salía en razón de grave enfermedad, no podía entrar de nuevo.

Con esta severidad se quería asegurar la reserva de las deliberaciones y mantener libre a la augusta asamblea de extrañas sugestiones.

Previendo que las circunstancias en que se realizaría el futuro cónclave pudieran ser graves para la Iglesia y hacer conveniente el expedirse con rapidez, el Pastor Angélico había acortado los plazos. Tres días, con los medios actuales de locomoción, bastaban para que llegasen los cardenales ausentes en cualquier país.

En tiempos antiguos, estando los papas en Aviñón, se había dispuesto un palacio monumental para los cónclaves, que no se alcanzó a utilizar más que dos veces: una para la elección de Gregorio XI, quien trasladó la sede pontificia a Roma, y otra para la del obstinado antipapa Pedro de Luna (Benedicto XIII), elección ésta que no reunió más que cuatro cardenales.

Posteriormente, y ya en Roma, se pensó en habilitar el castillo de Sant'Angelo, y más tarde aún, Inocencio XII, en 1691, destinó para el cónclave el palacio de Letrán. No fue el lugar definitivo, pues a partir de 1823 se utilizó el Quirinal en cuatro elecciones: las de León XII, Pío VIII, Gregorio XVI y Pío IX. Después de la invasión de Roma, en 1870, los reyes de la nueva Italia eligieron el Quirinal para su propia residencia, y el cónclave quedó una vez más sin otro sitio de reunión que los locales aderezados aprisa en algunas salas del Vaticano.

Muchos habían creído que aquella elección no se realizaría en el Vaticano, pues para esa época la Iglesia Católica, con su Colegio Cardenalicio, habría huido a los desiertos, conforme anuncia el Apocalipsis, o se habría encerrado en las catacumbas, para librarse del furor de los malos príncipes y de los pueblos ateos.

El quinto día de la tercera semana del mes de veadar se encerraron en el Vaticano noventa cardenales. Sólo faltaban los dos de China, que podrían entrar y participar del cónclave en el estado en que encontraran la elección, dado que llegasen antes de su término.

Desde el momento en que el cardenal camarlengo se aproximó al cadáver de Pastor Angelicus, levantó el velo blanco que cubría su rostro y con un martillo de plata lo golpeó tres veces en la frente, llamándolo por su nombre de pila, y pronunció las fúnebres palabras del ritual: "Verdaderamente, el papa está muerto", y recibió el anillo del Pescador, que tenía el difunto en el dedo, anillo que luego sería roto delante de los cardenales, como símbolo de que había cesado su autoridad, hasta que dentro de las paredes del Vaticano el maestro de ceremonias dio el grito de regla: ¡Extra omnes!,avisando que debían abandonar el palacio todos los que no tenían función activa en el cónclave, y se clausuraron las puertas, y el cardenal camarlengo y los tres cardenales jefes de órdenes religiosas recorrieron las habitaciones y dependencias del vasto recinto, con antorchas en la mano, para cerciorarse de que no quedaba allí ningún intruso, sólo habían pasado cuatro días.

Pero en esos cuatro días el infierno había centuplicado su actividad y sus artimañas.

El noventa y nueve por ciento de la publicidad mundial, dirigida por una invisible batuta, a toda hora y en toda forma, por la radio, y los periódicos, y los cinematógrafos, y los espectáculos, y los diarios, y hasta lo que podía llamarse reuniones sociales, se puso al servicio de una sola candidatura.

Otón V había invitado, uno por uno, a los cardenales, para adobarles la voluntad, asegurándoles que el Imperio quería reanudar la tradición de Otón I, de proteger a la Iglesia, para lo cual nada mejor que elegir un papa dentro de las corrientes modernas, aunque fuese necesario buscarlo fuera del Colegio Cardenalicio.

También la emperatriz Ágata intentó ganarlos, colmándolos de promesas. A unos les hizo atisbar ducados, principados y aun reinos; a otros, rentas y fortunas. A todos, la inmensa gloria de pacificar las almas.

Ágata era muy joven, muy hermosa y muy ladina. Parecíase a aquella Juana de Anjou, llamada Juana I, reina de Nápoles, que vendió sus tierras de Aviñón en 80.000 florines a Clemente VII, y que por satisfacer su ambición o su sensualidad era capaz de todo, lo mismo de recibir la comunión de manos de un papa, que de estrangular a un marido, así fuera hijo de un rey, como Andrés de Hungría.

Los noventa príncipes de la Iglesia, no pocos enfermos y viejísimos, escucharon impávidos al emperador, besaron la mano de la emperatriz, y fueron a encerrarse en el Vaticano, donde quedarían a solas con su conciencia,

Ninguno de ellos se dejó arrancar promesa alguna, pero todos comprendieron las intenciones de Otón y las amenazas envueltas en las promesas de la emperatriz.

No era probable que el cónclave diera fin a su misión en pocos días. Hubo cónclave que duró treinta y seis, como el de Pío VIII, y cincuenta, como el de Gregorio XVI, y más aún, tres meses y medio, como el de Pío VII, y hasta seis meses, como el de Benedicto XIV.

Y las circunstancias que hicieron tan difíciles aquellas elecciones no fueron ni de lejos tan complicadas como ahora.

Toda comunicación personal y privada con el exterior estaba prohibida, bajo censuras eclesiásticas tan graves que solamente el futuro pontífice podía levantar. Mas era permitido recibir periódicos o comunicaciones impersonales y públicas.

Dentro del cónclave regía el calendario gregoriano y medíanse las horas por los antiguos relojes.

A las ocho de la mañana del día siguiente a la clausura, la campanilla del maestro de ceremonias llama a los cardenales. Ese día el decano celebra su misa y todos los demás comulgan en ella. En los días siguientes cada cual la dice en su habitación o en alguno de los muchos altares dispuestos, y si hay algún cardenal no sacerdote, simplemente diácono y aun laico, como en siglos pasados, se limita a oírla.

Luego se visten la. crocea o crocula, que es el traje del cónclave, mandado por el ceremonial de Gregorio XV, de líneas solemnes y antiquísimas: una clámide o capa pluvial de lana violeta, con larga cola, sin mangas, prendida al pecho; debajo de ella, el roquete de encaje y la muceta. Así marchan a la Capilla Sixtina, donde dos veces por día votarán sus candidatos hasta que uno de ellos resulte elegido.

¡Qué espectáculo sublime verlos atravesar silenciosamente la sala real de las siete puertas, que Pablo III mandó construir y decorar para recibir a sus embajadores!

Los frescos murales nos recuerdan escenas grandiosas de la historia de la Iglesia: Pepino y Carlomagno presentando al papa sus donativos; Pedro de Aragón ofreciendo su reino a Inocencio III; el emperador Enrique IV recibiendo la absolución de Gregorio VII, en Canossa; y Federico Barbarroja reconciliándose con Alejandro III, en la plaza de San Marcos, de Venecia. Más allá, Gregorio XI, el postrer papa de Aviñón, volviendo a Roma, y en el último fresco, la batalla de Lepanto, en la que España salvó al mundo de la invasión musulmana. ¡Qué pensamientos nobles, qué sentimientos de su inmensa responsabilidad no llenarán el corazón y la mente de aquellos hombres, principales actores en la estupenda historia de la Iglesia!

A continuación sus ojos descubren esa maravilla erigida por Sixto IV, la Capilla Sixtina, donde al pie del sublime fresco de Miguel Ángel, que representa el Juicio Final, se halla el altar, y en él los dos anchos cálices de plata, donde se depositarán los votos.

A derecha e izquierda están las banquetas o sillas de los cardenales, según su antigüedad, debajo de un dosel que se mantiene alzado hasta que se elige el papa.

Elegido éste, su dosel es el único que no se baja.

Delante de cada banqueta hay una mesilla cubierta con un tapiz verde, si el cardenal es criatura del papa difunto, o violeta, si fue promovido al cardenalato por un papa anterior. Del mismo color son las telas que tapizan las habitaciones de cada uno.

Bajo el semisecular reinado del Pastor Angélico habían ido muriéndose todos los cardenales hechos por sus antecesores. Así, pues, todos los tapices eran verdes.

Cerradas las puertas de la Capilla Sixtina, donde sólo quedan los cardenales, después de una oración, uno a uno se aproximan al altar y previo juramento depositan la papeleta de su voto en el cáliz de la derecha. El otro servirá para hacer el escrutinio.

Se necesitan dos tercios para ser elegidos, y nadie puede votarse a sí mismo.

La boleta va firmada, pero plegada en tal forma que los escrutadores sólo pueden leer el nombre del elegido, pero no la firma del votante, que permanecerá secreta.

Sólo en caso de que un candidato hubiera tenido exactamente dos tercios de votos se buscará su boleta, que se reconocerá porque lleva un lema que él debe denunciar en ese momento, y se abrirá para ver si se ha votado a sí mismo; pues de ser así habrá que proceder a nueva elección.

Practicado el escrutinio, se anuncia el número de votos que han obtenido los candidatos, y si ninguno de ellos alcanza a los dos tercios se permite una nueva votación inmediata, que se llama de accesión, por la que tienen la oportunidad de aumentar en ese momento los sufragios y muchas veces dar el triunfo al candidato a quien le faltan pocos votos.

En la elección de accesión nadie puede volver a votar a su propio candidato ni a uno que no haya tenido voto alguno, pero sí puede votar en blanco.

Si del escrutinio de la accesión resulta que nadie tiene los dos tercios, se da por terminada la tarea de esa mañana o de esa tarde, y se queman en la chimenea las boletas con un puñado de paja húmeda, lo que produce la famosa humareda (sfumata), por la que el pueblo reunido afuera se informa que todavía no hay papa.

Aunque se reúnen a votar dos veces por día, suele acontecer que se repitan las votaciones centenares de veces, hasta alcanzar los dos tercios indispensables.

Fray Simón de Samaria aguardaba con lacerante ansiedad el resultado del primer escrutinio, y sintió un alivio al ver desde la plaza la tradicional sfumata. Inquieto por su suerte, prefería prolongar sus esperanzas.

¡Qué esfuerzo le costaba mantener su aparente indiferencia!

Habría jugado la eternidad de su alma por afianzar en sus sienes la triple corona y en su mano el cetro del mundo.

Se imaginaba lo que de un momento a otro iba a ocurrir: las gentes agolpadas allí no verían la sfumata, porque uno de los candidatos habría logrado los dos tercios. Seria él, de quien nadie sabía el actual paradero. Por este motivo el Colegio Cardenalicio, antes de proclamarlo, tendría que averiguar su voluntad.

Lo buscarán por toda Roma, y cuando él, humilde fraile aún, aparezca a las puertas del cónclave, éstas se abrirán solemnemente como ante un emperador.

El Colegio Cardenalicio lo aguardará a la entrada, lo acompañará hasta la sala del escrutinio: cada cardenal ocupará su silla, mientras él, vestido de burda lana, sin lugar entre aquellos príncipes de la Iglesia escuchará al cardenal decano que le anuncia su elección: Acceptasne electionem de te canonice factam in Summum Pontificem?

¿Qué responderá el fraile, que habrá permanecido de pie, en medio de todos?

Él contestará como contestó León XIII al cardenal Di Pietro: "Puesto que Dios quiere que asuma el pontificado, yo no puedo contradecirlo."

Oiráse entonces el ruido de los noventa doseles de los cardenales bajarse repentinamente, sin que quede levantado ni uno solo.

Y escuchará la voz trémula del decano que le preguntará qué nombre va a adoptar.

Desde el siglo X, en que Juan XII lo hizo por primera vez, toman los electos un nombre distinto del suyo. Solamente dos papas en diez siglos lo han conservado:

Adriano VI (1522) y Marcelo II (1555).

Él sería el tercero que conservaría su propio nombre. Primeramente había pensado llamarse Gregorio XVII venerando al patrono de su orden, pero recordó la nunca desmentida tradición por la que ningún papa quiso llamarse Pedro II, en reverencia al jefe de los Apóstoles.

Pues bien, él rompería con esa doble tradición; se llamaría Simón I, con lo cual vendría a tener el nombre delApóstol, que antes de ser Pedro fue Simón.

Se imaginaba el estupor de los cardenales, tan apegados a la tradición, y sus censuras sotto voce, mientras él iría a un vestuario próximo donde lo revestirían con el traje de audiencia: sotana blanca ceñida por un cinturón de seda, roquete de encaje, y muceta o esclavina de terciopelo rojo. Sobre la cabeza, el blanco solideo, y al cuello, una estola bordada de oro.

Vestido así, ocuparía el trono colocado junto al altar de la Capilla Sixtina, del lado del Evangelio, y uno por uno los cardenales vendrían a besarle la mano y recibirían de él un abrazo y el beso de paz.

Entre tanto, uno de los dignatarios del cónclave, precedido de la cruz pontificia, aparecería en el balcón frente a la plaza y dejaría caer sobre la muchedumbre y sobre el orbe entero aquellas palabras viejísimas; y solemnes: Annuntio vobis gaudium magnum: habemus Pontificem..., y pronunciaría su nombre: "Simón de Samaria", y su título en la larga cronología de los papas: "Simón I"...

Después vendría la adoración de los embajadores, luego los generales de las órdenes religiosas, los soberanos, el emperador y los reyes que hormigueaban en Roma y que se disputarían sus audiencias.

Desde sus primeros actos de gobierno señalaría el espíritu de su reinado: reconciliar a la Iglesia con la época. Reformaría la disciplina; aboliría el celibato de los sacerdotes; reemplazaría el latín por el esperanto; dispondría la elección de los obispos por el clero, y también la de los papas por los obispos y el clero. Finalmente convocaría un concilio ecuménico y promulgaría el dogma de los hombres libres: declararía que el pueblo es infalible cuando se pronuncia directamente mediante plebiscito, o indirectamente, por mayoría de la mitad más uno de sus representantes.

Habiéndose difundido en Buenos Aires la noticia de que un sacerdote argentino, el superior de los gregorianos, resultaría electo papa, muchos católicos acudieron a su convento a felicitar a los frailes.

Fray Plácido los recibió al principio de muy mal talante y acabó por negarse a atenderlos.

Sólo Ernesto Padilla logró penetrar hasta la huerta y mantener una larga conversación.

—Vuestra reverencia se niega a creer en la noticia que le hemos traído, pero no nos da sus razones.

—¡No creo! ¡No creo! —repetía obstinadamente el viejo.

—Además —prosiguió Padilla—, parece afligirle el que un miembro de su orden sea elegido para el más augusto sacerdocio de la tierra...

—Efectivamente, me hallo consternado —contestó por fin el fraile haciendo con los enjutos labios un gesto de amargura—. Considero la peor de las desgracias para la Iglesia Católica el que la elección de un papa se decida con ingerencia del gobierno o del pueblo.

—¿No fue así en los primeros siglos de la Iglesia? —preguntó Padilla.

—Así ocurrió, es cierto. Algunos papas fueron elegidos por el clero de Roma, en especial por los obispos. El pueblo se limitaba a aclamarlos.

—Y bien, ¿eso no podría repetirse en los tiempos actuales?

—¡No permita el Señor que vuelvan esas normas! Si en tiempos de fe tan ardiente y sencilla causaron tantos trastornos, ¿qué seríaahora? ¿Se imagina usted a nuestro pueblo formando comités para elegir un papa? ¿Se imagina a los gobernantes ateos, que nosotros conocemos, interviniendo en esa elección?

Padilla sonrió.

—Vuestra reverencia está en lo justo. Creo, si no estoy trascordado, que los antipapas empezaron por elección popular.

—Efectivamente —respondió el fraile—. El primer antipapa, Ursino, fue elegido por el pueblo de Roma y una parte del clero, en el año 336, para oponerlo a San Dámaso, que acababa de ser electo por los obispos. Los partidarios del papa riñeron con los del antipapa en una iglesia. Ciento treinta y siete muertos que allí quedaron dieron argumento al emperador Valentiniano para intervenir por medio del exarca de Roma. Afortunadamente, se puso de parte del Papa, que era San Dámaso. Así comenzó, con laudable propósito, la injerencia de los emperadores, que luego tendría tan funestos resultados. Los emperadores de Oriente, que reinaban en Bizancio, y los de Occidente, tuvieron a gran honra llamarse protectores de la Iglesia contra infieles, herejes, cismáticos y sediciosos. Pero su protección se transformó en tutela intolerable de la autoridad civil sobre la eclesiástica.

—¿Los papas la consintieron?

—No, nunca; la política de la Iglesia durante veinte siglos ha sido afirmar enérgicamente que lo que es de Dios no puede darse al César. En algunos casos, para evitar mayores males, debió aceptar la intromisión pero conservando íntegra la libertad de su magisterio. Y eso le costó luchas terribles.

—Perdóneme, vuestra reverencia —replicó Padilla, apelando a sus recuerdos—, ¿no hubo un emperador alemán que llegó hasta a deponer a un papa y a reemplazarlo por otro?

—Eso lo han dicho historiadores enemigos de la Iglesia, pero es falso —contestó fray Plácido, cuya memoria en aquellos temas era infalible—. Lo que ocurrió fue lo siguiente: En 963, el papa Juan XII fue depuesto, no por un concilio, sino por un conciliábulo reunido en Roma a instigación del emperador Otón I, y reemplazado por León VIII.

—Sí, sí —dijo Padilla—, ése es el nombre del papa a que yo aludo.

—Pero León VIII es un antipapa. Como tal lo tiene la Iglesia, que no lo ha incluido jamás en la cronología de los pontífices legítimos.

Durante un rato guardaron silencio, hasta que Padilla hizo una pregunta.

—Cuando un antipapa usa un nombre y un número, después de él, un papa legítimo que adopte el mismo nombre, ¿repite también el número o toma el que sigue?

—Se han producido los dos casos, pero conviene advertir que fueron los historiadores los que en un principio agregaron un número a los papas del mismo nombre para distinguirlos. El primer papa que adoptó un número a continuación del nombre que eligió fue Urbano IV, en 1261.

—Perdone mi curiosidad, fray Plácido. Me asalta el recuerdo de aquel obstinado aragonés Pedro de Luna, electo en Aviñón a fines del siglo XIV.

—Fue un antipapa, que llevó el nombre de Benedicto XIII, y sucedió a otro antipapa, Clemente VII.

—Mi cuestión es ésta: ¿los números de esos dos antipapas se han repetido después por papas legítimos o se han salteado?

—Se han repetido, porque a ésos se los consideró no existentes en la cronología pontificia. En 1523, Julio de Médicis, arzobispo de Florencia, fue electo y adoptó el mismo nombre y número del primer antipapa del Cisma de Occidente: Clemente VII. Y en 1724, un dominico de la familia de los Orsini, arzobispo de Benevento, tomó el de aquel cabezudo aragonés y se llamó Benedicto XIII. Sólo hay una excepción, que no deja de ser curiosa: el nombre de León VIII no se repitió nunca, aunque es tenido por antipapa.

Guardó silencio un rato, y como si hubiera refrescado su memoria, dijo:

—Uno de los más perversos antipapas que hayan afligido a la Iglesia fue cierto Pierleoni, hombre de raza judía, y de gran fortuna, que, a la muerte de Honorio II, en 1130, fue electo por dos cardenales, con el apoyo del populacho romano. Adoptó el nombre de Anacleto II, y se llamaba a sí mismo "el papa del pueblo". Llegó a arrojar de Roma al verdadero Papa, Inocencio II, y durante ocho años intrigó, y a su muerte dejó un sucesor, el antipapa Víctor IV. Hubo también otra elección en la que el pueblo pretendió inmiscuirse, y que dio resultados funestos, a causa de esa ignorancia. Ella causó el gran Cisma de Occidente: fue la elección de Urbano VI, en 1378, contra el cual se levantó el antipapa Clemente VII.

—En verdad —respondió Padilla—, la historia enseña cuán dañina ha sido para las naciones mismas la intromisión de los gobiernos y del pueblo en la elección de los papas. Afortunadamente, no se ha repetido la lección en los tiempos modernos.

Fray Placido alzó la cabeza y dijo:

—Acabamos de recordar que en el siglo X el emperador Otón I reunió un conciliábulo de pérfidos dignatarios de la Iglesia, e hizo deponer al papa legítimo Juan XII y elegir un antipapa, ese León VIII, que la cronología romana no incluye en su lista. Roguemos a Dios que no permita que otro emperador del mismo nombre, en los tiempos actuales, tan procelosos como los del siglo X, renueve su funesta hazaña.

CAPÍTULO VI

PASTOR ET NAUTA

Al cuarto día, cuando el pueblo de Roma, agolpado en la plaza de San Pedro, había visto disiparse la octava sfumata, señal de que seguirían repitiéndose las votaciones, cundió la noticia de que el emperador Otón V había hecho saber al cardenal decano su deseo de visitar el cónclave

Dado que las constituciones pontificias disponen que será nula toda elección durante la cual se viole la severa clausura, volvió a estudiarse una cuestión que siglos atrás se había resuelto en favor de tres soberanos que quisieron rendir testimonio de su devoción al pontificado, visitando al Colegio Cardenalicio en las horas solemnísimas del cónclave.

Pero, tratándose de Otón V, era fácil adivinar que con aquella visita lo que deseaba era influir sobre el ánimo de los cardenales para que se apresuraran a elegir un papa a su gusto.

Por ello, su petición alarmó a algunos pusilánimes, mas se creyó prudente no rehuir el simulado agasajo del emperador, y se permitió su visita.

La Iglesia ha rendido siempre a los soberanos de la tierra todo el honor compatible con el servicio de Dios. Nadie la ha superado en obediencia a las leyes, y en veneración a los gobernantes, porque ve en su autoridad la manifiesta voluntad del Rey de los Reyes, que gobierna al mundo por intermedio de príncipes de carne y hueso.

De allí los extraordinarios privilegios concedidos a los soberanos, aun a aquellos que no lo merecían por su conducta o su irreligión, y de allí que el emisario de Otón V volviese con la respuesta de que el Colegio Cardenalicio suspendería la votación de la mañana para recibirlo.

Al día siguiente, en efecto, un autoavión, custodiado por tropa aérea, descendía en la plaza de San Pedro, desembarazada de público por la policía imperial.

Otón V, acompañado de un príncipe, llegó en uniforme a la gran puerta cerrada del palacio; el camarlengo, prevenido, la hizo abrir solemnemente, pero no dio paso más que al emperador: el edecán tuvo que resignarse a permanecer en el umbral. Adentro aguardaba a Otón el cardenal decano; cruzaron la Sala Regia y penetraron en la Capilla Sixtina, sobre cuyo altar habían sido apagados expresamente los seis grandes cirios que ardían delante del crucifijo.

Los cardenales ocupaban sus asientos; detrás de sus sillones los conclavistas permanecían de pie. Los noventa doseles estaban alzados, como signo de suprema soberanía. Cerca del altar se había dispuesto un trono para Otón, pero no del lado del evangelio, como el del papa, sino del lado de la epístola.

Ya al cruzar la Sala Regia de las siete puertas, sintió el emperador la impresión de aquella grandeza sobrehumana, y al penetrar en la Capilla Sixtina y enfrentarse con el fresco inmortal de Miguel Ángel se turbó y se detuvo, y preguntó al camarlengo:

—¿Qué debo hacer?

—Ocupar el trono, majestad.

Otón V se desciñó la espada y la depositó en el suelo, no queriendo pasar armado por entre aquellos noventa príncipes, cualquiera de los cuales podía ser mañana rey espiritual del universo.

El camarlengo recogió la espada y la devolvió a su dueño.

Si aquellos cardenales hubieran estado en otro lugar que en el cónclave, donde cada uno tenía prerrogativas de soberano, se habrían arrodillado para besar la mano de Otón; pero en ese momento el protocolo consideraba que cada uno de ellos valía tanto como él y todos juntos mucho más que él, y por eso guardaron su postura.

Otón ocupó el trono y cuando se hubo sentado recobró su aplomo y les habló en esperanto, prometiéndoles días de paz y prosperidad para la Iglesia, si el papa que iban a elegir correspondía a las esperanzas del mundo.

El decano le contestó en latín que habían orado esa mañana para que el electo del cónclave fuese conforme al corazón de Dios. Como Otón V no sabía latín, un secretario transportó lo que había sido dicho en el armonioso idioma de la Iglesia a su híbrido lenguaje, y el emperador frunció ligeramente el ceño y quedó silencioso.

El decano prosiguió su discurso, y terminó suplicando al insigne visitante que renovara en su reinado algunas páginas brillantes de la historia de sus antepasados, protectores de la religión.

Otón prometió hacerlo, se levantó y con él todos los cardenales. Al cruzar de nuevo la Sala Regia le entró el capricho de conocer el significado de sus magníficos frescos, y como empezaran por el de Enrique IV, emperador de Alemania, y su peregrinación a Canossa, Otón exclamó:— ¡Ah! ¿Éste es aquel abuelo mío que se dejó humillar por un papa?

Un gran silencio acogió la impertinencia del soberano, que, no queriendo perder el fruto de su visita, agregó prestamente:

—Fueron tiempos tristes para todos. Esperemos que nunca más los emperadores den a los papas motivos de queja.

Con esto se despidió, acompañado hasta la puerta por los noventa cardenales y sus doscientos conclavistas.

Ese día no se votó ni a la mañana ni a la tarde, y el pueblo romano, que no vio salir por la chimenea la histórica sfumata, llegó a creer que ya tenía papa, y corrieron mil voces, y la radio inundó el mundo con la noticia de que, a raíz de la visita de Otón V, se había elegido a su candidato, fray Simón de Samaria.

Imposible describir la emoción del fraile, que escondido en su aposento de la casita de Odiard recibió por el altavoz aquella formidable comunicación: ¡era papa!

También la recibieron en Buenos Aires, y fray Plácido corrió a prosternarse delante del Santísimo, en su iglesia vacía, y a pedir perdón a Dios por no haber creído que la elección de su hermano y superior fuese conforme a las vías de la Providencia.

Los cardenales, encerrados en el cónclave, sabedores de que a esas horas rodaba por el mundo una falsa noticia, comprendieron que era urgente unificar opiniones y proceder sin demora a la elección.

Hasta altas horas de la noche se visitaron unos y otros en sus habitaciones; se explicaron, se comprendieron, y al día siguiente, mientras asistían todos juntos a la misa. del camarlengo Cafferata, cuando él se volvió a bendecirlos, con repentino impulso lo aclamaron papa.

Así se hizo en 1073 la elección de Gregorio VII, aquel monje Hildebrando, que con voluntad de hierro puso término a los abusos de la feudalidad lombardogermana. Mientras celebraba la misa en sufragio del alma de Alejandro II, su predecesor, fue aclamado papa. Y así se hizo nueve siglos después, en 1995, la elección de Gregorio XVII.

El nuevo papa, que se oyó aclamar por el Colegio Cardenalicio, pálido como un muerto, con voz entrecortada, recordó a sus colegas que ya no se usaba en la Iglesia tal forma de elección, y que sería nula si no se practicaba conforme a la constitución legal.

Ocuparon todos sus banquetas, cuyos doseles se habían bajado. Sólo permaneció alzado el del cardenal Cafferata, y cuando una hora después los tres escrutadores proclamaron el resultado del escrutinio, se supo que todos los votos del cónclave, menos el suyo, habían recaído sobre el camarlengo.

Pocos minutos después apareció en el balcón de la plaza la cruz pontificia, y detrás de ella el cardenal decano. Su voz, amplificada por los micrófonos y multiplicada hasta los cielos por las ondas, anunció al mundo asombrado la alegría del nuevo papa: Annuntio vobis gaudium magnum: habemus pontificem, eminentissimum cardinalem Johanem Cafferata, qui sibi nomen imposuit Gregorium decimun septimun.

¿No había, pues, sido verdad la noticia de la elección de fray Simón de Samaria?

Mientras el mundo volvía de su asombro y el emperador se entregaba a extremos de cólera, la familia Odiard asistía con reconfortantes y friegas al desventurado fraile gregoriano, desvanecido al pie de su máquina, quo por poco lo fulmina con la tremenda rectificación.

El pulso es bueno —dijo el médico llamado a prisa para atenderlo—. No tardará en volver en sí. Pero ¡qué raro accidente! ¿Cómo, por qué, se ha desmayado un hombre de tan buena salud?

Los Odiard, tristes y decepcionados, no dieron la menor explicación. Declararon no saber el origen del mal y ni siquiera pronunciaron el verdadero nombre del enfermo.

Éste se recobró en pocas horas y, sobreponiéndose a la herida de su amor propio, se interesó por conocer en detalle los sucesos del cónclave, y acabó haciéndose esta consoladora composición de lugar: si él hubiera sido cardenal, ciertamente no se le habría escapado el triunfo.

Con tal pensamiento, escribió al nuevo papa, ofreciéndole su ferviente adhesión y pidiéndole una audiencia para ir a besar su pie.

Tenía la seguridad de que el papa, no bien tuviera conocimiento de que él estaba en Roma, lo invitaría a tratar mano a mano los graves problemas de la Iglesia, y hasta le ofrecería un capelo, Si es que no le ofrecía la Secretaría de Estado.

Y empezaron a correr para el mísero Samaria horas mortales, sin que llegara la respuesta del Vaticano.

¡Qué mal había hecho en participar a los Odiard el envío de aquella carta! Los dos primeros días, a cada rumor de afuera él se asomaba para preguntar si no se había recibido el sobre del Vaticano.

A la cuarta o quinta vez que hizo su pregunta, advirtió la compasión con que lo miraban, y eso acabó por hacérsele intolerable. Pretextó cualquier cosa, dio gracias a sus humildes y adictos amigos y se trasladó a la Magna Hostería, un hotel grandioso desde cuyos pisos altos se divisaba la plaza de San Pedro.

Allí aguardaría la respuesta. Y, en efecto, allí la recibió. Era una simple nota de secretaría en que se comunicaba a fray Simón que el papa lo recibiría en la próxima semana, junto con quinientos peregrinos sudamericanos...

Sintió una puñalada en el corazón y se alegró de hallarse en un hotel donde se alojaba con nombre supuesto.

Como un lobo atravesado por una flecha, se arrinconó dolorido, y permaneció dos días sin hablar ni ver a nadie.

En esa época de ansiedad y agitación ni había rezado, ni había dicho una sola misa.

De repente, su pensamiento desorientado, como una paloma que siente la remota dirección del palomar, se orientó hacia Juana Tabor. Sacó una cartera, donde tenía un receptor de radio fijo siempre en la onda self, la de ella, y lo colocó sobre la mesa, con la ilusión de que ella lo hablase.

Sacó también su diario y escribió largo rato, con resentimiento contra Roma y el papa.

"Hoy, duodécimo día de mi estada en Roma. La Iglesia consiste en la unión de las almas en la tierra y el amor en el cielo. Eso es la Iglesia de Jesucristo, no la burocracia eclesiástica y la pompa fría y hostil del Vaticano.

"Tres religiones han salido de la Biblia: el judaísmo, el cristianismo, el islamismo; tres ramas del tronco robusto del patriarca Jessé.

"Mi sueño es la unión de esas tres religiones en una vasta Iglesia tolerante y definitiva.

"A veces me despierto en la noche, me siento en la cama, y oigo zumbar en mis oídos estas misteriosas palabras: 'Levántate, sube a los techos de tu convento solitario y arroja el grito que resonará en todo el siglo XXI, que escucharán el papa y la Iglesia Romana y escucharán las Iglesias reformadoras que no fueron capaces de reformar a Roma, y escuchará el mismo Israel, he-redero directo de las promesas, y de donde saldrá la ley del mundo y la palabra del Señor.'

"Me siento más a mi gusto en la milenaria Iglesia de Israel, que en la más moderna y burocrática Iglesia del papa.

"El judaísmo puede llegar a ser la religión definitiva de la humanidad intelectual.

"¡Quién sabe si un día yo, argentino de nacionalidad, católico de religión, fraile de estado, no iré a sentarme a la sombra de la Sinagoga, y adoraré, con Israel, al Dios de Moisés, que se ha llamado a sí mismo: 'Yo soy el que soy'!"

Se detuvo un rato, con la mano trémula, aunque solamente sus ojos y los de Dios leerían lo que iba a estampar:

"Me voy alejando de la Iglesia del papa, en la misma medida en que me acerco a la Iglesia de Dios.

"El Apocalipsis no es la última palabra del Nuevo Testamento. Debe ser completado por el Cantar de los Cantares, el Evangelio del porvenir: como un lirio entre las espinas es mi amada entre las jóvenes."

Apoyó la frente sobre el filo de la mesa, y quedó un rato sumergido en el torrente impetuoso y amargo de las cavilaciones.

¿En dónde estaba ella? Tres largas semanas habían pasado sin la menor noticia.

De pronto oyó la conocida señal con que Juana Tabor solía llamarlo.

Ella, pues, se acordaba de él y lo buscaba a través del éter.

¡Quién sabe cuántas veces lo habría llamado en esos días, sin que él le prestase atención! Ahora le hablaba sin mostrársele por la televisión. ¡Coquetería de mujer! Él no podía contestarle, porque no tenía allí su trasmisor. Se limitó a escucharla:

"Sé que usted está en Roma. Yo no estoy lejos de usted. Si mañana celebra misa en la iglesia de San Lino, no deje de dar la comunión a una persona que se acercará al comulgatorio."

Calló la voz, y él experimentó una loca alegría, mezclada con una indecible preocupación. Si a la mañana siguiente ella se aproximaba a la santa mesa para participar de los sagrados misterios del catolicismo, sería porque ya había sido bautizada. ¿Quién la bautizó? ¿Acaso otro sacerdote? ¿Pero cómo? ¿Cuándo? ¿Dónde? Tuvo celos de esa conversión que no era su obra, y se entristeció.

Recordó que ella un día le preguntó si sería sacrílega la comunión de una persona que por acercarse a Cristo, antes de bautizarse, se presentase al comulgatorio.

Él le respondió que la comunión, sin las condiciones esenciales, es siempre sacrílega, y ella le replicó sonriendo:

—Ustedes, los sacerdotes romanos, saben demasiada teología; ni el centurión ni la samaritana sabían tanto.

Y si realmente fuera ella la que quisiera comulgar, ¿qué haría él?

Tomó de nuevo la pluma y repitió en otra página algo que había escrito meses atrás.

"Una Iglesia con tres círculos donde cupieran todas las almas de buena voluntad: 1. Los cristianos; 2. Los judíos y los musulmanes; 3. Los politeístas y aun los ateos. Y en la que todos tuvieran el derecho de alimentarse con la carne de Cristo. ¡Cuántos milagros no operaría la gracia sacramental!

"Debería haber, pues, una Iglesia para los que dudan y hasta para los que niegan, espíritus profundamente religiosos, pero que no pueden dar formas positivas a sus creencias y a su culto."

Pasó el resto del día huyendo de la gente. No quería que nadie adivinase ni la úlcera de su amor propio, ni el volcán de su corazón, a cuya sima él mismo no osaba asomarse.

Corría por las calles donde se amontonaban ciudadanos del universo entero y hasta reyes de todas las naciones, que concurrían a adular al emperador. Y se decía, casi a gritos: "Quiero seguir siendo sacerdote de la Iglesia Romana. Siento que tengo una misión dentro de ella; debo quedarme en ella, para realizar cosas que no han sido pensadas, dichas, ni hechas hasta ahora, cosas destinadas a preparar la unión de todas las comuniones cristianas, de todas las religiones salidas de la Biblia, en la grande y libre unidad de la Iglesia del porvenir."

Siempre, después de una explosión de sus resentimientos contra lo que llamaba "la burocracia romana", no osando todavía decir "el papa", por un resto de devoción a la sagrada persona del vicario de Cristo, siempre caía sin advertirlo en un espasmo sentimental. Sus cavilaciones formaban un amasijo extraño en que se mezclaba la doctrina con la pasión. Los arranques líricos sucedían a las interpretaciones teológicas, en una mezcolanza lindera con la blasfemia.

Yendo a la iglesia de San Lino a disponer lo necesario para celebrar al día siguiente, se acordó de una réplica de Juana Tabor.

Habíale negado él la eucaristía mientras no abjurase de sus errores y se bautizara, y ella le objetó:

"Antes el Buen Pastor corría detrás de la oveja descarriada y la traía tiernamente sobre los hombros. Ahora la oveja descarriada corre detrás del Pastor y éste la rechaza. Antes el pastor era Jesucristo, y ahora es el superior de los gregorianos. ¡Qué diferencia en su trato!"

Sonrió amargamente el fraile, acordándose de aquello, y exclamó:

—Ella tuvo razón de quejárseme. Aunque no esté bautizada, ella pertenece a una Iglesia superior a la mía: a la libre Iglesia de Jehová... Es más libre de formulismo que yo, más pura y más fuerte.

Se detuvo en un cruce de avenidas, estación de aeroómnibus. A pocos pasos iba una mujer vestida con un traje oriental, al modo de Juana Tabor. La misma estatura, la misma gracia desenvuelta, como si marchara sobre las puntas de los pies, en sus sandalias de oro.

¡Pero no era ella! Tal vez se hallaba a miles de leguas, en otra nación.

Y si de veras asistía a su misa, ¿le daría o le negaría la comunión?

Hasta sin el bautismo del agua, a su juicio debía considerarla católica, por el corazón y los pensamientos.

Si tenía dudas y vacilaba en convertirse era porque el diablo, celoso de que le arrebataran su presa, bloqueaba y oprimía su espíritu, Por eso el comulgar le sería de gran provecho, aun antes del bautismo.

Algunos que se le cruzaban en la acera volvían la cabeza sorprendidos de que hablara solo.

¡Apostaría a que es un poeta! Va componiendo madrigales a su amada —dijo alguien, que lo oyó exclamar: "¡Oh, mi bien amada! Es inútil disimularlo. ¡Te amo, pero te amo en Jesucristo! Sólo que este amor es demasiado puro y religioso para que forme una familia. Dios quiere que forme una Iglesia, la Iglesia del porvenir. ¡Este amor es un instrumento nuevo para salvar al mundo!"

En San Lino, el convento de monjas de la Expectación, le bastó dar su nombre para que lo hicieran pasar a un locutorio, blanqueado a la cal, con unas pocas sillas y una mesita cubierta por un tapiz tejido a mano y un crucifijo de madera oscura.

En una de las paredes un aguafuerte: la torre inclinada de Pisa.

El fraile sonrió sarcásticamente.

Se le antojó la imagen de la Iglesia Romana a punto de caer si él no la sostenía. Así habían pensado todos los heresiarcas. Ellos desaparecieron y ella permaneció inmutable como la cruz. Crux stat, dum volvitur orbis.

No estaba a esa hora el capellán. La madre superiora se encargó de disponerlo todo para que al siguiente día fray Simón celebrara misa en el altar privilegiado, mas como el fraile quería pasar inadvertido, ni siquiera la comunidad lo supo.

Fray Simón volvió al hotel, acosado por sentimientos y proyectos oscuros.

—¡Oh, qué bueno sería yo —exclamó de repente— y cómo bendeciría al Dios de Abraham, de Isaac y de Jacob, que no quiso que el hombre estuviera solo, si esa mujer fuese mi compañera virginal!

Toda la noche lo oprimió la idea de tan extraña unión, que él, para poetizarla y excusaría, denominaba "virginal".

Al alba se levantó con un impulso juvenil, impaciente por la lentitud del tiempo. A fin de entretenerse púsose a hojear el breviario.

En los comienzos de su vida sacerdotal, no había para él lectura más deleitosa que aquélla.

Encontraba pasajes tan sublimes que le parecían directamente escritos por Dios. Se le llenaban los ojos de lágrimas al rezar el elogio de la Santísima Virgen, el 11 de octubre.

"Yo salí de la boca del Altísimo, engendrada primero que ninguna criatura... Yo sola hice todo el giro del cielo y penetré en lo profundo del abismo..."

Temblaba de amor al rezar la tercera lección del 7 de octubre, que empieza de esta manera:

"Yo soy la madre del amor hermoso y del temor y de la ciencia y de la santa esperanza... Los que de mí comen tienen siempre hambre de mí, y tienen siempre sed los que de mí beben..."

Ahora, en cambio, hallaba esa lectura sosa y aburrida y la llamaba "la oración reglamentada y farisaica; pensum divini officii, como decían los casuistas".

Arrojó el libro con repulsión sobre su cama lujosa, que no era ciertamente según la regla gregoriana, y se puso a escribir:

"Noche de fiebre. He sufrido en cuerpo y alma. Pero me he despertado con el brío de los veinte años. Ahora veo claro. Mi objetivo ya no puede cambiar: la unión del catolicismo con el liberalismo. Es la causa de Dios la que sirvo en el mundo y acepto confiado su juicio. Ahora me planteo esta cuestión: ¿No podría suceder que me viese obligado a salir de los límites visibles de la Iglesia, límites trazados por los intolerantes teólogos de la Edad Media, y a esperar en una comunión libre la reorganización de la Iglesia Católica del porvenir?"

Se levantó, se paseó agitadamente, espiando en los cristales de sus ventanas triangulares los primeros rayos del limpio sol romano.

—¡Helo aquí! —exclamó tendiendo los brazos al sol, que, sin dejarse ver, doraba ya la augusta cúpula de San Pedro.

Desde sus altísimas ventanas, casi en la línea fronteriza de Roma con el minúsculo estado pontificio, veíase la masa del Vaticano, en sombras, como un abismo bajo el cielo claro y glorioso.

Para el fraile aquello era un símbolo.

El Vaticano yacía en las tinieblas de lo pasado, mientras se levantaba el solnuevo, que alumbraría la ciudad de Dios, donde se reedificaría una "Iglesia católica liberal y democrática, cuyas autoridades serían elegidas por el pueblo mismo". ¿A qué cumbres no alcanzaría él, con su inmensa popularidad, el día en que los papas se eligieran por el voto de los fieles?

Volvió a la mesa y escribió:

"Para salvar a la Iglesia hay que comenzar dando muerte al jesuitismo Mientras los jesuitas monten la guardia alrededor del papa, no hay esperanza de conciliación entre el sol que nace y el Vaticano que se hunde."

Apoyó la frente acalenturada en las manos exangües, durante un rato se sumergió en sus pensamientos.

Le venía a la memoria el sueño de Juana Tabor:

"Anoche soñé con usted. Lo vi en un convento vacío; usted fue el último en salir."

Cuando escuchó por última vez estas palabras, le ofendieron, porque su amor propio era el más fuerte aliado de su vocación sacerdotal. ¿Qué comentarios no harían las gentes, que lo admiraban, si abandonase el convento? Ahora empezaba a acostumbrarse a la idea.

Tomó de nuevo la pluma:

"Permaneceré en la orden, pero haciendo una vida aparte en la alimentación, el sueño, la oración, las relaciones.

"Siento que tengo una misión en la Iglesia. No es la voluntad de Dios que abandone el convento. Debo quedarme y preparar desde adentro la Iglesia del porvenir."

Ya era tiempo. Aprestó los severos pliegues del hábito y salió; a poca distancia había un ascensor de aeroómnibus. Subió hasta la elevadísima plataforma, a trescientos metros sobre la calle, y tomó el que lo condujo a San Lino.

Sentía la embriaguez de un prisionero libertado. Dentro de pocos minutos vería a Juana Tabor.

Se le cruzó el escrúpulo de si fuese lícito celebrar misa nada más que para dar la comunión a aquella mujer. ¡Bah! Si iba a enredarse en tales minucias, nunca llevaría a cabo su conversión. Ella era una vencida de Cristo y él la puerta de la Iglesia que ningún escrúpulo debía cerrar.

—Piensen lo que quieran los teólogos viejos al estilo de fray Plácido; este amor es divino en su origen, y si lo conservamos puro será una base de piedad sobre la cual se asentará la Iglesia. No una Iglesia clerical o sectaria, sino la Iglesia del porvenir, la Iglesia de los que aman y esperan.

En la sacristía, el monago le entregó una carta y unas rosas, y él guardó la carta en el bolsillo, renunciando, por el momento, a leerla, y mandó poner las rosas sobre el altar. ¡Qué deleite halló en su aroma!

Había empezado a revestirse, cuando le venció la tentación de leer la carta.

Volvió la espalda al monago, abrió el sobre y leyó:

"Mañana partiré y ¡quién sabe cuándo volveremos a encontrarnos! ¿No oyó el ruiseñor que cantaba en los jardines del Vaticano, enfrente de su hotel, que es también el mío? ¿Sabe que estoy cerca de usted? No, no ha podido oírlo porque no ha sido más que un sueño. Yo he soñado por usted que el ruiseñor cantaba en el Vaticano; piense usted por mí... ¿Qué debo hacer? Me acercaré al comulgatorio. Si usted me rechaza creeré que Dios mismo es el que me cierra la puerta de su Iglesia. Si usted no me niega el Pan de Vida, yo seré su estrella de la mañana, que el Señor prometió dar al que perseverase."

No podía creer que Juana ignorase que había estado a punto de ser elegido papa, y que, por tanto, después del terrible fracaso, debía tener el corazón lleno de amargura y tristeza. Pero ni la más leve alusión a ello. Era como si una mano suavísima le pusiera un bálsamo en la herida y se la vendase con dulzura.

Se le llenaron de lágrimas los ojos y tuvo que apoyarse en la mesa donde estaban los ornamentos.

Sentíase a la vez inquieto, alegre y fervoroso. Parecíale que era la confirmación de Dios mismo; confirmación no sólo de sus ideas teológicas, sino también de aquella quimera sobre cuyas alas impetuosas volaba hacia lo desconocido.

Se revistió a prisa, y con el cáliz en la mano penetró en la iglesia, cuyos rincones todavía estaban llenos de sombras.

Unas mujeres había ya. Y algún hombre, medio arrinconado, a la manera del publicano, ansioso de contrición.

De una rápida ojeada descubrió a la que le había enviado las rosas, cerca del púlpito, envuelta en un blanco velo oriental, con la frente ceñida por una cinta escarlata.

—In nomine Patris... —articuló distintamente fray Simón, santiguándose, inclinado ante la primera grada del altar, y su voz profunda y musical llenó la iglesia.

Comenzó entonces aquel rápido diálogo litúrgico entre el sacerdote y el monaguillo.

El sacerdote. — ¿Por qué estás triste, alma mía y por qué me turbas?

El monaguillo — Espera en el Señor... salud de mi rostro y Dios mío...

El hondo pecho llenábase de lágrimas y la garganta de sollozos.

Era sacerdote hasta la médula de los huesos, y lo indeleble de esa unción, que no se borra ni en el cielo, ni en los infiernos, se le presentaba con la tremenda imprecación del salmo.

Tu es sacerdos in æternum ("Tú eres sacerdote para siempre").

Pronto se le disipó el fervor inicial, y empezó a sentir el perfume de las rosas. A ratos se distraía y no encontraba las señales del misal. El pensamiento se iba lejos, hacia un remoto país, hacia la arboleda teñida de púrpura por el sol poniente de una tarde...

Aquella persona que entonces lo acompañó, resistiendo sus argumentos teológicos, había sido tocada por Cristo, y allí estaba pronta para alimentarse de su divina carne.

Llegó el momento sobrenatural en que el sacerdote, por mandato expreso del Señor ("Haced esto en memoria mía"), realiza el mayor milagro de los cielos, la transubstanciación, la conversión del pan y del vino en el Cuerpo y la Sangre de Jesucristo, mediante las palabras más fecundas que hayan oído los arcángeles desde el Fiat primitivo.

Solemne y tranquilo, fray Simón consagró, levantó luego la Sacratísima Hostia y después el cáliz. Poco más tarde comulgó y quedó con los ojos entrecerrados.

El monaguillo subía una grada y se arrodilló al extremo del altar, señal de que algunas personas se acercaban al comulgatorio, larga y estrecha mesa de mármol, recubierta de un lienzo blanquísimo.

Fray Simón volvió de su éxtasis, le pareció oír las sandalias de Juana Tabor golpeando sobre las seculares losas de San Lino, y oyó el murmullo del yopecador que rezaba el muchacho. Hizo la genuflexión de rúbrica, abrió el sagrario, extrajo el copón lleno de formas consagradas y se volvió para absolver al pueblo.

Juana Tabor hallábase al extremo del comulgatorio.

¿Quién habría bautizado a aquella mujer?

Este pensamiento acosaba al fraile como una avispa enconada.

Con el copón en la mano izquierda y una hostia pequeña entre el pulgar y el índice de la derecha, cruzó el presbiterio, llegó al comulgatorio, y sin temblar depositó sobre la lengua de Juana Tabor el sagrado Cuerpo de Cristo.

Pudo impresionarlo la palidez de aquella cara, cortada por el doble relámpago de la púrpura de la boca y de la cinta que le ceñía la frente. Pero no vio nada más que la pequeña hostia, entregada por él, y esa visión lo cegó. Sus demás gestos, el distribuir la comunión a otras personas, el volver al altar, el guardar el copón en el sagrario y terminar la misa fueron arrancados a la subconciencia. Ya no veía ni pensaba en nada.

Tenía prisa.

En la sacristía, cuando se despojó de los ornamentos, el sacristán le preguntó si quería dar gracias en la iglesia misma o en una capillita reservada.

—¿Dar gracias? —preguntó distraídamente Fray Simón—. ¡Ah, sí! No, ahora no puedo. Daré gracias en mi oratorio. ¡Adiós! Despídame de la madre superiora; anúnciele que le haré después una visita...

Se volvió a meter en la Iglesia, por si ella estaba aún. No, no estaba. Recogió las rosas de arriba del altar, y salió. La calle, iluminada por el sol, era un hormigueo de gentes presurosas. Pero en todo lo que alcanzaban sus ojos no descubría a la que buscaba.

Llamó a un automóvil, vehículo vetusto de los que en ese tiempo quedaban pocos ejemplares, y le dio la dirección de su hotel.

Quería hallarse solo, imaginándose que ella le hablaría por radio. Sacaba su cartera, para cerciorarse de que el minúsculo aparato de bolsillo estaba sintonizado con su onda, y prestaba oído a la dulcísima voz que, efectivamente, no tardó en dejarse oír.

¡Ay! Como inflamadas flechas penetraron en su corazón las nuevas palabras.

"¡Este día es santo y grande!", le dijo ella, sin explicar desde dónde hablaba. "¿Por qué debo hacer un secreto de lo que ya usted habrá adivinado? Si yo escuchara la voz de la razón humana le diría: Siga su camino; déjeme morir sola, ahora que me ha unido con su Cristo.

"Pero mi vida y mi alma le pertenecen tanto, que no puedo olvidar la trascendental misión para la cual ha sido llamado usted, y yo también con usted... Desde hace tiempo he visto el gran peligro en que se halla. Que la mano de un arcángel tome su mano y lo conduzca. Yo, que antes lo incité a salir del convento, le digo ahora: ¡No! Mil veces no; quédese en su orden, renuévela, enriquézcala de vocaciones, transforme su espíritu, para que ella sea la levadura de una reforma, infinitamente más grande que la de Lutero.

"Sea usted el Lutero del siglo XXI, y el gran pontífice de los nuevos tiempos y déjeme a mí, arrodillada a sus pies, ser su profetisa, dispuesta a dar la vida por su vida, y el alma por su alma..."

Fray Simón escuchó extático, y le pareció que le faltaba el aire cuando dejó de oírse la voz. No podía responderle, pero, de haber podido, no hubiera sido capaz de articular una palabra.

Así, pues, aquella mujer que antes se burlaba de su fidelidad a la orden ahora le decía:

"No la abandone; antes bien agrándela, transfórmela, haga de ella una poderosa herramienta para trabajar en la reforma del catolicismo, una reforma que será incomparablemente más grande que la de Lutero."

Y como eso respondía plenamente a sus más íntimos deseos, lo tomó por indicio de que Dios bendecía su rebeldía a las disciplinas de la Iglesia y su desdén hacia el papa.

Guardó la cartera y escribió en su diario:

"El dedo de Dios está aquí, bendiciendo este amor de ángeles, que es substancialmente un culto nuevo. Este amor, que bastaría para regenerar el mundo si el mundo lo conociera, como ha regenerado mi vida.

"Escucharé su voz. Nada de lo que pueda ocurrir me apartará de la Iglesia Católica. Nada me arrancará la fe de mi bautismo, ni la gracia de mi sacerdocio. Aunque el Vaticano entero se hundiese, yo no me sentiría conmovido en mi fe.

"Y ella será Débora, la profetisa..."

Al atardecer, cuando aprestaba su exigua maleta para tomar al siguiente día el avión brasileño que lo conduciría otra vez a Buenos Aires, oyó de nuevo el llamado de Juana Tabor.

"Estoy a cien pasos de usted y aprontándome a partir para Buenos Aires en mi athanora. Tengo un camarote libre. Véngase conmigo. Si acepta, espíe el último reflejo del sol en la cúpula de San Pedro; suba entonces a la terraza del hotel. En el viaje me bautizará. Todavía no estoy unida a su Iglesia, pero en la comunión ya me he unido a su Cristo."

Hubo una pausa que lo entristeció. Luego prosiguió la voz:

"¿Ha comprendido, de una vez por todas, la misión de profeta que Dios le ha dado? Hasta ahora su debilidad fue dudar. Su fuerza en adelante será creer. Dios puso en su boca la palabra divina para que la predicase no a una sola casta, sino a los hombres de todas las castas. Piense en los cuatrocientos millones de hindúes que todavía esperan sus palabras. Usted será el Precursor del que ha de venir, porque será su Pontífice y su Profeta..."

Calló la voz, y él lentamente fue doblando las rodillas, y así quedó largo rato, bajo el aturdimiento de aquella confusa predicción.

De repente alzó los ojos y experimentó un sacudimiento eléctrico, como si hubiese llegado en ese instante a la línea que inexorablemente dividiría su pasado y su eternidad futura.

El último fulgor del día acababa de desvanecerse en la sublime curva de aquella torre sagrada, polo del mundo de las almas.

Por una extraña interrupción de las máquinas que proveían de luz a la enorme ciudad, durante breves minutos quedó todo en la oscuridad, a tiempo que fray Simón cogía su maleta para acudir a la cita de Juana Tabor. Viéndose envuelto en las sombras, recordó las palabras de Jesús a sus enemigos, en el Evangelio de San Lucas:

"Esta es vuestra hora y el poder de las tinieblas."

Capítulo VII

Misa en la Athanora de Juana Tabor

La camareta que fray Simón ocupaba en la athanora de Juana Tabor no media más de dos metros cuadrados. Pero allí cabían todas sus riquezas, y desde allí contemplaba el cielo y el mar, y con los ojos del alma, el mundo entero y la eternidad.

Volando a veinte mil metros arriba del océano, que cuando podía verse no parecía más que un plato de barro coagulado, sólo era bello el firmamento con sus estrellas nítidas y palpitantes, y las nubes debajo del avión, sobre las que rodaba la luz, como sobre domos de sólido mármol.

Durmió profundamente la primera noche, en su celda de aluminio y de cristal, vibrante por el zumbido de los motores. Hasta que lo despertó la voz de Juana, que le hablaba por teléfono. Quería que a las treinta y cinco —algo más de las ocho de la mañana— fuera a su camarote, a celebrar misa en un altarcito que había preparado.

¡Celebrar misa en la athanora de Juana Tabor! ¿Quién se lo habría anunciado años antes, cuando todavía era fiel a las rígidas rúbricas eclesiásticas?

Recordaba —y tal recuerdo era como una cicatriz dolorosa— la forma en que empezó a deslizarse por la pendiente del sacrilegio, que le horrorizaba tanto al principio, y con el cual después se connaturalizó. Fue durante una noche calurosa en que hasta su celda, generalmente fresca gracias a sus gruesas, vetustas paredes de adobe, estaba sin embargo caldeada por el vaho de la tarde sofocante que Buenos Aires había soportado.

Se despertó a deshoras, con la garganta seca, devorado por la sed. Miró el reloj; era más de la medianoche; por lo tanto, no podía beber ni siquiera un sorbo de agua, pues luego le impediría celebrar su misa diaria.

Aunque no sea obligatorio el celebrar todos los días, un sacerdote piadoso no renunciará a ello sino por grave impedimento. Los hay que tienen el santo orgullo de decir que en treinta, cuarenta, cincuenta años, ni un solo día han faltado a su propia misa, y lo consideran una gracia extraordinaria.

Fray Simón titubeó un rato; trató de refrescarse hundiendo las manos en su jofaina de barro, llena de agua, que brillaba como un espejo a la luz de la luna. Eso lo encandiló, y aumentó su avidez por beber; se declaró vencido, aplicó sus labios resecos al agua del barreño, ni fresca, ni pura, y renunció a su misa.

No era ése un pecado, ciertamente. Pero la tentación de la sed se repitió varias noches, como una añagaza diabólica, y siempre lo halló débil y lo venció. Y como un día fuese de fiesta y no pudiese renunciar a su misa, por los fieles que acudirían a oírla, bebió y celebró su misa sin estar en ayunas.

En los recovecos de su moral encontraba siempre algún argumento para aquietar su conciencia, que cada vez le hablaba en voz más baja.

Pensaba en esto, después de oír el mandato de Juana Tabor.

Aunque era ya día claro, faltaban varias horas, que el fraile, en vez de emplear rezando su oficio, gastó releyendo su diario y añadiéndole nuevas páginas con las impresiones más recientes.

¡Cuánto habían caminado su espíritu y su corazón!

En una hoja del año anterior leyó:

"Nada puede conmover mi fe y mi amor por esta Iglesia más grande que los que la gobiernan, más fuerte que los que la defienden, y dueña del porvenir, aunque le arrebaten el presente."

¡Cuánto había amado a Roma! Pero desde mucho tiempo atrás osaba censurar los procederes de las más altas autoridades eclesiásticas y mostraba su temperamento insumiso y rebelde.

¿Podría ahora decir que nada cambiaría su fe y su amor por la Iglesia Romana?

Puso la fecha y escribió:

"Ayer estuve por última vez en el Vaticano, todavía con la esperanza de que el papa me concediera una audiencia privada. ¡No pudo ser!

"Cuando se escriba la historia religiosa de la segunda Reforma de la Iglesia, este pequeño episodio aparecerá bajo una luz providencial. Si el papa me hubiese recibido, seguramente me hubiera escuchado y el curso de mi vida habría cambiado, y con él la historia de la Iglesia.

"¡Qué lejos estoy ahora del Vaticano y qué cerca de Dios!

"Me siento sacerdote hasta la médula de los huesos, como en los mejores días de mi vocación. ¡Misterio profundo! Al mismo tiempo mi alma siente la pura y omnipotente atracción de una mujer.

"Dentro de unos minutos voy a celebrar la santa misa en su camarote.

"Es un alma profundamente religiosa, si bien tiene para ella misma una visión especial de nuestros dogmas y especialmente de nuestra disciplina.

"Es enemiga del celibato eclesiástico. Prefiere que los sacerdotes ostenten la triple corona de los patriarcas: sacerdotes, esposos, padres.

"Ya lo he dicho antes, y creo haberlo escrito en este diario: El celibato cristiano es un estado sublime, angélico y humano a la vez, superior en cierto sentido al matrimonio por su santidad y su felicidad. Tiene derecho a una recompensa especial en la vida eterna de la cual es imagen y a la vez una anticipación aquí abajo. Yo he tenido ese don de Dios, he conocido su dulzura, he poseído su fuerza, y hasta quisiera que me fuese posible conservarlo toda mi vida..."

Acababa de escribir esto, cuando sonó un nuevo y perentorio llamado del teléfono.

La athanora iba tripulada por dos mecánicos y tres sirvientes, además de los dos pasajeros, Juana y fray Simón.

Todo lo que el ingenio humano y el lujo pueden inventar se había asociado para hacer de aquella nave aérea, especie de aguja de cristal y plata, un reducido palacio "fin del mundo".

¿Qué podía imaginar alguien que allí no hubiese para deleite de los sentidos y del espíritu? Hasta un teatro, donde la televisión unida a la telefonía representaba las piezas que se daban y también las que se habían dado durante la semana en cualquier gran teatro del mundo. Bastaba captar la onda para que los ojos y los oídos recibieran la sensación de sonidos y colores que se producían en ese momento o se habían producido hacía varias horas y aun días a miles de leguas de distancia.

Volando en la estratosfera, la athanora podía dar la vuelta al mundo en ochenta horas.

Pero esta vez, su dueña, para retener más tiempo al extraordinario huésped que llevaba a bordo, dispuso que el viaje se hiciera con las máquinas a un cuarto de velocidad normal, y no de oriente a occidente, sino a la inversa, de occidente a oriente.

Cortando al sesgo los paralelos, pasaría sobre el Asia Menor, Persia, la India, el golfo de Bengala, el archipiélago de Sonda, el mar de Coral y el inmenso espejo del Pacífico, hasta alcanzar el vértice de América.

Juana Tabor, al embarcarse en Roma, había dicho al fraile:

—No se retardará ni una hora. Llegará antes de lo que habría llegado en el dirigible brasileño.

Sólo cuando estuvieron arriba de las nubes le confesó que había dado orden a sus mecánicos de volar con rumbo opuesto, y que no tardarían menos de ocho días en el extraño viaje.

Fray Simón no protestó. ¡Qué había de protestar! Apenas adujo que le seria difícil explicar el retardo, y sobre todo el cambio de ruta y el haberse embarcado en el avión de una mujer.

Ella se echó a reír.

—¿Acaso necesita usted decirles la verdad? ¡Invente cualquier cosa! En Buenos Aires no están ahora las gentes, y menos esos pobres enclaustrados, con ánimo de andar inquiriendo los asuntos del superior. Las noticias que llegan dan cuenta de dos millones de judíos asesinados por el populacho.

Poco antes de la hora, Juana Tabor mandó un sirviente para que condujese al fraile hasta su camarote, situado en el lomo del avión, donde sus ventanas formaban dos suaves combas de cristal.

El fraile entró y quedó deslumbrado por el lujo simple y exquisito de aquella cámara. Sobre una repisa había un gran ramo de sus rosas, de las que ella misma cuidaba en su palacio de Martínez para adornar su alféizar. ¿Cómo había rosas para el altar gregoriano en Buenos Aires y en Roma y también allí, sobre aquel altar? Se volvió, y entonces vio a Juana, tendida en su lecho, con la frente siempre ceñida por su cinta roja.

Una oleada de sangre tiñó el pálido rostro del fraile. Las rodillas se le doblaron y cayó al suelo.

—¡Oh, Juana! ¿Qué va a ser de mí? —exclamó apoyando la sien palpitante sobre la mano que ella le tendía—. ¡Mire, tengo fiebre!

—¡Levante su corazón! —le murmuró ella con aparente severidad—. Estoy enferma y hoy será un día más grande para mí que el de ayer. Hoy quiero bautizarme de su mano, y asistir de nuevo a su misa.

Él guardó silencio. ¿Qué dirían en Roma si tuvieran noticias de que había dado la comunión a una hereje antes de bautizarla, y se disponía a celebrar misa en el avión, junto a su lecho?

A media voz le confió sus inquietudes, y ella, sonriendo, le respondió:

—¿Hasta cuándo tendrá escrúpulos romanistas? ¡Arroje ese lastre inútil! ¡Arriba el corazón! Usted servirá mejor a Dios cuando se proponga no dejar pasar un día sin hacer algo, oculto o visible, contra el romanismo...

—Sí, sí —dijo él, levantándose—; la burocracia, la tiranía, la liturgia romana... Hacer cada día algo en contra de ellas será servir a Dios...

En el altar halló dispuestos los ornamentos: el cáliz y la patena sobre el ara cubierta de un blanco mantel, y a un lado el misal, y también el vino para el sacrificio, y una hostia grande y otra pequeña.

—¿Quién ha preparado esto? —preguntó, asombrado.

—Yo misma. Suponiendo que vendría conmigo, ayer me lo procuré todo.

—¿Dónde lo obtuvo?

—Las monjas de la Expectación son mis amigas y me deben algunos favores. La madre superiora preparó para mi oratorio todas las cosas. Usted dirá si se ha olvidado de alguna.

—Nada falta —dijo fray Simón echándose la estola al cuello—. Vamos primeramente a rezar la fórmula de Pío IV para la abjuración de los protestantes... Después la bautizaré.

—Yo no soy protestante —replicó ella—. Soy pagana; creo, es decir, creía más en Satanás que en Dios. Hoy creo más en Dios y creo en Cristo, según me lo ha enseñado usted; pero no estoy segura de haber dejado de creer y amar a Satanás...

—¿Amar a Satanás? —interrogó él.

—Sí. No puedo aborrecer a aquel en cuyo nombre mis padres me engendraron y que poseyó mi alma antes que Dios mismo, y que en el paraíso terrenal, según refiere el

Génesis, profetizó el destino de los que comieran del árbol prohibido.

—"¡Seréis como dioses!" —exclamó fray Simón.

—Sí, como dioses... La humanidad ha mordido ya el fruto de ese árbol, y todos somos como dioses... ¿Hemos de renegar de aquel que nos enseñó la ciencia del bien y del mal?

Ella hablaba con una voz extraña y hermosísima.

El fraile se sobrecogió. La belleza de aquella mujer resplandecía con diabólico fulgor. El corazón de carne del pobre hombre era una copa llena y a punto de volcarse.

—Quiero bautizarme y pertenecer a la Iglesia de Cristo, en la forma nueva que usted y yo vamos a instaurar... Libres de supersticiones y de cadenas. En ella todo se unirá; nada se excluirá, ningún cuerpo, ni ningún espíritu, ni siquiera el Espíritu del Mal, ni siquiera el Hombre de Pecado...¿Sabe usted a quién me refiero?

—Al Anticristo —murmuro el fraile apenas con un hálito de voz.

—Sí, al Anticristo, que helará la sangre de Cristo en la copa de oro del altar... ¿Por qué no...?

—¿Por qué no? —repitió él, aturdido— Ésa es la Iglesia que yo he soñado; la Iglesia sin fórmulas, en que no se excluya ni al mismo Satanás, y todos se alimenten de la carne de Cristo.

Juana escuchó con deleite la blasfemia del desventurado, a quien hacía delirar su inquina contra Roma, enconada por la pasión que ella le insuflaba como un fuelle infernal.

—La voy a bautizar, sin preguntarle nada más, y sin que abjure nada, y estoy seguro de que en los cielos los ángeles escucharán una voz parecida a la que hace veinte siglos escucharon las orillas del Jordán: "¡Tú eres mi hija bien amada, en quien me he complacido!"

Incorporóse Juana sobre el lecho, y el fraile derramó sobre su cabeza, ceñida en las sienes por una cinta escarlata, el agua regeneradora del bautismo. Y, en efecto, se oyó en las alturas un gemido estridente y prolongado que desgarró las nubes y cortó las carnes como una hoja herrumbrada y heló la médula en los huesos.

Ella, sobrecogida un instante, dijo después, para tranquilizar al fraile, que había quedado yerto y con la cabeza gacha:

—Es la bocina de algún avión que se cruza con el nuestro...

Pero la inmensidad del cielo transparente hallábase desierta en todo lo que alcanzaba los ojos.

—¡No piense más! —exclamó ella, y volvióse a acostar. Fray Simón ascendió al altar y celebró su misa, ansioso de acabar aquella escena.

Y, nuevo Judas, por segunda vez entregó a su Maestro, al dar la comunión a Juana Tabor.

Cuando volvió a su camarote, anotó en su diario las tumultuosas impresiones en que se mezclaban los ímpetus de su corazón a las extravagancias de su casuística, "que buscaba excusas a los pecados".

"Acabo de decir la misa con mucha fe, recogimiento y fervor. Sin embargo, nunca la he dicho con tanta libertad de espíritu y con la voluntad casi resuelta de separarme de la Iglesia Romana. Durante la comunión, me repetía en voz baja al mismo tiempo que con el corazón: ¡Salir de la Iglesia Romana! ¡Ser de vuestra verdadera Iglesia, oh, Jesucristo!

"No bien terminó entró un criado trayéndonos un suculento desayuno, que ella y yo compartimos alegremente.

"¡Oh, vida familiar, vida de amor, perfume de cielo, respirado junto a la cama de ella! ¡ Nada de esto es inútil ni para mi alma, ni para su alma, ni para la humanidad!

"Juana me ha preguntado cuáles son mis ideas acerca del Anticristo.

"Cuando le hablo del Hijo de Perdición, como lo llama San Pablo, fulgura su mirada y se extravía su juicio.

"Quiere a toda costa que su marca, el misterioso 666, la lleve en mi brazo yo, como un signo de libertad y de amor... ¡Qué infantil ocurrencia! No me he decidido a complacerla,

pero no veo en ello nada malo. Cuando esté en Buenos
Aires, tal vez... Pero pienso y le digo:
"—¿Por qué he de llevarla yo, cuando usted misma no la
lleva? —y le muestro su brazo perfecto y limpio. Y ríe."

Al día siguiente el fraile dijo su segunda misa en la
athanora, que volaba sobre los mares y bajo las
constelaciones asiáticas. Cada vez fray Simón de Samaria se
alejaba más de la comunión católica, y tanto no lo advertía
que llegó a escribir en su cuaderno:

"Acabo otra vez de celebrar con la misma libertad que
tendría un protestante que creyera en la presencia real, sin
inquietarse de la transubstanciación. Me siento lo
suficientemente libre para dar la comunión a un no católico,
para consagrar la eucaristía en una casa particular,
prescindiendo de las oraciones y ceremonias de la misa...
"¡Cómo avanzo rápidamente en la vía de esta santa
libertad y de este santo y virginal amor...!"

Dejó un rato la pluma, a fin de reunir sus recuerdos, y
prosiguió después:

"Verdaderamente, y según dijo Dios al crearlo, no es
bueno que el hombre esté solo. Necesita una compañera
semejante a él. Aunque esta mujer no pueda ser mi esposa
en el sentido terrestre de la palabra, es más que una
hermana, ¡es la esposa de mi alma!"

Este modo de razonar había acabado por ser instintivo en
él: cada vez que se dejaba arrebatar por un ímpetu amoroso,
sentía necesidad de vociferar contra la disciplina o la teología
para excusar lo que la moral católica le reprobaba.

Y, a la inversa, cada vez que su encono contra Roma lo
hacía creerse un profeta exhalaba el gemido de la carne
mordida por la inconfesada debilidad.

Ese día escribió así:

"¡Noche de cielo, cerca de ella!

"Los ángeles podían mirarnos y escucharnos, porque nuestros amores eran amores impregnados de una castidad sin tacha. Éramos dos en una sola alma. Tesoros de vida moral y religiosa se acumulaban en mi seno. Hoy me siento más que nunca confirmado en la fe y en el amor al catolicismo."

Y otra vez anotó en su diario aquello que fray Plácido llamaba una falsa justificación de los pecados:

"Lo que he hecho al declararle mi amor, no es un acto fugitivo y sin importancia en la vida, que pueda mañana desvanecerse sin dejar más trazo que un recuerdo encantador, pero estéril y vano. Lo que he hecho permanecerá durante la eternidad en dos almas por de pronto, y después, bajo otra forma, en todas las almas que recibirán el contragolpe de ese acto. Es una sustancia de valor infinito que yo acumulo en el fondo de mi ser. Son los misteriosos aluviones que allí va depositando el río de la vida, para formar la tierra del futuro milenio.

"Y lo que me asombra o, mejor dicho, lo que me prueba hasta la evidencia la presencia de Dios en semejante amor, es la calma inefable de todo mi ser en medio de goces tan desconocidos y espirituales.

"Cuando salí del camarote de ella, pasada la medianoche, llevaba en mi corazón una felicidad sin igual, y cuando me acosté en mi estrecha cama solitaria, al pie de una cruz, nada igualaba la paz de mi conciencia."

Esa noche, antes de cerrar el diario, fray Simón se acordó de fray Plácido, que, sin dejarse engatusar por la melosa piedad de las palabras, de un tajo más de una vez le había descubierto las recónditas intenciones debajo de las palabras repugnantemente piadosas.

JUANA TABOR - 666

Y con ira y obstinación agregó varias líneas, en que se trasuntaba la pérdida del rumbo.

"Marcho sin saber adónde. No veo a diez pasos delante de mí, No sé si es la continuación de mi senda o un camino nuevo, por donde nadie ha pasado. O es un abismo. "Trabajaré para la eternidad. ¡No tengo esperanzas para la vida presente! No las tengo porque soy fraile y es difícil salir de mi orden. No las tengo porque soy sacerdote católico y es imposible salir de mi Iglesia...

"¡Oh, Iglesia Católica Romana, verdadero rei-no de Dios sobre la tierra, cuánto pesas sobre las almas y sobre las sociedades!

"¡Oh, tiranía eclesiástica, la más terrible de todas! ¡Oh, Señor que has dicho en el Evangelio: 'Mi yugo es fácil y mi carga ligera'... ! ¡Eso no es verdad! ¡No hay yugo más pesado que el tuyo, Señor!"

Otro día más.

La athanora volaba sobre el archipiélago de Sonda, como un rayo de luz por el aire transparente. Guiábala Juana Tabor. A su lado estaba el fraile, cuyos ojos tristes miraban con asombro los cielos infinitos de donde huía su alma, y abajo el pequeño mundo envuelto en nubes, donde se refugiaba.

Por la mañana había escrito en su libreta:

"Hoy no he tenido valor para decir misa. Al verme ella me contó que tenía fiebre.

"Usted siempre por la mañana tiene fiebre —le dije. ¿Acaso duerme mal?

"No me contestó.

"Después hablamos del Anticristo. Quise leerle lo que dice San Pablo en la segunda epístola a los tesalonicenses, pero me interrumpió con los ojos llameantes.

277

"—¿Por qué le llamáis el 'Hombre de Pecado', el 'Hijo de la Perdición'? ¿Por qué los católicos lo odiáis desde antes de su nacimiento?

"En verdad, no supe qué contestarle.

"Hoy quiere que la acompañe en la cámara de comando. Ella conducirá la athanora con su pequeña y dulce mano que tal vez un día, apoyada sobre mi hombro, torcerá el curso de la historia de la Iglesia..."

Un rato después hallábase él junto a Juana Tabor. Ella no pareció darse cuenta. Iba abstraída, y su mirada se hundía en el horizonte profundo.

Fruncía el ceño, en un esfuerzo de concentración mental, De vez en cuando, con imperceptibles movimientos, rectificaba la ruta.

¡Qué no habría dado el sin ventura por penetrar en sus pensamientos y ver las cosas remotísimas y extrañas que hervían en su alma inaccesible!

El sol, cortado por los cristales de la cabina de comando, la envolvía en tan singular resplandor, que su tez, habitualmente pálida, parecía tostada como los granos del café.

El mísero no pudo contenerse y exhaló su admiración, cuchicheándole sacrílegamente uno de los primeros versículos del Cantar de los cantares:

—Nigra sum,¡sed formosa!Soy negra, pero hermosa, como las tiendas de Cedar, como los pabellones de Salomón.

Ella sonrió, halagada, endulzó el ceño y le respondió con otro versículo del sagrado poema, sin apartar los ojos de la azulada proa:

"No os preocupe el que sea morena, porque el sol me miró."

Durante algunos minutos callaron ambos, hasta que ella preguntó:

—¿Qué dicen del Anticristo los exegetas católicos?

—Se han escrito bibliotecas enteras sobre el Anticristo —respondió fray Simón—. Su aparición es creencia de fe en la

Iglesia Católica, porque lo anuncian el profeta Daniel y tres de los cuatro evangelistas. Además San Pablo lo describe en la segunda epístola a los tesalonicenses, cuya lectura usted no quiso oír. Allí está escrito el nombre, que ningún intérprete ha podido comprender aún y que sólo se comprenderá cuando llegue su día.

—¿Cuál es ese nombre? —preguntó Juana Tabor.

Y el fraile recitó lentamente el versículo 18 del famosísimo capítulo XIII: "Aquí hay sabiduría. Quien tiene inteligencia calcule el número de la Bestia, porque es número de hombre, y el número de ella 666..."

Juana Tabor se mordió los labios con ira. La irritaba el que llamasen "la Bestia" a la más hermosa de las criaturas nacidas de mujer.

—¿Alguien, en veinte siglos, ha descifrado lo que eso significa?

—Ese pasaje, al igual de muchos otros de los libros santos —contestó fray Simón—, está sellado, y sólo será comprendido por los contemporáneos del Anticristo. Según el profeta Daniel, esta visión no se entenderá sino "en el tiempo del fin", es decir, cuando aparezca el Anticristo. Lo cual coincide con el anuncio del profeta Jeremías: "Estas cosas las comprenderéis el último día."

—¿Y en qué tiempo aparecerá? preguntó Juana mirándolo intensamente.

—Hacia la consumación de los siglos...

—¿Antes o después de la conversión de los judíos?

—La mayoría de los intérpretes sostiene que el Anticristo aparecerá mucho después de la conversión de los judíos, en los últimos tiempos de la humanidad. Pero no ha faltado algún teólogo que sostuviera lo contrario, esto es, que el Anticristo aparecerá antes, pues los judíos lo recibirán y lo adorarán como al Mesías, y su conversión no ocurrirá sino después que él haya sido derrotado y muerto por Cristo en persona.

Las manos de ella se crisparon sin soltar el volante, y sus labios repitieron en voz baja:

—¡Derrotado, muerto! ¿No cree usted que el Anticristo será invencible e inmortal?

—En sus primeras batallas será invencible —contestó el fraile—; moverá guerra a los santos y los vencerá, pero a los cuarenta y dos meses de su reinado aparecerá Jesús y lo exterminará con el soplo de su boca. El Anticristo será destruido, profetiza Daniel, sin violencia de mano: Sine manu conteretur.

Juana Tabor reflexionaba sobre aquel plazo de cuarenta y dos meses a que se reducía el reinado del Anticristo.

—¡Bah! —exclamó de improviso—. ¡Qué saben sus libros ni sus sabios de estas cosas! En suma, hay quienes sostienen que el Anticristo tardará mucho en aparecer porque vendrá después de la conversión de los judíos, que todavía está muy lejana, y hay quienes piensan que vendrá antes... Créame, fray Simón; éstos son los que están en la verdad.

—Tal vez ocurra así, que el Anticristo aparezca mucho tiempo antes del fin, y sea un prodigioso esfuerzo del infierno para oponerse al definitivo reinado de Jesucristo en el mundo.

—¿Y qué dicen los exegetas de cómo será el Anticristo?

—Será el más hermoso y el más sabio de los hombres. Remedará a Cristo en los milagros, para que los hombres lo adoren como a Dios. Golpeando la tierra con el pie, causará terremotos, por su diabólico poder. Será impúdico y se entregará a todas las concupiscencias de la carne. Será valiente y vencerá a todos los reyes. Congregará a los judíos dispersos y será reconocido como Rey de Israel. Reconstruirá Jerusalén, su capital, y levantará de nuevo el Templo. Los judíos lo recibirán por su Mesías y la tierra se postrará delante de él. Los cristianos se negarán a adorarlo y serán martirizados, y la Iglesia volverá a ocultarse en las catacumbas. Pero toda esta gloria infernal no durará más que un tiempo, dos tiempos y un medio tiempo, es decir, tres años y medio, según Daniel, o cuarenta y dos meses, según el Apocalipsis.

—¿Y cuándo empezarán a ocurrir esas cosas? ¿Acaso no es hora ya?

Fray Simón respondió con un versículo del cántico de Habacuc, que se reza en el oficio del Viernes Santo:

—Sí, ya es hora: "el abismo ha hecho oír su voz". La humanidad ha roto el sexto sello del libro apocalíptico. Presenciaremos cosas terribles.

Ella lo azotó con la desdeñosa mirada, que él veía resplandecer hasta en lo más oscuro de la noche.

—¡Cuán poderoso sería usted si, libre de prejuicios, subiera al púlpito y si palabra estallara, no en nombre del Verbo caduco, sino del Verbo nuevo, y hablase, no como uno de los cien mil sacerdotes del Vaticano, sino como el profeta anunciador del Anticristo...! ¿No ha sentido en el ardor de su sangre que es usted el primogénito de una alianza divina? ¡Respóndame! Pero béseme, antes de responderme.

El infeliz, en la cuesta de todas las prevaricaciones, pues había quebrado los dos puntales de su vocación: la oración litúrgica y la obediencia al papa, se levantó hipnotizado y besó la cara dura y fría de Juana Tabor, y balbuceó:

—Tampoco yo tenía mi verdadero nombre. Deme usted el nombre que quiera. Usted es la sustancia más sólida de mi religión; un instrumento nuevo para salvarel mundo. Este amor será una base de piedra sobre la que se levantará la Iglesia del porvenir.

—¿Qué Iglesia? ¿La de Cristo o la de su enemigo, aquel que en el Apocalipsis se llama la Bestia? —preguntó imperiosamente Juana Tabor.

Él no se atrevió a negar al Maestro y permaneció mudo.

Ella comprendió su batalla interior y lo acorraló:

—Escúcheme. El Anticristo existe ya. Yo lo he visto y lo he adorado, y él me ha amado, y en señal de su alianza me ha dado un algodón teñido en su sangre. Quiero que mañana celebre su última misa católica. Entre los corporales, sobre el altar, hallará ese algodón. Comprenda ahora el nombre incomprensible encerrado en el número 666. El Anticristo se llama Rey de los judíos,lo que puesto en hebreo suma 666, y se llama también Mahoma, lo que en letras griegas suma 666... Judío y musulmán, lo uno y lo otro, dan la fatídica cifra: 666, que todos, hombres y mujeres, debemos llevar como la señal de nuestro dueño. Mañana, en el momento de la consagración, usted mezclará las dos sangres, la de Cristo y la de su enemigo que ha venido para combatirlo y vencerlo.

Soltó el volante, se apoderó de la cabeza del fraile y lo besó con frenesí.

Y él, envenenado por aquella boca satánica, prometió cometer el horrendo sacrilegio, en la última misa de su vida.

Al otro día fue a la cámara de Juana Tabor, y ella, que lo esperaba junto al altar, le anunció:

—Hoy llegaremos a nuestro destino.

—¿Buenos Aires? —interrogó él, pero ella no le contestó y cambió de motivo.

—Anoche leí el Apocalipsis y he retenido esta promesa: "Al que venciere yo le daré potencia sobre todas las naciones; las gobernará con un cetro de hierro y las romperá como un vaso de arcilla. Y le daré la estrella de la mañana." Yo quiero que usted sea el vencedor de los prejuicios, y su mano podrá romper los muros del Vaticano como un vaso de arcilla. Y yo seré su estrella de la mañana.

Fray Simón se revistió los ornamentos sagrados.

Había resuelto eludir el sacrilegio material, celebrándola sin intención de consagrar y sin pronunciar las omnipotentes palabras que transforman el pan y el vino en la Carne y la Sangre de Cristo.

Toda la religión católica se encierra en aquella ceremonia.

Cada movimiento de la misa tiene un significado trascendental y un uso milenario.

Por siglos y siglos, millones de celebrantes los han repetido exactamente, creyendo que en la mayor exactitud hay un mayor fervor, de tal manera que puede afirmarse que un sacerdote pierde el espíritu sacerdotal en la medida en que se va apartando del estricto ritual.

Hacía tiempo que fray Simón era descuidado en celebrar su misa. Omitía algunas ceremonias, hacia incompletas las genuflexiones, pasaba por alto o pronunciaba mal las oraciones litúrgicas, y se excusaba interiormente criticando "los formulismos estériles", "la oración reglamentada".

Iba acostumbrándose para más graves transgresiones.

No se llega jamás de golpe a la suprema rebeldía; se comienza siempre infringiendo las rúbricas y mofándose de lo que fastidia cumplir, porque se ha perdido el espíritu, que da la clave y ayuda a entender y a gustar.

Toda ceremonia litúrgica tiene un sentido recóndito, inaccesible para los soberbios, pero claro y manifiesto para los humildes. Una cruz trazada con la mano, tres cruces sucesivas; una genuflexión; una oración en voz alta, seguida de otra en voz baja; un ósculo sobre el borde de la patena o sobre una página del misal, se encadenan como las notas de una sinfonía sublime, en que hallan sabor y alimento el corazón, la imaginación y la inteligencia.

Cuando fray Simón, inclinado delante del altar y con las manos juntas, pidió a Dios que purificara su corazón y sus labios, como purificó con un carbón ardiendo los del profeta Isaías, concibió el pensamiento de que sus labios estaban más manchados que nunca, pero se rebeló haciéndose ésta consideración:

"Si un teólogo me dijera que ése no es un amor religioso, sino una pasión carnal, yo tendría lástima de suteología.

"Este es un amor virginal, religioso y sacerdotal, nuevo fundamento de mi vida apostólica y piedra angular de la lejana Iglesia del porvenir. Preparación del santuario en que se cumplirán los sagrados misterios del Cantar de los cantares. Este amor es la cosa mejor que existe ahora en la Iglesia. Siento sobre mis labios su beso tan puro y tan tierno, y me descubro más cristiano y más católico que nunca."

Y, diciéndose esto, se irguió y ascendió al altar, resuelto a celebrar con intención y válidamente la misa.

—¿Numquid Deus indiget mendacio vestro? (¿Tiene Dios necesidad de vuestra mentira?) —le hubiera preguntado su viejo compañero, usando las sarcásticas palabras de Job.

Fray Simón iba como un hombre que corre cuesta abajo por la ladera de una montaña. El viento zumba alrededor de su cabeza; hiérese en las piedras del sendero, mas ya no puede detenerse, y hasta encuentra razones de apretar el paso...

La fórmula del prefacio, con la cual se inaugura la parte de la misa en que el sacerdote se transforma en un ser superior a los ángeles mismos, le pareció hermosa y la rezó con énfasis, pero sin fervor.

"Santo, Santo, Santo es el Señor Dios de los ejércitos. Los cielos y la tierra están llenos de vuestra gloria. Hosanna en lo más alto de los cielos. ¡Bendito sea el que viene en nombre del Señor...!"

El fraile sentía los perspicaces ojos asiáticos espiando sus ademanes.

Extendió las manos sobre el cáliz y sobre las dos hostias que iba a consagrar, una grande para él y otra pequeña para ella, y rezó la preciosa deprecación que comienza con estas palabras: Hanc igitur oblationem servitutis nostræ,en la que pedía que el Señor se dignara aceptar con bondad aquel sacrificio y contara al sacerdote y a los fieles presentes en el número de los elegidos.

Juntó las manos, hizo cuatro veces el signo de la cruz; luego una nueva cruz sobre el pan y otra sobre el vino, y tomó la hostia entre el pulgar y el índice de ambas manos, apoyó los codos en el altar y agachándose pronunció las sacramentales palabras, que hacen arrodillarse a los ángeles del cielo: ¡Hoc est enim corpus meum!

Un instante después se arrodilló y de nuevo dejó la hostia y articuló sobre el vino las palabras litúrgicas:

"Porque éste es el cáliz de mi sangre, la sangre del Testamento nuevo y eterno, misterio de fe, que por vosotros y por muchos será derramada en remisión de los pecados."

En seguida comió el pan y bebió el vino y dio la comunión a Juana Tabor. Tras el bocado —como se lee de Judas en el Evangelio de San Juan— entró en él Satanás.

Había cometido uno de esos sacrilegios que sacuden la creación en sus quicios de eterno bronce, pero su alma estaba serena y tranquila, afianzada en la insensata pretensión de ser la piedra angular de la Iglesia del porvenir, en cuyos círculos cabrían todos los hombres, aun aquellos que blasfemaban de Dios y combatían a Cristo.

Después de la misa, volvió a su camarote y escribió en su diario:

"Acabo de decir la misa con un gran consuelo y una gran tranquilidad. Había resuelto no celebrar nunca más una misa válida, pero una vez en el altar me sentí irresistiblemente impulsado a pronunciar las palabras litúrgicas, con intención de consagrar, para que fuese real y efectivo lo que un católico llamaría el horrendo sacrilegio.Después de haberlo hecho así, estoy asombrado de mi calma, y ésta no será ciertamente mi última misa.

"Siento que llevo en mi corazón no solamente el porvenir de la Iglesia, sino también su presente, y que nadie puede arrebatarme la misión que Dios me ha confiado, ni siquiera el papa. El papa no es el amo de la Iglesia y de las almas, sino su servidor.

"En llegando a Buenos Aires subiré al púlpito y proclamaré la Iglesia del porvenir."

Pensó que sería excomulgado y arrojado de su convento, y esto le inquietó, porque perturbaría sus planes.

Quería destruir la Iglesia Romana, pero procediendo al revés de como habían procedido todos los reformadores: ellos la atacaron desde afuera. Pues bien; él se humillaría, se sometería aparentemente, y, desde adentro realizaría su destructora empresa. Tal vez lo único que le impediría hacer esto sería el pensamiento de aquella mujer, con la cual no podría unirse mientras permaneciera en la disciplina de su estado.

¿Cuál de las dos fuerzas que se disputaban el imperio de su pobre alma prevalecería?

¿El amor, el odio?

Quiso permanecer encerrado todo el día y no dejarse ver más de Juana Tabor hasta Buenos Aires, y a fin de que ella no se extrañara le envió este recado con el sirviente:

"Siempre todas mis alegrías fueron tristes; en adelante todas mis tristezas serán alegres, porque Dios me ha entregado a usted. Estoy triste, pero soy feliz; llevo en mi corazón la Iglesia que he buscado en vano durante treinta años.

"Como los levitas del desierto, sostengo el Arca de Alianza sobre mis hombros y marcho hacia la Tierra Prometida. Tal vez no la veré, pero el Tabernáculo del Señor entrará en ella, y todos los pueblos, comulgando en la libertad y la democracia, descansarán a su sombra.

"Me siento a la vez triste y feliz; lleno de vida, cerca de la muerte. Me siento completamente suyo, todo entero y para siempre, en esta vida y en la eternidad.

"Siento que la nueva Iglesia ha comenzado con mi bendición de sacerdote sobre su cabeza y mi beso santo sobre sus labios.

"Una flor virginal ha abierto sobre el viejo tronco ennegrecido. Ya el invierno ha pasado; ¡he aquí la primavera!"

Ella tampoco se dejó ver, ni le habló por teléfono, pero le contestó en una esquela:

"¿Por qué estar triste? El destino de una humanidad nueva se afianza en usted y en mí. De nuevo nos vamos a alejar, y usted será combatido por los enemigos de adentro y de afuera de su alma."

El fraile volvió a pensar en lo que creía ser su misión sacerdotal, con lo cual anestesiaba su conciencia torturada y escribió algunas páginas más:

"Mientras digo la misa, mi corazón es como la playa del mar; un incesante vaivén de las olas.

"Llegó a pensar en las enormidades más extrañas e inverosímiles. ¡Hombre de deseos eres tú! Siento que me alejo de Roma, conservándome dentro del espíritu del catolicismo. En esta combinación tan dolorosa y armoniosa del aislamiento y de la unidad, de la obediencia y de la libertad, en estas oscuridades y estas tempestades en que marcho y trabajo, procedo a ciegas, pero bajo la mano de Dios. Realizo una obra que yo mismo no comprendo, y sobre cuyo porvenir no podría explicarme en detalle, pero tan real y misteriosa, como grande y peligrosa. Estoy abriendo los cimientos de una nueva Iglesia o mejor dicho de una nueva estructura de la eterna Iglesia: ¡Jerusalem novam, semper novam!"

Corrió las cortinas para que la implacable luz de las alturas no le molestara y se adormeció en la cucheta. Tuvo ensueños delirantes. Soñó que era papa, por elección popular...

Pero su pensamiento no tardó en cambiar de norte y se orientó hacia aquella mujer. ¿Quién compensaría su sacrificio, si renunciaba a ella?

¿Quién se lo agradecería? ¡No, no, no!

Se levantó resuelto a cortar amarras con Roma, y como quien da una buena noticia, comunicó sus propósitos a Juana Tabor con estas líneas:

"Llego en este momento a la solución de la gran crisis de mi fe. Ahora, por fin, me siento libre de las ataduras extrañas y rígidas de la ortodoxia romana, y por eso mismo me hallo sólida y más alegremente establecido en la verdadera Iglesia Católica de Jesucristo.

"La verdad definitiva y única es que no soy ni católico, ni cismático, ni deísta, sino que soy de la Iglesia de los que esperan.

"En llegando a Buenos Aires abandonaré el convento y hablaré sobre los techos de la ciudad, como un apóstol y un mártir.

"He prometido a Dios no dejar pasar un día sin ejecutar algún acto grande o pequeño contra Roma... Comenzaré combatiendo con la palabra y el ejemplo contra el celibato eclesiástico... ¡Oh, Juana, Juana! ¡Cómo vienen a mi memoria aquellas amorosas palabras del Cantar de los cantares!. 'Ya el invierno ha pasado... Las flores han aparecido sobre la tierra y ha llegado el tiempo de los cantos; el arrullo de las palomas se ha hecho sentir en las campiñas... Levántate, amiga mía, hermosa mía, y ven!' "

Mandó aquella página y esperó que Juana Tabor lo llamaría para felicitarlo por una resolución que ella había infundido y que cortaba definitivamente su vida religiosa. Pero ocurrió todo lo contrario. Ella no lo llamó y se limitó a mandarle otras líneas en respuesta, que le produjeron inmensa decepción y lo dejaron perplejo y angustiado.

¿Qué significaba esto?

"Hoy llegaremos al final de nuestro viaje. Pero no es Buenos Aires. Le guardo una enorme sorpresa.

"La Iglesia Católica no es el único camino de salvación, mas para usted es el mejor. Debe volver al convento, sometido a la autoridad del papa. Debe reformar su orden y abrir sus puertas a las nuevas vocaciones. Hasta ahora todos sus esfuerzos han fracasado, por haberse aferrado a normas contrarias al espíritu liberal del siglo. Abra sus puertas a los templarios, y entrarán a torrentes, y tendrá un convento en cada ciudad del mundo y será el general de una orden religiosa que trazará su camino al mismo papa.

"El más grande error de los enemigos del Papa es que pretendieron destruir el romanismo saliéndose de la Iglesia. ¡Mala estrategia!

"El romanismo sólo será destruido desde adentro, no por los violentos, sino por los humillados que tuvieron la fuerza de quedarse tras de los muros de la odiada ciudadela. Usted no puede salir de su convento; usted no debe salir. Acuérdese de lo que se lee en el libro de los Macabeos: los judíos que abandonaron su ley pero se quedaron adentro de la ciudad contribuyeron a su derrota abriendo sus puertas al enemigo.

"Hoy llegaremos a mi palacio en el desierto del Thar, y usted desde allí comenzará su obra, que no será en la carne sino en las almas."

Y terminaba con estas líneas subrayadas enérgicamente:

"Atienda mi voz. Su obra no será la conversión de una mujer, sino de un pueblo de 400 millones de almas que esa mujer le entregará, sin entregarse ella misma.

"Ya el invierno ha pasado, es verdad, pero no son tiempos de escuchar el arrullo de las palomas, porque todavía las flores de esta primavera serán flores sangrientas. Que mi mano sobre su hombro sea más fuerte que la mano de un arcángel.

Capítulo VIII

El desierto del Thar

"Hoy llegaremos a mi palacio del Thar... Va a comenzar su obra verdadera, infinitamente más grandiosa que la conversión de una mujer, porque será la conversión de un pueblo de 400 millones de almas, de que esa mujer es dueña..."

¡Enigmático anuncio! Aquel pueblo debía de ser una de las más grandes naciones de la tierra.

¿Pero quién era su dueña? ¿Acaso ella, su extraña convertida?

Se acordaba del anuncio que le hiciera en Roma:

"Piense en los 400 millones de hindúes que aguardan su palabra."

¿Hablar a los sectarios de Buda y de Mahoma? ¿En nombre de quién iba a hablarles él? ¿En nombre de Cristo?

El pecho se le infló de orgullo.

¿No era mil veces preferible aquel trono que ella le ofrecía ahora al papado que acababa de escapársele?

¡Soberano espiritual y temporal de 400 millones de almas, y ella la reina!

La athanora había planeado durante algunos minutos sobre una llanura cubierta de gentes y rebaños.

Dos o tres círculos, como las águilas cuando van a posarse; un toque de sirena, y luego, dulcemente, el aterrizaje en una playa circundada por un cordón de seda roja.

Fray Simón penetró en la cámara de Juana Tabor, para preguntarle qué país era aquél, mas no la halló, pues había descendido la primera y perdídose entre la muchedumbre.

Un sirviente silencioso lo condujo a tierra.

Nadie parecía tener noticias de aquellos viajeros. Miles y miles de personas hormigueaban en el campa-mento. bajo el sol, que iba trasponiendo lejanas colinas azules.

En el aire tibio sentíase un olor sui generis, mezcla de todas las emanaciones de la turba, el vaho de las bestias, el agridulce aroma de las frutas y de las hierbas, el perfume de los pebeteros con que los ricos sahumaban sus tiendas; la esencia de rosas que las mujeres volcaban en sus velos y cachemiras. Escuchábanse retazos de las cien lenguas indostánicas, el panjabí del norte, el sindí del centro, el marwari de origen sánscrito, el guzderati del sur, el hindú, y el persa, y el afgano. Y, como una lengua impura, el esperanto de los opresores.

El sirviente condujo a fray Simón hasta un elefante que lo aguardaba arrodillado, y le mostró una especie de árgana o cuévano que debía ocupar.

Una vez Juana le habló con inusitada vehemencia:

—Todavía la tierra aguarda al más grande de los libertadores, que será cien veces mayor que San Martín, que Bolívar, que Washington, porque librará del yugo no a decenas sino a centenares de millones de seres humanos.

El fraile, que vivía obsesionado por lo que él llamaba el yugo de Roma, y era la disciplina eclesiástica, más intolerable a medida que iba perdiendo el espíritu sacerdotal, pensó que ella aludía a esa libertad, mas no logró que se explicara.

En otra ocasión le dijo algo más:

—El mayor de los libertadores será también el último que aparezca en la historia, y no nacerá en América, como nacieron los otros, sino en Asia. Él logrará convertir al pueblo más viejo de la tierra, en la más joven de las naciones. Una vez que la India deje de ser la factoría de la plutocracia europea, ese libertador será adorado por su pueblo más que Buda y más que Mahoma...

Estas confidencias hubieran puesto al fraile sobre aviso de cuál era la verdadera identidad de su amiga, si el desventurado hubiera sido capaz de libertarse de las dos ideas fijas incrustadas en su cerebro: su propia misión divina y la reforma eclesiástica.

Andando el tiempo, después de un viaje, ella dejó de hablarle de la libertad de su patria. Era como si le hubieran cambiado el corazón.

Otra pasión, infinitamente más poderosa, la había envuelto, como un maelstrón, en un torbellino sin piedad y sin esperanzas...

La inmensa caravana se puso en movimiento, siguiendo una vereda de basalto rosado, tan árida, que en la juntura de las piedras no crecía ni una brizna de musgo.

Silenciosos cornacs, de rostros bronceados bajo sus turbantes amarillos, conducían a las enormes bestias, que pronto abandonaron el sendero, para caminar en filas más anchas por el campo desnudo.

Era un salitral inconmensurable y fosforescente, cuyo silencio rompían con ásperos rebuznos los asnos salvajes que llegaban a roer los juncos de las marismas, durante la noche, por temor a los chacales y a los lobos.

En años de sequía, era la región de los mirajes y de las fatamorganas. Las caravanas, enloquecidas por la sed, apretaban el paso, persiguiendo oasis que huían en el horizonte, ciudades de mármol y límpidos estanques, aldeas ceñidas por naranjales verdes, ríos que no existían.

En temporadas de lluvias que duraban años enteros, la tierra desaparecía bajo un mar sin hondura, de agua insípida y amarillenta.

Todo lo que rodeaba a Juana Tabor, en cualquier parte del mundo, era misterioso como un pecado o como un crimen.

¿Podía ser dueña de un palacio en aquella desolación?

En muchos lugares veíanse profundos barrancos, tremendas cicatrices del suelo, señal de ríos desecados miles de años atrás, donde no crecían sino matorrales y cactos.

La India ha turbado con sus leyendas, en todos los tiempos, el sueño de los conquistadores.

Fue siempre el país de los relatos increíbles.

De allí venían los tesoros, las telas preciosas, los marfiles incrustados, el oro, las armas, las perlas, los diamantes; las esclavas más hermosas; los más bravos guerreros; tigres, elefantes, cobras domesticadas por sabios faquires.

Fue también el pueblo de la contradicción.

La región más poblada y feraz del planeta y de más antigua cultura, vivía en la más espantosa miseria, oprimida siempre por algún invasor: Semíramis, Ciro, Darío Hijo de Hystases, Alejandro el Macedonio; los musulmanes, que fundaron el poderoso imperio del Gran Mogol; los ingleses, que en el siglo XIX lo destruyeron, y los rusos de Samarcanda, que se apoderaron de la región a mediados del XX. Ella, la cuna de la raza libertadora de Europa, la raza aria, nunca en veinticinco siglos pudo libertarse a sí misma.

La verdadera patria de un hindú no es la tierra, sino la casta. Aunque geográficamente sea un solo territorio, no es un solo país, sino muchos países yuxtapuestos, que se repelen y se debilitan.

El prejuicio de la casta ha sido el principal apoyo de los extranjeros para mantener su dominio en la India.

A mediados del siglo XIX se produjo la sangrienta revolución de los cipayos.

Eran éstos un medio millón de nativos enrolados en los cuerpos militares ingleses para cuidar, sin más recompensa que un sueldo ruin y un uniforme raído, la seguridad del país.

Llamábaseles en la lengua del país umeidwards, que significa "hombres de esperanza", pero sus esperanzas no iban más allá de alcanzar las jinetas de cabo, único grado militar que se les otorgaba, después de cuarenta años de servicios.

Aunque los cipayos son tipos despreciables para los hindúes, que los consideran traidores mercenarios, ellos, en 1857, movidos por un pretexto religioso, estuvieron a punto de independizar su patria.

Hacía tiempo que en todo el Indostán secretos agentes del nacionalismo preparaban el ambiente, distribuyendo entre los hindúes la sagrada flor del loto azul, santo y seña de una revolución que sólo aguardaba un momento propicio.

La oportunidad se presenté en 1857, cuando la Compañía de las Indias Orientales distribuyó entre los cipayos el nuevo modelo de fusiles Enfield, cuyos cartuchos venían enduidos en grasa de cerdo, según decían unos, o de vaca, según otros. Éste fue el pretexto.

Conforme a la religión budista, la vaca es animal sagrado, y un hindú venera hasta sus cenizas. Por otra parte, según la religión musulmana, el cerdo es animal inmundo.

Los cipayos budistas se negaron a usar aquellos fusiles, pues para dispararlos debían morder sus cartuchos, untados en grasa de vaca; y los cipayos musulmanes se negaron también, porque les decían que lo habían sido en grasa de cerdo.

Dos fanatismos se unieron, pues, en la revuelta. Los oficiales intentaron imponerse, pero los cipayos los asesinaron, arrojaron aquellos fusiles, incendiaron sus cuarteles, se apoderaron de ciudades populosas, y con crímenes feroces y estúpidos, como los que harán eternamente odioso el nombre de Nana Saib, mancharon la santidad de la causa.

La revolución estuvo a punto de triunfar. La culpa de que fuese vencida la tuvieron algunos príncipes hindúes renegados que ayudaron a los extranjeros a aniquilar a los que la historia que escriben los blancos denomina "rebeldes", y la que se cuenta en las chozas de los nativos llama "mártires de la fe".

Todavía el mundo recuerda el suplicio de los cipayos prisioneros, atados a las bocas de los cañones ingleses, y la persecución hasta el exterminio de todos los parientes del Gran Mogol.

Desaparecido el último descendiente de Tamerlán, no quedando quien tuviera derecho de sentarse en el trono de cristal del Gran Mogol, no por eso quedó la India pacificada.

Hasta que a mediados del siglo XX, en 1959, la invadieron los rusotártaros de Samarcanda y la conquistaron para Satania, que siempre soñó con ser su dueña.

Agazapados en sus míseras viviendas, atrincherados en sus castas, los hindúes siguieron rogando a sus dioses por el advenimiento del libertador.

En la última década del XX renació la esperanza, porque se supo que exista en tierra birmana una biznieta de Abu Bekr, el hijo del Gran Mogol. Era la más hermosa y rica y valiente princesa que haya engendrado el Asia.

Ella había levantado la bandera de la revolución, y con la frente ceñida por una cinta escarlata recorría el país, desde las montañas del Himalaya, hasta el cabo Comorín, y desde las orillas del Indus hasta las cien bocas del Ganges, pasando por entre las mallas de la policía rusotártara.

Muy pocos la habían visto, y nadie sabía de ella más que las cosas extrañas que se contaban de la boca al oído, pero cuatrocientos millones de sus connacionales la reconocerían cuando se anunciara:

"Yo soy la esperada desde hace seis siglos, la última descendiente de Tamerlán.

"Por mí seréis libres y dueños de vuestra tierra. Mi nombre es Machta Bai."

Un día cundió una triste noticia, pues se dijo que Machta Bai, amada por Ciro Dan, un monarca extranjero, había olvidado su misión y su raza.

Imposible describir la desolación de los hindúes, unidos en esa única esperanza.

Mas de improviso sigilosos agentes que burlaban las precauciones de la policía distribuyeron por todo el Indostán la flor sagrada. Y en la misma forma millares y millares de hindúes de todas las castas fueron convocados a una cita misteriosa en la derruida y antiquísima Sirsa.

La India es el país de las ciudades desaparecidas, muchas de ellas tan grandes como las mayores de Europa, asoladas por las guerras, o abandonadas en masa a raíz de uno de esos cataclismos bíblicos de que el Asia guarda el temible secreto:

hambres, pestes, sequías de décadas, en que ríos inmensos cambian de curso, condenando a la esterilidad comarcas enteras.

Sirsa había visto así emigrar en masa a todos sus habitantes.

Sus palacios de mármol, abandonados a los monos y a los dholes, iban derrumbándose, socavados por las raíces de los árboles que cuarteaban sus cimientos, o por las lianas que abrazaban traidoramente sus columnas, y hasta por el ojo de agua que brotaba bajo el mosaico, en el recinto de sus salones.

Detrás de murallas ciclópeas, que mantenían una ilusión de poderío, resplandecían cúpulas doradas, en cuyas cornisas anidaban los gyps, buitres negros de cabeza calva.

A lo sumo algún faquir, habitante solitario de suntuoso pórtico, vivía con un puñado de flores de mhowa, bebiendo en la oculta vertiente.

Un día, como el campo de huesos del profeta Ezequiel, aquellas ruinas revivieron, transformándose en el campamento y la fragua donde se forjaba la libertad de la India.

En sus largas rutas, los viajeros bandjaris, que transportaban las cosechas para el pueblo y marchaban en tropas precedidos de un toro cubierto de oropeles, cruzábanse con los más sospechosos peregrinos. Todos los medios de viajar, de cualquier época, habían sido puestos en movimiento: carromatos arrastrados por peludos bueyes del Tibet, asnos de las mesetas del Pamir; shingrams, especie de jaulas de bambú, en que se arrellanan los ricos hindúes sobre muelles cojines; gharries o literas de cuatro ruedas, tiradas por vacas, y en cuyos costados de brocato se cuelgan las armas del dueño, poderoso radjputana, que cuando tiene que cruzar un río hace degollar un mestizo de su servidumbre; carrozas de marfil arrastradas por cebras africanas, lujo de las mujeres arias de Kashmir, las más hermosas del mundo; majestuosas filas de camellos y de elefantes, enjaezados para los kchatryas soberbios, descendientes de los reyes conquistadores; briosos caballos montados por los siks, sectarios de Nanak, que llevan siempre, como talismán, un trozo de acero; faquires y mendigos, con una caña de bambú al hombro, del extremo de la cual cuelga un atadito, con su equipaje; caterva de mujeres envueltas en velos, y niños semidesnudos, pululando entre las patas de las bestias y las ruedas de los vehículos.

Y sobre aquella turbamulta que viajaba como en los tiempos de Gengis-Khan, se oía el ronquido de los aviones que pasaban.

De trecho en trecho, el vivac de un grupo a la orilla de alguna vertiente, o a la sombra de una higuera o de un mhowa, árbol de flores comestibles.

Y allí, siempre un faquir que predicaba la guerra santa en cualquiera de las cien lenguas del Indostán.

En la alta noche, fray Simón, que se había dormido al cadencioso andar de su elefante, se espabiló. Su cornac, de turbante amarillo y piernas bronceadas, cantaba una de esas melodías gregorianas compuestas en la Edad Media, y cuya sublimidad musical es todavía un secreto.

La ciencia de los músicos de todas las edades, con los recursos del genio y las perfecciones de la técnica, no ha igualado esas dos notas del canto llano medieval: el Lauda Sion y el Dies iræ.

"Alaba, Sión, a tu caudillo y a tu pastor... Atrévete, con todas tus fuerzas, porque sobrepuja toda alabanza, y los cánticos nunca bastarán..."

Escuchaba el fraile aquella voz dulce y elástica, que parecía capaz de alcanzar las estrellas, y sentíase penetrado de una angustia, que en otro hombre se hubiera transformado en contrición, cuando otra voz se levantó más allá, y luego otra más, y pronto la caravana fue todo un coro que llenó de imponderable armonía la noche indostánica.

La prosa del Lauda Sion, obra maestra de Santo Tomás de Aquino, alivió durante una hora el pesado andar.

Cuando terminó, se habían borrado las estrellas, y a las vislumbres del alba se advertía una transformación del paisaje.

El camino, empedrado de lajas color de rosa, cortaba las primeras estribaciones de una montaña.

No lejos se divisaba un lago en cuya superficie abríanse millares de simbólicas flores de loto, y en cuyo fondo cenagoso yacían voraces cocodrilos.

Bosquecillos de bambúes se estremecían y murmuraban al viento del amanecer.

Hacía el norte, en lontananza, una masa imponente, piedras enormes, que chispeaban bajo los primeros rayos del sol. La calzada embocaba en un pórtico grandioso, por el que iban desapareciendo elefantes y camellos, como si la tierra los devorase.

Simón de Samaria no había podido resistir la tentación de plegarse al coro, y cantó las últimas estrofas del Lauda Sion, con su magnífica voz.

—Por lo visto —le dijo el cornac en latín, cuando hubieron quedado en silencio—, tú también eres católico...

—Así es, y por mí parte debo decirte que no me imaginaba hallar en estos lugares nadie conocedor de la música gregoriana.

—Hay en la India —respondió el cornac— millones de católicos, a quienes "la verdad no los avergüenza"...

—¿Cómo sabes tú ese texto de San Pablo? —preguntó Samaria, sorprendido.

—Porque soy sacerdote.

—¿De qué congregación u orden?

—Jesuita.

El fraile estuvo a punto de confesar que él también era sacerdote, pero inexplicable bochorno lo hizo callar. Cambió bruscamente de asunto y dijo:

—¿Sabes cómo se halla esta ciudad?

—¡Cómo! ¿Tú, que has llegado con ella, no sabes adónde vas?

—¿A quién te refieres? ¿Quién es ella?

—La reina...

—Yo conozco a Juana Tabor, con quien he venido, y no a la reina de que hablas. ¿Cómo se llama la reina?

—Nunca he oído el nombre que me has dicho —respondió el cornac—. La reina es Machta Bai, pero no me extrañaría que también se hiciera llamar de otro modo.

—Por primera vez oigo este nombre.

Calláronse un rato para no despertar sospechas.

—¿De veras tú no sabes —preguntó Samaria— adónde y a qué vamos?

El cornac se agachó y prosiguió en voz muy baja:

—No puedo creer que ignores que vamos a Sirsa.

—Podría jurarte que lo ignoraba; ni siquiera sé qué es Sirsa.

—¿Entonces, tampoco sabrás que vamos a emprender la guerra santa?

—No lo sabía.

—¿Menos aun sabrás que los soldados de esta guerra llevarán una marca en la mano o en la frente?

—¿Qué marca? preguntó con viveza Simón de Samaria, adivinando la respuesta.

—Me imagino —respondió el cornac— que has leído alguna vez el Apocalipsis...

—Ciertamente.

—Trata de recordar aquel texto del capítulo XIII en que el profeta anuncia que los adoradores del Anticristo llevarán su marca.

—Lo recuerdo, en efecto. Dice así: "Hará que todos los hombres, pequeños y grandes, ricos y pobres, libres y esclavos, tengan una marca en su mano derecha o en su frente."

—Pues bien —añadió el cornac—, dentro de pocos días, cincuenta millones de hindúes, marcados con la cifra 666, que es el nombre del Anticristo, se levantarán en guerra contra los tártaros. Hoy, entre los moros de Sirsa, comenzará la sacrílega tarea, que se extenderá a toda la India.

Pero no todos los que van en la caravana se dejarán señalar con esa marca...

—¿Y tú?

—Yo no, y tampoco ninguno de estos que han cantado el Lauda Sion.

—¿Qué haréis para evitarlo?

—¡Moriremos!

La respuesta fue categórica y sin énfasis, y penetró en el corazón del fraile como un puñal.

Juana Tabor le había hablado de aquella marca. Si ella al día siguiente lo buscaba en Sirsa y le volvía a pedir que se dejase marcar la mano o la frente con la señal del Anticristo, ¿de dónde sacaría fuerzas para negarse?

No habló más, y se sumergió en sus remordimientos.

CAPÍTULO IX

LA COMUNIÓN DEL ANTICRISTO

Bajo el ardiente sol de Radjputana, o bajo las estrellas de su cielo traslúcido, durante tres días y tres noches, siguieron llegando peregrinos a la arruinada Sirsa, y acampando en su recinto amurallado.

Agentes tártaros, con turbantes rojos, mal mirados por los hindúes, trataban de comprender los verdaderos motivos de tan insólitas asambleas, para informar al gobierno de Samarcanda.

¿Qué propósito podía haber en el fondo de aquel movimiento religioso?

Fuera lo que fuese, los pobres agentes de policía encargados de la investigación preferían no indagar, porque ya unos cuantos de ellos, los que más curiosos se mostraron, habían desaparecido como por arte de faquires; y los cadáveres de otros se descubrían en los mato-rrales con evidentes señales de haber sido estrangulados por los temibles thugs, adoradores de Siva, para quienes el asesinato es una forma de culto.

Fray Simón de Samaria ocupaba la sola estancia aún en pie de un palacio de mármol, próximo a la Puerta de los Pelícanos, y, más que un predicador, parecía un prisionero.

Desde la terraza dominaba parte de la enorme ciudad, y podía contemplar con estupor el tráfago de sus calles y los extraños preparativos que se realizaban en sus plazas, donde se levantaban piras de leña seca, como si se dispusieran centenares de suttys, hogueras de sándalo para quemar a las viudas, conforme a la inicua tradición del país.

No podía ser eso. Sin embargo, las fogatas que se encenderían allí tendrían algún significado religioso. El fraile se devanaba los sesos y, no sabiendo a quién preguntar, permanecía en la incertidumbre.

Su cornac le había dicho, al dejarlo: "Si eres católico, y no vas a renegar, prepárate a morir."

¿Por qué no le había dicho: "Tu vida corre peligro; trata de huir"?

Porque el cornac sabía que eso era imposible, pues mil ojos lo espiaban y un ancho desierto lo envolvía.

Más tarde un soldado le trajo una canastita de higos, un jarro de agua y un plato de miel. Fray Simón comió y bebió, y volvió a situarse en lo alto de su terraza.

A todo esto, ¿qué era de su compañera de viaje? ¿Por qué, después de llevarlo hasta allí, lo abandonó a la muerte?

Inútil interrogar al soldado, que parecía no entender ninguno de los idiomas en que él le habló.

Pero a la media tarde del segundo día, en los umbrales de su pórtico se apeó de una litera de seda amarilla Juana Tabor, vestida de blanco y ceñida la frente por la cinta escarlata.

A Simón de Samaria le bastó verla para perdonarle su cautiverio. Ella lo tomó por las dos manos y lo besó en la mejilla, y le dijo imperiosamente:

—Mañana celebrará la misa más solemne de su vida. En el altar y sobre su patena encontrará dos hostias para convertir en la carne de Cristo...

El fraile movió la cabeza, todavía con repugnancia al sacrilegio. Y preguntó:

—¿Va a comulgar otra vez, Juana?

—No, yo no.

—¿Para quién será, entonces, la segunda hostia?

—Será para mi rey.

—¿Es, pues, católico su rey? —interrogó el fraile, con más celos que autoridad—. ¿Cuál es el nombre de su rey?

Ella no advirtió o no quiso advertir su pregunta, y lo volvió al terreno de sus antiguas cuestiones teológicas:

—¿No pensaba usted fundar una nueva Iglesia de tres círculos, en los cuales cupieran no sólo los creyentes sino los incrédulos y aun los ateos? ¿No sostenía usted que para unirse a su Cristo no era necesario ser católico?

—Así pensaba, realmente...

—Si es así, mañana mi rey y señor recibirá de mano suya el Cuerpo vivo de Cristo, y se unirá con Él.

Al decir esto se rió con la risa más dura y perversa que él hubiese oído nunca y agregó:

—En dos mil años, jamás se habrá dado una comunión más trascendental que la que mañana dará usted, fray Simón. ¡Ni Arrio, ni Lutero, ni Calvino, que fueron sacerdotes y consagraron hostias y las distribuyeron...!

—¿Qué me quiere decir? —interrogó con ansiedad el desventurado—. ¿Con qué medida se mide el tamaño de un sacrilegio?

Juana Tabor lo miró en el fondo de los ojos y sin responder a su ansiosa pregunta, prosiguió:

—En dos mil años, la comunión más extraña la dio el mismo Cristo en la ultima cena...

—Al discípulo que luego lo entregó —añadió el gregoriano.

¡Alégrate, Simón de Samaria! Ni siquiera la comunión de Judas, dada por Cristo en persona, igualará a la que tú darás mañana al más noble y hermoso de los hijos de mujer...

¿Acaso será...?

Para que no lo nombrase con el nombre que a ella le indignaba, Juana Tabor le puso la mano sobre la boca. Enmudeció Samaria, y vencido de antemano por la sacrílega pasión, pero calcinado de angustia, se fue a acurrucar en un rincón, para dejar correr las horas y no pensar en su horrible destino.

Era sacerdote hasta la médula de los huesos; sacerdote para toda la eternidad, in æternum. Porque el aceite de unción es una diadema que se incrusta en las sienes, de oro y brillantes en la fidelidad, y de fuego en la apostasía.

Tenía clara conciencia de sus actos, pero su albedrío era un resorte quebrado y su voluntad una pobre hoja seca en el huracán. Estaba escrito que al siguiente día él, como Judas, entregaría a su Maestro, cometiendo uno de esos crímenes que conmueven a los astros.

Todavía ignoraba la verdadera identidad de Juana Tabor, si bien comenzaba a sospechar que fuese la misteriosa Machta Bai. Mas no alcanzaba a comprender qué ataduras la vinculaban a aquel rey sin nombre, que la enloquecía.

Se durmió en su rincón, cerca de dos siniestros gyps, de alas negras y cabeza pelada, que hacía tal vez cien años que vivían posados en la cornisa.

Al amanecer, el mismo soldado que le llevó los higos y la miel fue en su busca y lo condujo a través de la ciudad.

Todas las piras de leña en las plazas estaban consumidas, y entre sus cenizas brillaban las herramientas usadas esa noche: marcas de hierro con la cifra 666.

Hombres, mujeres, viejos, niños, todos los habitantes de Sirsa, se habían marcado esa noche, en la mano o en la frente, la señal del Anticristo. Flotaba en el aire un pesado olor a carne quemada, y sentíase el lloro de los niños, incapaces de com-prender y de aceptar la tortura.

Con dificultad avanzaba en las calles atestadas de toda clase de gentes, desde los ínfimos sudras del Nepal, de rasgos mongólicos, tan miserables que, según las leyes del Manú, sólo pueden jurar por sus crímenes, hasta los magníficos sikhs del Pendjab, que juran por sus caballos o sus armas, y los orgullosos bracmanes de Benarés, que juran por su palabra nada más.

Templos subterráneos, pagodas bracmánicas, mezquitas mahometanas, santuarios budistas, palacios y mausoleos, cuyas piedras suntuosas roían los vientos y las lluvias desde hacía siglos, albergaban aquella multitud: los finos cingaleses, de ligeras túnicas, que adornaban sus cabellos con peinetas de carey; los bravíos afridíes, los opulentos parsis, los adormidos tibetanos, los birmanos alegres, los tristes bhils, que añoran el remoto pasado, cuando fueron dueños de todo el país. Todos unidos, por encima de la raza y de la casta, en un solo fanatismo y marcados con la misma señal: 666.

Más allá, una densa humareda en que se mezclaba el perfume del sándalo con el hedor de la carne calcinada envolvió al taciturno Simón.

No intentó preguntar qué fuese, porque su guía parecía no entenderlo. Pero éste adivinó su preocupación y en perfecto esperanto le dijo:

—Cien mujeres cristianas que no se han dejado marcar están quemándose allí.

Y le mostró varias hogueras en el extremo de una plaza, circundadas por la multitud ululante y frenética.

El guía añadió esta irónica explicación:

—Por fortuna para ellas, pues son de casta de bracmanes, la leña es de sándalo...

Llegaron por fin a una construcción inmensa.

Era el palacio que Ciro Dan se había hecho erigir de las mejores piedras de Sirsa, domo resplandeciente de mármol, rodeado de millares de columnas de pórfido, en cada uno de cuyos capiteles de bronce el cincel de innumerables artífices había simbolizado un verso del Ramayana, en forma que todos juntos componían el poema nacional de los hindúes.

Bajo la techumbre de jaspe y sobre el rojo pavimento circulaban camellos, elefantes y panteras, tan libres allí como entre los árboles de sus bosques de Birmania.

Ni siquiera parecían advertir que en el círculo encerrado por la columnata había siete prisioneros, vestidos de negro o de negro y blanco, o de blanco totalmente, o de pardo, según la orden religiosa a que pertenecían, los siete con las cabezas tonsuradas y las manos atadas.

Precaución inútil, pues no pensaban defenderse ni huir, ni se inmutaban cuando las panteras, más audaces, pasaban por su lado azotándose los flancos con las flexibles colas y parpadeando sus ojos de berilo.

Próximo a ellos había un altar sobre el que ardían unos cirios, y a la par un brasero en el que se calentaba el hierro con la señal apocalíptica.

Enfrente del altar, dos tronos de marfil bajo un dosel de púrpura, custodiados de un lado y otro por dos enormes tigres de Bengala, que dormitaban perezosamente.

A la derecha del trono había siete magníficos elefantes, retenidos por un cornac, y delante de cada uno de ellos un bloque de mármol blanco, tallado en cubo.

Para los prisioneros, que conocían las costumbres bárbaras de los príncipes hindúes, todo aquel artificio era la preparación de una ceremonia cruel y sangrienta en que ellos serían protagonistas.

Pero sus corazones estaban firmes y en paz.

De repente los micrófonos, dispuestos entre las columnas, anunciaron que el Gran Mogol, señor de la India y del Asia, iba a llegar, y los clarines tocaron una marcha desenfrenada y siniestra.

Simón de Samaria, obediente a su guía, permanecía en el pórtico, desde el cual se divisaba una ancha avenida, libre y limpia, para que pasara, sin ser molestado por la multitud, el más joven de todos los reyes, que no tardaría en ser el más poderoso también.

Lo precedía y lo rodeaba una extraña escolta, en que se advertía su diabólico influjo, no sólo sobre los seres racionales, sino sobre las bestias feroces.

Apareció primero una cobra, la terrible serpiente indostánica de mordedura siempre mortal; y detrás de ella otras, y luego muchas más, y tantas y tantas en filas tan cerradas, que a corta distancia parecían un tapiz dorado y brillante. La muchedumbre agolpada ante el palacio se apartó llena de horror, y Simón de Samaria quiso huir, pero el soldado lo detuvo.

—¡No temas! ¡Van a pasar!

En efecto, pasaron las cobras y se fueron perdiendo en los jardines sombríos.

Llegaron las hienas, en número incalculable. Era un tropel de espinazos erizados y de fauces babeantes y de ojos huidizos y medrosos, cuyo desfile duró largo rato.

Las siguieron los monos, astutos y odiosos, con sus muecas infames que los asemejaban a hombres borrachos.

Durante una hora desfilaron chacales y rinocerontes y manadas de perros salvajes, híbridos de lobos, y se conoció la aproximación del Gran Mogol, porque cesaron de pasar los animales odiosos, y surgió un pelotón de magníficos tigres reales.

Pero la verdadera escolta de aquel rey no la formaban las fieras, ni siquiera el grupo escandaloso de cortesanas impúdicas, que marchaban en pos de los tigres, sino la cohorte apiñada alrededor de la litera de Ciro Dan, que veía en aquellos hombres tristes su guardia de honor.

Guardia deslucida, en verdad, de sacerdotes apóstatas de todas las advocaciones que para mayor injuria conservaban las vestiduras talares de que no se les había permitido despojarse.

Era un denso tropel de hombres que gozaron en el mundo de una fama que los encandiló, olvidados ahora por ese mismo mundo, como los higos que se pudren al pie de la higuera.

No intentaré ni contarlos, ni describir sus vestiduras que, aun deshonradas por la apostasía o la disolución, imponían respeto.

Con ser muchos, no había un solo joven entre ellos.

La apostasía no se produce en la juventud, edad de las virtudes teologales: fe, esperanza, caridad.

La apostasía, engendro de la desesperanza y del orgullo, es enfermedad de vejez, como el cáncer o la arteriosclerosis, y suele ser el precio que pagan los viejos por su ciencia o su virtud, cuando las creen obra propia y no de Dios.

No había tampoco ningún obispo, pues toda la malicia de Ciro Dan para atraerse algunos había sido vana.

Pero aun así, aquella legión de seres a quienes Cristo mismo había dado la facultad superhumana de perdonar los pecados y de convertir el pan en carne divina, era la escolta que más enorgullecía al Anticristo.

Éstos no pasaron de largo, como las fieras o las cortesanas; cruzaron el pórtico, rozando casi a Simón de Samaria.

En seguida llegó Ciro Dan, conducido por forzudos soldados en una litera de púrpura y llevando a su izquierda a Jezabel, y todos se arrodillaron en un gesto de adoración que se trasmitió de calle en calle hasta las murallas de la ciudad.

Todos, menos aquellos siete hombres que aguardaban junto al altar, donde un oscuro crucifijo de madera extendía sus brazos misericordiosos.

Y Simón de Samaria vio a Juana Tabor sin la cinta escarlata, mostrando en la frente la señal del Anticristo. Ahora comprendía quién era ella y qué papel había desempeñado para seducirlo y para llenar con los templarios las celdas vacías de los conventos.

La primera parte se había cumplido ya.

Precedido de doce oficiales de su guardia, Ciro Dan ocupó el trono de la izquierda, y a sus pies, en las fauces mismas del tigre, que parecía dormir, sentóse aquella mujer a quien los hindúes llamaban Machta Bai.

Antes de que comenzara la ceremonia ordenada por ella, que conocía el ritual católico, llamó a Simón, y el propio Ciro Dan, con un hierro ardiente, marcó en su mano consagrada la señal apocalíptica.

En ese instante, fray Simón midió la satánica profundidad de su desventura y deseó la muerte, mas no se arrepintió.

Cuando se acercó al altar para revestirse con los ornamentos sacerdotales, vio aquellos siete hombres con raídas sotanas, y en uno de ellos reconoció a su cornac, que al verle colocarse la casulla quedó consternado y le dirigió estas palabras del salmo inolvidable:

—¿Etiam tu es sacerdos? (¿También tú eres sacerdote?).

Y fray Simón no pudo menos que contestar, prosiguiendo el mismo versículo:

—¡In æternum! (¡Hasta la eternidad!).

Y volvió a desear la muerte, sin contrición, como ocurrirá en los últimos tiempos, según la sentencia del Apocalipsis.

Y comenzó la misa del apóstata, convertido en el apóstol del Anticristo, y no bien pronunció sus primeros versículos, aquellos siete hombres de negro entonaron la estupenda elegía litúrgica, el Dies iræ, que se reza en la misa de los muertos.

Sea que los guardias no entendieran su sentido, o creyeran que aquélla formaba parte de la ceremonia, ello es que las fúnebres expresiones, en la más impresionante melodía que haya producido el genio musical de todos los siglos, caían sobre las cabezas dobladas, como los carbones ardientes que anuncia Job para el día del juicio.

"Día de cólera aquel que reducirá a cenizas el mundo", cantaban en coro los siete sacerdotes, y los micrófonos amplificaban grandiosamente su voz y la aventaban sobre la ciudad y la difundían sobre el orbe, y envolvían el mundo en un negro saco de cilicio, y las gentes de todos los países, al advertir que sus relojes se paraban, y que el sol o la luna se volvían de sangre, presentían que estaba quebrándose el eje de la creación.

Las siete voces modularon aquellos dos versos sin igual:

Tuba mirum spargens sonum
per sepulcra regionum...

Y fray Simón, que quería substraerse a su influjo y ahogar con su propio grito aquellas voces, hojeó su misal, buscando el evangelio del día, que era el primer domingo de adviento, 29 de noviembre de 1998, y leyó en alta voz:

"Habrá señales en el sol y en la luna y en las estrellas, y sobre la tierra las naciones estarán en angustia y consternación, al ruido del mar y de las olas, y los hombres se secarán de pavor con la expectativa de lo que está por ocurrir en el universo, porque las potestades del cielo serán sacudidas..."

311

Y las siete voces arrojaron a la faz del mundo la humilde súplica de la misericordia:

"Rey de temible majestad... sálvame, fuente de amor..."

El alma del apóstata se cerró para no recoger la gota de contrición que le llegaba así, y se alegró al ver que unos soldados se apoderaban de los siete y los conducían al lugar del suplicio, que debía realizarse en el momento de la comunión.

Mientras el apóstata se inclinaba sobre las dos hostias que había en su patena, y cuando la creación se arrodillaba, al escuchar la fórmula sacramental: Hoc est enim corpus meum...,los prisioneros fueron puestos de bruces con las frentes apoyadas en los siete bloques de mármol, y sus áureas voces, que seguían pregonando el día de la ira, sólo callaron cuando se oyó el crujido de sus cráneos, aplastados simultáneamente contra las piedras por las patas de los elefantes.

Jezabel se levantó como electrizada, y arrebató la copa de oro que el sacerdote acababa de consagrar, y la llenó hasta el borde con la sangre que chorreaba de una de las piedras, y la ofreció a Ciro Dan, a quien Simón de Samaria en ese mismo instante le entregaba una hostia.

Ciro Dan bebió una porción de la Sangre de Cristo mezclada con la de su mártir, y devolvió el cáliz, que el apóstata apuró, murmurando las palabras rituales: "Que tu Cuerpo, Señor, que he consumido, y tu Sangre que he bebido, se adhieran a mis entrañas."

Se entenebreció la atmósfera, y al azufrado resplandor de un relámpago vieron penetrar aquella misma figura que otra vez en Roma subió hasta el estrado de Ciro Dan: un dragón color de sangre, con siete cabezas y diez cuernos, que hizo crujir el trono de la derecha, al arrellanarse en su asiento.

Habían cesado las oraciones del sacerdote, y fue el turno de Ciro Dan, que exclamó:

—¡Oh, Jehová, que tuviste celos de la hermosura de mi padre y lo precipitaste en los infiernos; Dios mudo, que ya no hablas a los hombres por la boca mentirosa de los profetas, ni de los sueños!; yo te acuso de no ser ni sabio, ni misericordioso, ni omnipotente, pues no has previsto la rebelión y has creado el infierno y no has podido destruirme a mí, que vengo a aniquilar la mejor de tus obras, la maravilla de los milagros, tu Hijo adorado, Cristo escondido en la hostia.

Un resplandor satánico ardió en los aires, y se escuchó a una de las bocas del dragón, que hablaba en lengua aramea, pero que todos entendieron, y que decía:

"Ésta es mi obra predilecta, y yo le doy mandato sobre todos los hombres y la mitad de mis ángeles."

Y respondieron las otras bocas, con una horripilante letanía.

"Rey del orgullo, Rey del odio, Rey de la ambición, Rey de la envidia."

A cada invocación, una invisible multitud, desde los aires, como el eco de espumosas rompientes, respondía:

"Que tu reino comience y jamás acabe." Entonces habló el dragón por las otras bocas, repro-duciendo las infernales palabras con que un poeta de Roma cantó al enemigo de Cristo.

Esas palabras sonaban de este modo:

"Principio inmenso del ser: materia y sentido.

"Se ha helado ya el rayo en la mano de Jehová, y sus ángeles caen del cielo como pálidos meteoros o planetas apagados.

"Y ya en la materia que nunca duerme sólo vive Sa-tanás, rey de los fenómenos y de las formas.

"Vive en el fulgor de los ojos impúdicos, en el seno palpitante de las cortesanas y en las gotas de sangre de la vid.

"Vive en el resplandor de los versos de los poetas que desafían a Dios.

"¿Qué importa que el bárbaro Nazareno queme sus templos y desparrame sus imágenes?

"En las miradas de los magos y de los alquimistas, detrás de las celosías de los claustros y en la Tebaida, junto a los apóstatas, allá vive Satanás.

"Las turbas se levantan y le siguen, sacerdotes sacrílegos las guían, caen los reyes, mueren asesinados los papas y el orgullo humano fulgura entre el incendio.

"¡Levántate, materia! ¡Satanás ha vencido! ¡Salve, oh Satanás, vencedor de Cristo!"

Hasta ese día la tierra había permanecido firme en sus cimientos, pero en ese instante se tumbó, como un árbol hachado en la raíz.

Fue tal la conmoción del globo terráqueo que se abrieron grietas enormes, se hundieron palacios y templos, y subió un denso y pestífero vapor, y el alarido de la muchedumbre y de las bestias aterradas se perdió en el oleaje de un océano desconocido por los geógrafos, que avanzó por la llanura del Thar hasta las montañas.

El sol, enrojecido, deshizo su eterno camino y se clavó en el cenit, como si se hubiera cambiado la posición de la tierra en su eclíptica.

Y se oyó en las nubes una voz tremenda, que venía de más allá de los mares y por arriba de las montanas:

"Porque derramaron la sangre de los santos y de los profetas, les ha dado a beber sangre..."

Y otra voz dulcísima que anunciaba:

"Cuando viereis que acontecen estas cosas, sabed que está cerca el reino de Dios."

) "La trompeta espantosa resonará en la región de los sepulcros."

) Carducci, Himno a Satanás.

CAPÍTULO X - FINAL

LA TERCERA APARICIÓN

Una de aquellas sangrientas noches de persecución a los judíos, sonaron golpes en la puertita falsa que existía en los fondos de la huerta gregoriana, y que no se abría desde hacía treinta años.

Fue casualidad que el hermano Pánfilo anduviese por allí a esa hora y atendiese al llamado, descorriendo el herrumbrado pasador

Aparecióronsele dos viejecitos barbudos, que, después de saludarlo con humildad, le pidieron amparo, pues sus casas habían sido incendiadas y se les perseguía a muerte.

—¿Qué habéis hecho? —se atrevió a preguntar el lego, antes de franquearles la entrada.

—Somos judíos: es nuestro único delito.

—Si realmente no tenéis más culpa que ser compatriotas de Nuestro Señor y de la Santísima Virgen, no merecéis la muerte... ¿Pero acaso no sois usureros? ¿No defraudáis el salario de vuestros obreros? ¿No acaparáis las cosechas de los pobres agricultores? ¿Cómo pagáis su trabajo a vuestras costureras?

—¡Líbrenos Dios de esos crímenes...! —respondió uno de ellos.

—Entonces, entrad. Voy a prevenir de vuestra llegada a fray Plácido.

—Decidle a vuestro superior —añadió el otro— que el que hospeda a un profeta recibirá galardón de profeta.

Este pasaje de la Escritura impresionó al lego, que fue corriendo a anunciar a fray Plácido la llegada de dos profetas, y a pedirle permiso para alojarlos en algunas de las muchas celdas vacías.

Ya en el convento no quedaban más que dos personas ligadas por votos: fray Plácido y el hermano Pánfilo. Ni siquiera un monago para servirles.

Estaba el viejo fraile desvelado esa noche. En dos semanas no había tenido noticias del superior, lo cual le daba muy mala espina.

Mientras releía sus profetas, para conciliar el sueño, halló este misterioso anuncio de Ezequiel:

"Los visitantes de la ciudad han llegado, y cada uno trae en su mano un instrumento para destruir...

"Y díjole Jehová: 'Pasa por medio de la ciudad, por medio de Jerusalén, y pon una thau en la frente a los hombres que gimen y se duelen por todas las abominaciones que se hacen en medio de ella.

" 'Matad viejos, mozos y vírgenes, niños y mujeres, hasta que no quede ninguno; mas a todo aquel sobre quien viereis la thau, no lo matéis, y comenzad por mi santuario.' "

Leía esto, cuando oyó al hermano Pánfilo que le golpeaba la puerta con los nudillos. Hízolo pasar y quiso ver a los huéspedes que tan a deshora le llegaban

Le llamó la atención la serenidad de sus rostros y la pureza de sus miradas. Movido por una singular inspiración, les preguntó en latín con qué le iban a pagar el alojamiento, y uno de ellos repitió, asimismo en latín, el texto que tanto había impresionado al sencillo Pánfilo:

—El que hospeda a un profeta tendrá galardón de profeta...

Fray Plácido replicó irónicamente con un segundo texto:

—¿Por ventura está Saúl entre los profetas?

—No Saúl, sino Elías —repuso el otro de los viejos—. Elías, que, según Malaquías, será enviado antes del día grande del Señor, a reconciliar el corazón de los padres con el de los hijos...

—Veo que eres experto en las Escrituras. Si él se llama Elías, ¿cómo te llamas tú?

—¿Vas a creerme si te digo mi nombre? —repuso el viejo.

—Te creeré si me dices la verdad.

—Me llamo Henoch...

Fray Plácido sabía que los dos patriarcas de la Antigua Ley, Henoch y Elías, no habían muerto, sino que vivían, desde hacía miles de años, en algún lugar oculto de la tierra. Pero al encontrar aquellos dos judíos viejos, que se decían llamarse como ellos para dar a entender que eran ellos mismos, no los tuvo por profetas, sino por impostores.

Sin embargo, autorizó al lego a recibirlos y no pensó más.

A la madrugada siguiente el hermano Pánfilo acudió a contarle que acababa de verlos levantados embadurnando las puertas de las celdas con un pincel.

—En cada una han pintado una señal que parece una cruz, pero no es una cruz, sino de esta manera —explicó el hermano Pánfilo.

—Es una thau —dijo, pensativo, fray Plácido—. Déjelos; parecen varones de Dios.

Más tarde los vieron oír la misa de fray Plácido y acercarse al comulgatorio con gran devoción.

Por esos días veíanse tan pocos fieles en las iglesias, que uno pensaba si serían ya los tiempos anunciados por el propio Jesús, al hablarles de las señales de su segunda venida a la tierra: "Cuando viniere el Hijo del Hombre, ¿piensas que hallará fe sobre la tierra?" Pasaje misterioso, que sólo se comprenderá cuando llegue la hora.

Era el primer domingo de adviento, el primer día de las cuatro semanas que la Iglesia destina a preparar el espíritu de los fieles para la Navidad.

Las lecturas de la misa de ese día están llenas de alusiones al segundo advenimiento de Cristo, que será precedido y anunciado por cataclismos horrorosos.

Se anuncia el día de la ira, en que el mundo será reducido a pavesas. Pero antes sobrevendrá un periodo larguísimo, miles de años, tal vez miríadas de siglos, en los que el diablo permanecerá encadenado para que no tiente a los hombres, y reinará Cristo sobre la humanidad santificada y dichosa.

Al leer el Evangelio donde se dice que como presagio de esto habrá señales en el sol y en la luna y bramarán las olas de los mares, y caerán las estrellas, fray Plácido se entristeció, pensando que esas estrellas caídas podían ser el símbolo de innumerables sacerdotes apóstatas. Cuando terminó su misa fue en busca de sus huéspedes, y no los halló en su celda, ni en el refectorio, ni en rincón alguno del convento.

Se refugió en la biblioteca y se puso a estudiar lo que teólogos y exegetas han escrito acerca de la reaparición de Elías y Henoch.

Del patriarca Henoch, padre de Matusalén, dice el Génesis que fue justo y que un día desapareció del mundo, porque Dios lo tomó, y San Pablo explica que "no vio la muerte".

De Elías se sabe, por el IV Libro de los Reyes, que, yendo en compañía de Eliseo, fue separado de él y conducido al cielo en un carro de fuego.

Los más autorizados intérpretes concuerdan en que ambos patriarcas viven actualmente, confirmados en gracia, aguardando su hora, en algún sitio del mundo alimentándose de los frutos del árbol de la vida (alimento que fue el de Adán antes del pecado), hasta que venga el momento de su reaparición, en los días del Anticristo, para realizar lo que será su misión: de Henoch, predicar a las naciones, y de Elías, restablecer las tribus de Israel.

Leyendo esto pensó fray Plácido que aquellos que él tenía por impostores tal vez fuesen en verdad los dos patriarcas, que luego morirían mártires del Anticristo, y cuyos cadáveres quedarían abandonados en las calles de Jerusalén.

¿Por qué no? ¿Quién podía afirmar que los tiempos no estaban maduros ya para las sangrientas vendimias del Apocalipsis?

Salió de nuevo en su busca y tampoco esa vez los halló, y aunque debían de estar hambrientos no aparecieron a la hora del almuerzo. Y no hubo ese día más que los dos comensales de siempre en el vasto refectorio, que aún conservaba sus heladas mesas de mármol.

A la siesta fray Plácido se refugió en la huerta, silenciosa y umbría, llevando como de costumbre su resobado ejemplar del Antiguo Testamento.

Ese año de 1998 el primer domingo de adviento caía en 29 de noviembre. Para acompañar los temas de las lecturas de la misa, buscó en la profecía de Daniel las otras señales del fin del mundo.

De repente, sus ojos soñolientos, al fijarse en la arboleda, por descansar del libro, advirtieron que el lapacho seco del rincón había florecido. Aunque no creía en la tradición según la cual florecería ese tronco al aparecer el Anticristo, al ver los enormes pétalos como cuajarones de sangre en las ramas cenicientas, se quedó perplejo.

Hay muchos católicos a quienes les espanta el pensar que el fin del mundo se aproxima, no obstante saber que con él se aproxima también la segunda venida de Cristo.

Por miedo de aquello, desean mantener indefinidamente alejada esta gran alegría, clave principal del edificio de la Iglesia Católica.

Fray Plácido no compartía ese miedo, y rogaba todos los días por la pronta venida del Señor,

Mas lo inquietaba la certidumbre de que esa época seria señalada por un sacrilegio tan espantoso, que los ejes de diamante de la tierra no podrían resistirlo.

Hallábase en estos pensamientos, cuando de pronto y sin visible causa, pues no se movía una hoja de los árboles, sintió un largo trueno subterráneo, como si se desgarraran las entrañas de la tierra, y un suspenderse la vida en la superficie de ella, y un rugir de aguas invisibles, y el griterío de las naciones, desde infinitas distancias, como si toda la tierra no fuera más que un colosal micrófono y los sonidos se propagasen con la velocidad de la luz.

Blasfemias horripilantes de las turbas heridas por las plagas de los siete cálices derramados por los siete ángeles del Apocalipsis.

Blasfemias de obstinación, pues los hombres, aun abrasados de dolor, no se arrepintieron de sus obras.

Y alcanzó a percibir este alarido, que cruzaba el globo como una lanza: "¡Ay, ay, de aquella gran ciudad de Babilonia! ¡En un instante ha llegado tu juicio!"

Fray Plácido comprendió que era el eco de la destrucción de Roma por un gran cataclismo, del que le llegaba noticia en forma incomprensible y maravillosa.

Y puesto que Roma dejaba de existir y con ella el Imperio Romano, único obstáculo que, según San Pablo, se opone a la aparición del Anticristo, comprendió también que el reinado de éste había comenzado en alguna parte del mundo.

¿Pero y el papa recién electo? ¿Y la Iglesia, contra la cual no prevalecerán las puertas del infierno?

Se incorporó del suelo trabajosamente, y vio a sus pies un barranco de incalculable profundidad, del cual se escapaba un vaho abrasador, tal vez del fuego central de la tierra. Su resplandor era lo único que lo alumbraba, pues, aunque era de día, una espesa oscuridad cubríalo todo.

Huyó espantado, tanteando por el camino de su celda, y murmurando aquellos versículos que describen lo que ocurrirá cuando salte el sexto sello.

En esto le llegó como un balido de cabra la voz del hermano Pánfilo:

—Venga por aquí vuestra reverencia. Esto es el fin del mundo... El día de la ira de Dios...

Se encontraron los dos, camino de la cripta del convento, que parecía bastante sólida para soportar el peso de las murallas que se desmoronaban.

Llovía de una manera nunca vista, y al agua se mezclaba el granizo, y sobre la cabeza de los fugitivos crepitaban incesantes rayos y centellas.

Llegaron, por fin, trabajosamente, a lo más hondo de la cripta, y se refugiaron en aquellas seculares arcadas, capaces de sostener el mundo; y a la luz de unas velas benditas, rezaron el trisagio, una parte del rosario, y los exorcismos de las grandes calamidades, y luego el hermano Pánfilo acomodó unos maderos que había en el fondo de la cripta a la manera de un estrado, porque el suelo empezaba a inundarse.

Con ello los muros cedieron, no como si se derrumbasen, sino como si se convirtieran en una materia friable y porosa, que se disolvía en aquellas aguas. Todo se anegó. Formóse primeramente un lago y luego un torrente, que arrebató la tablazón arriba de la que estaban los dos frailes como sobre una almadía

Ellos pensaron que iban a estrellarse contra la pared opuesta, pero al indeciso resplandor de las velas vieron disgregarse las piedras y convertirse en blanda esponja que se hundió en el mar.

Todo era ya un mar, lóbrego y sin oleaje, y tibio que ocupaba el sitio donde había estado la hermosa Buenos Aires.

Al menos así se lo imaginaba fray Plácido, pues no podía ser de otro modo, ya que su improvisado esquife había partido en su extraño viaje desde el corazón mismo de la ciudad. Se apagaron las velas.

¿Pero por qué, alzando la cabeza, no se veía ni sol, ni luna, ni estrellas, ni el más mínimo fulgor, ni siquiera el resplandor de aquel fuego que empezó a brotar en la huerta cuando ocurrió el cataclismo?

—Hermano Pánfilo, ¿divisa usted alguna luz o alguna estrella?

—No, fray Plácido. No veo más de lo que vería si me hubiesen saltado los ojos. Sólo siento un olor pesado a azufre...

—Hermano Pánfilo, usted que tiene mejores ojos que yo, porque no los ha gastado en la lectura, ¿no ve arriba de nuestras cabezas algo como una bóveda?

El lego levantó la vista y dijo al cabo:

—¿Está seguro V. R. de que todavía tiene ojos para ver algo? Lo que es yo, no veo ni gota.

Guardaron silencio un rato, que tal vez fueron muchas horas, manteniéndose de bruces sobre aquella balsa que huía en el oleaje tibio, pesado y salobre como el del mar Muerto.

Primero el hermano Pánfilo se dejó vencer por el sueño, y después a fray Plácido le ocurrió lo mismo, y se durmieron arrebujados en sus balandranes.

Entretanto la almadía navegaba con fantástica velocidad arrebatada por aquella lóbrega y subterránea corriente de un río que no figuraba en ningún mapa del mundo.

¿Cuántas horas, o días, o semanas durmieron los dos frailes bajo el narcotizante vaho de aquellas aguas? Nadie podía aclararles aquel punto, cuando se despertaron, débiles y hambrientos, sobre una costa donde el mar se deshacía en espumas.

En su playa desierta había encallado la balsa, después de un viaje misterioso por las entrañas del globo terráqueo.

—¡Alabado sea Dios! —exclamó el lego—. ¿Qué hora será? ¿Cuántos días hemos dormido? ¿Sabe V. R. que no puedo medir el tiempo sino por el hambre que tengo?

—¡Y yo también! Dios nos perdone.

Arriba de sus cabezas brillaban estrellas desconocidas. Hacía frío, y los torturaba un hambre de muchos días sin pan.

—Mientras V. R. echa sus cálculos yo iré a mendigar algunos mendrugos.

—¿Adónde, si aquí parece no haber más almas vivientes que nosotros? ¿Qué país será éste?

—Entonces, buscaré en la playa algunos mariscos...

—Vaya, hermano, y que Dios lo ayude... La verdad es que yo tengo hambre y sed... ¿Pero qué hora será? Estas estrellas, que nunca he visto, no me indican nada... Vaya, hermano; yo lo aguardaré rezando...

Se alejó el hermano Pánfilo, y fray Plácido se llevó la mano a la frente para hacer la señal de la cruz, cuando lo detuvo un ¡ay! y el crujir de unas rodillas huesosas que él ya, por dos ocasiones, había escuchado con horror.

—¡Te prometí volver una vez más, y hoy cumplo mi promesa! —le dijo Voltaire—. Guárdate de hacer esa señal, que yo he escarnecido cuando vivía y que ahora me hace caer de rodillas, junto con los ángeles y los demonios.

La figura del patriarca de Ferney era más lúgubre y más tétrica. Venía envuelto en una manta que parecía de un fuego sin resplandor, pero que se le pegaba a las carnes, y de la que no podía separarse, como si más que el fuego lo aterrara el frío o la desnudez.

—He desnudado en mis obras con tanta impudicia a los seres humanos, que hoy mi castigo es sufrir horrorosamente el pudor que enseñé a despreciar...

Fray Plácido, no sabiendo qué decir, respondió:

—Ya no te esperaba. ¡Han pasado tantos años!

Voltaire se rió con risa dolorosa y sarcástica:

—¿Tantos años te parecen? ¡Díez, veinte, treinta! Hace treinta años los hombres celebraron el segundo centenario de mi infierno. A vosotros, los vivientes, treinta años os parecen muchos. A nosotros, en la eternidad, no nos parecen más largos que un parpadeo, porque ni treinta, ni cien, ni mil, significan nada, nada, nada. Y, sin embargo, un solo minuto es intolerable y nos parecería eterno, si no tuviéramos constantemente la visión de la eternidad que tenemos por delante.

—¡Desventurado, sin remisión! —exclamó fray Plácido, compadecido.

Y Voltaire se volvió a reír:

—¿Te apiadas de mí?

—Sí, y voy a preguntarte de nuevo lo que ya te pregunté: si te dieran un minuto para arrepentirte, ¿lo aprovecharías?

—Aunque me devolvieran la libertad, yo no sería libre. ¿Has visto alguna vez el catálogo de mis obras? La lista sola, en todos los idiomas, ocupa tomos enteros. ¿Podrías calcular los millones y millones de lectores que han tenido; los millones y millones de blasfemias que han suscitado; los millones de almas que por ellas perdieron la fe y se han condenado? Yo soy prisionero de mis libros y de las almas que he arrojado al infierno.

—¿Te conocen, te persiguen?

—¡Ah, si pudiera librarme de ellas! ¿Has visto una jauría de perros hambrientos, cuando su dueño entra en el vallado en que los tiene?. Se abalanzan y lo acosan aullando para que les dé algún alimento con que saciar el hambre que los devora. Así ellas, las que en el mundo me admiraban, corren como un torbellino detrás de mí, reclamándome un alivio que no puedo darles, y cobrándome en insultos los elogios que antes me hicieron. Y yo, como un cobarde que se pinta el rostro para disimular su palidez, me río y me burlo de ellas, para esconder el terror que les tengo.

—Ahora comprendo que no te dejarían arrepentirte, si pudieras hacerlo...

—Si yo tuviera un minuto para arrepentirme, suponiendo que mi orgullo me dejase exclamar: ¡Perdóname, Señor: yo que blasfemé tu nombre, te confieso y me humillo! Suponiendo que yo fuera capaz de un acto sobrenatural, más portentoso que el resucitar a un muerto, esas almas que se perdieron por mi culpa no permitirían que yo me salvase... Yo, que fui su maestro, soy ahora su prisionero...

—Has hecho mucho mal a los otros, pero más te has hecho a ti mismo.

—En efecto, yo soy el padre del liberalismo, que, a su vez, engendró el ateísmo y luego el satanismo y el culto a la blasfemia... ¿Te imaginas que yo pueda arrodillarme ante el Infame y abandonar a los millones que me siguen y me reconocen como a su señor espiritual?

—¿Pero los tormentos que sufres...?

—Son inenarrables, pero no cambiarán nunca mi voluntad de rebelde. Un alma obstinada e impenitente es más dura que una cordillera de diamante. En medio de las llamas no me arrodillaré y seguiré diciendo eternamente, como el diablo: ¡Non serviam!"Más vale reinar en los infiernos, que servir en el cielo."

—Bien me dijiste —observó con tristeza el fraile—, la primera vez que me visitaste, que el Cordero no firma nunca una sentencia de reprobación.

—¡No, nunca! Es el réprobo quien la firma, y voluntariamente se condena. Sólo una sentencia va a firmar el Infame, y es la del mayor enemigo de su nombre...

—El Anticristo... ¿Ya ha aparecido?

—Si, ya ha empezado a reinar sobre el mundo, con un sacrilegio de que yo mismo en Ferney me habría horrorizado, ¡yo, que tantas veces, por engañar a mi servidumbre o por mofa, comulgué en pecado!

—¿Ha saltado, pues, el sexto sello?

—Si, y la tierra no ha podido sustentarse en su quicio. Se ha enderezado en su eclíptica 23 grados y medio, y ha dejado de rotar alrededor de su eje. Ahora los días y las noches duran un año entero, y los hombres que han quedado viven en las entrañas de la tierra, que es porosa como una esponja y surcada de corrientes de agua.

—¿Y el papa y la Iglesia, dónde están?

—En el mismo instante en que el hombre perverso comulgaba de manos de un sacerdote católico, en los antípodas de la tierra, el emperador Otón hacía asesinar al papa y con él a la mitad de los cardenales que cayeron en su mano. Los otros huyeron hacia la tierra santa...

—¿Y Roma fue destruida?

—Toda Europa fue destruida al caer como una estrella del cielo en los abismos de la apostasía ese sacerdote que le dio la comunión al Anticristo. ¡No me preguntes su nombre!

—¡No lo quiero saber! Tu lengua es mentirosa, y dirá mentiras.

—Hoy —respondió Voltaire— debo decir la verdad, por mandato de Dios. Pero hoy la verdad no me quema la lengua, porque sólo anuncio males.

—¿Que otros males?

—Al caer esa estrella, como una antorcha ardiente en el mar...

—Eso está anunciado con estas palabras: Et cecidit de cœlo stella magna, ardens tanquam facula.

—¡Bien conoces tu Biblia, viejo fraile! —respondió Voltaire con una mueca horrible que quiso ser una sonrisa— . Pues al caer la estrella y detenerse el movimiento de la tierra alrededor de su eje, los mares y los continentes cambiaron de lugar; las aguas de la tercera parte de los ríos se volvieron salobres, y han muerto de sed poblaciones enteras.

—Tal cual está profetizado —dijo el fraile.

—Otón y su imperio han sido sepultados bajo el Mediterráneo, como Faraón y su ejército bajo el mar Rojo. España y toda la Europa Central han desaparecido. Sólo queda el imperio de Satania, hasta que el Anticristo se adueñe de él. Ya la mitad de sus habitantes tienen la frente marcada con su cifra.

—Si Roma ha sido destruida —preguntó fray Plácido—, ¿dónde se refugiará la Iglesia?

—Tú le sabes mejor que yo, porque crees en las profecías que yo escarnecí.

—¡Tú no podías creer en nada santo! Las profecías, dice San Pablo, no son para los infieles, sino para los fieles. En cuanto a la profecía que anuncia cuál será el refugio de la Iglesia, está en Zacarías, y dice así: "El Señor elegirá de nuevo a Jerusalén" (Et elegit adhuc Jerusalem).Dime ahora qué nuevo papa tenemos...

—Congregáronse los cardenales en Jerusalén —respondió Voltaire— y eligieron a Clemente XV...

—Flor Florum... —indicó fray Plácido, recordando el lema que le asigna la profecía de San Malaquías, Flor de flores...

—Ha correspondido el lema, porque ha vivido menos que una flor. Había sido electo para regir a los pueblos con vara de hierro, pero fue a los pocos días asesinado. El Colegio Cardenalicio se ha dado cita en un desierto para elegir al sucesor, desconociendo al antipapa, que un conciliábulo de apóstatas ha elegido por mandato del Anticristo...

—¿Cómo se llama ese antipapa?

—Me dijiste que no querías saber su nombre...

—¡Ah! ¿Es él? —preguntó fray Plácido, sintiendo un golpe de sangre en su viejo corazón.

—Si, es aquel que un día, hace treinta años, se ordenó y yo te anuncié que sería una estrella que se llamaría Ajenjo. Su nombre pontificio es Simón I.

—¡Simón de Samaria! —exclamó con dolor fray Plácido, y añadió la acongojada imprecación de Isaías:—. ¿Cómo caíste del cielo, oh Lucero, hijo de la mañana? Tú que decías en tu corazón: subiré al cielo junto a las estrellas..."

Como Voltaire nada dijese, él le interrogó:

—¿Qué lo ha precipitado a la apostasía? ¿La codicia?

—¡No!

—¿La sensualidad, acaso?

—Tampoco.

—¿El orgullo?

—Sí, el orgullo, que es la raíz de todas las grandes apostasías. Cuando a un fraile le entra la obsesión de reformar la disciplina de la Iglesia, o pretende poseer la clave de las Escrituras, si no es muy humilde, está perdido. Nunca deja de hallar adeptos que lo aplaudan. Comienza el engreimiento, luego la obstinación, después la rebeldía y la apostasía... Los otros pecados vienen por añadidura.

—¿Mi superior caerá en ellos?

—No sé. Un sacerdote rebelde puede durante años seguir siendo casto y sobrio, y cumpliendo aparentemente su ministerio hasta que un día afloja por todos lados, a la manera de un navío que ha encallado...

—Aquella mujer que se hacía llamar Juana Tabor, ¿se convirtió, por ventura, o lo siguió en su desvarío?

—Aquella mujer es Jezabel, la profetisa del Anticristo, que preparaba sus caminos simulando unas veces el amor, otras el deseo de convertirse...

—Casi siempre es así —murmuró el fraile—. Los infelices heresiarcas acaban por ser juguete de alguna profetisa, que les infunde la más sutil y diabólica de las tentaciones: el deseo de convertirlas por amor. Con esto pretenden engañar a Dios, pero, como dice el texto santo:

"¿Tiene acaso Dios necesidad de vuestra mentira?"

Al oír esto, Voltaire se retorció de dolor, y pronunció en latín una frase bíblica: Mentita est iniquitas sibi. (La iniquidad se ha engañado a sí misma.) Y añadió con amargura extre- ma:

—Si comprendieses cuánto sufro al pronunciar este texto, que pudiera escribirse en el pedestal de todas mis estatuas...

—El mentirse a sí mismo es una forma de la obstinación y del orgullo —comentó el fraile—. Pero dime, ¿qué alivio sientes al hablar?

—¿Acaso puedo hablar de alivio, cuando sigo mi naturaleza actual? Pero es seguro que el no seguirla me resultaría más insoportable dentro de lo insoportable. Soy y seré eternamente como una piedra ardiente o como un bólido. No me alivia el viento infernal que zumba en mis oídos cuando recorro los espacios infinitos, pero me retorcería de tortura si me detuviera. Aun el visitarte, por mandato de Dios, me causa horror.

—¿Por qué?

—Porque a mí, habitante infeliz de la eternidad, me pone en contacto con el tiempo que dejé correr perversa y estúpidamente. Un solo segundo, sólo uno, quisiera yo ahora de los 2.429.913.600 de que dispuse desde que tuve uso de razón hasta el instante en que morí...

—¿Por qué citas el número?

—Porque a cada instante, como un avaro que cuenta sus monedas, cuento ese tesoro de segundos que dilapidé con desdichada prodigalidad. Con uno solo habría tenido bastante para cambiar el rumbo de mi eternidad.

Al decir esto, la sombra arrojó un largo gemido que penetró la médula del fraile, a la manera de un ácido mordiente y helado.

—No gimas así; me produces un mal horrible... ¿Puedo hacer algo por ti?

Voltaire guardó silencio un rato, y luego dijo.

—Epulón, desde el infierno, clamaba para que lo oyeran sus hermanos. Mi condición es incomparablemente peor, por la naturaleza de mis culpas, que fueron principalmente pecados contra el Espíritu. Yo no puedo desear ningún bien a nadie, sino mal. Solamente hay para mí una esperanza, que es una contradicción de mi naturaleza.

—¿Cuál es?

—Dado que mi pena crece con cada alma que se pierde por mi culpa, sólo tengo una esperanza: la de que se realice la orden del Anticristo, que ha mandado destruir todas las bibliotecas de su imperio, como Herodes mandó matar a todos los niños, por odio a uno solo. El Anticristo quiere destruir las Escrituras y todas las letras de ellas que hay en los libros...

—Tus libros perecerán, pero tu doctrina vivirá y seguirá secando en sus fuentes el agua viva del bautismo cristiano.

Voltaire iba a explicar aquella contradicción que le hacía desear, en su odio a Cristo, que el mundo siguiera renegando de Él, y temer al mismo tiempo el que aumentaran las almas perdidas por sus libros.

Pero algo debió ocurrir en el otro extremo del mundo, de lo que él recibió instantánea noticia pues se inmutó y callo unos minutos; luego dijo:

—En este momento acaba de marcarse con la cifra del Anticristo el último de los vivientes que faltaba. Ya no quedan sino los señalados con la señal del Cordero, que no prevaricarán. Van a empezar las persecuciones hasta la gran batalla...

¿Qué ocurrirá entonces?

—Vendrá el Hilo del Hombre y matará con el aliento de su boca al Hombre de la Perdición, y desde ese momento en los infiernos habrá quien envidiará mis torturas, porque serán inmensamente menores que las suyas...

—Eso en tu eterna morada... ¿y en el mundo, en donde todavía hay tiempo?

—No habrá más tiempo. Aparecerá en las nubes el Infame, y todos vosotros, los que por vuestra dicha habréis perseverado, os levantaréis en los aires para salir al encuentro del Hijo del Hombre, y el mundo entrará en los esplendores del Reino de Dios... ¡Infeliz de mí, que tengo ya la eternidad en mis venas, y ni un solo minuto de los que vosotros, mortales, despreciáis como granos de polvo! ¡Toda mi gloria por un grano de ese polvo de oro que es el tiempo!

Con esto desapareció su dolorosísima figura, y fray Plácido se quedó pensando si por tercera vez habría soñado aquello.

Era evidente que la tierra había sufrido un cataclismo cosmogónico, y que se aproximaban los últimos días del siglo, y después de ellos el Reino de Dios, en que los ángeles, como segadores divinos, atarían en gavillas el buen trigo y quemarían la cizaña.

Pero esto no ocurriría sino después de los tres años y medio que reinaría el Anticristo.

Entonces se oiría en los cielos la voz de un ángel, que congregaría a todos los pájaros del mundo: "Venid y congregáos a la cena grande de Dios, a comer carne de reyes, y carne de tribunos, y carne de poderosos, y carne de caballos y de sus jinetes, y carne de todos, libres y esclavos y de chicos y de grandes..."

Si era verdad que el papa había muerto y Roma había sido destruida, debía partir para Jerusalén, donde se restauraría la Iglesia, preparándose con los últimos papas para el advenimiento del Supremo Juez, que renovaría todas las cosas.

Entretanto, sentíase morir de hambre y de sed; mas llegó a tiempo el hermano Pánfilo, que había hallado una fuente viva en las grietas del acantilado. Había también mariscos en abundancia.

Fueron los dos, buscando su camino, por entre las piedras, a la luz de las estrellas desconocidas, y bebieron y se saciaron y entonces fray Plácido informó a su compañero que iban a partir hacia Jerusalén.

—¿Con qué rumbo, padre?

—Dios nos inspirará.

Echaron a andar por la playa, y con asombro de los dos, que se creían solos en un desierto, vieron que muchas gentes aparecían, como si brotasen de las arenas o de las rocas y se les reunían y sabiendo que iban hacia Jerusalén, los acompañaban.

Al cabo de unas horas, en que marchaban con un vigor desconocido, algo así como una vocación profunda, ya no eran un pequeño grupo sino una verdadera muchedumbre, muchos de ellos de facciones evidentemente judías. Esto hizo comprender a fray Plácido que, por la predicación de Henoch y de Elías, o por misteriosas inspiraciones del Espíritu, había comenzado la conversión en masa de Israel.

Se llenó de alegría, y a voz en cuello, y como quien arroja al aire un tesoro, comenzó a pregonar los pasajes proféticos que anunciaban el próximo advenimiento de Cristo, a pacificar el mundo y a reinar con los que creyeron en Él.

Y era el Génesis que anunciaba así:

"Todas las naciones de la tierra serán benditas, en Aquel que saldrá de ti."

Y era Isaías:

"La región intransitable y desierta se alegrará y saltará de gozo la soledad y florecerá como lirio."

Y era Jeremías.

"Sabed que yo los recogeré de los extremos de la tierra, y entre ellos vendrán juntamente el ciego y el cojo y la mujer encinta y la que está criando..."

Y era San Pablo:

"Entretanto Cristo debe reinar hasta poner a todos sus enemigos debajo de sus pies."

La nueva disposición del globo terráqueo, cuya rotación sobre su eje se había detenido, hacía que sólo un hemisferio recibiera el sol, mientras duraba su revolución alrededor de éste.

El día, en ese hemisferio, duraba un año entero, lo mismo que la noche en el otro. Al cabo del año empezaría el día para éste y la noche para aquél.

Habíale tocado al imperio del Anticristo el primer año de luz, y al resto del mundo no anegado por los mares, en el hemisferio austral, el primer año de sombra.

Los fieles y los nuevos convertidos que caminaban hacia la tierra santa iban impulsados por un anhelo, como el instinto de las aves viajeras cuando llega la nueva estación.

¿Pero quién los guiaría y los ampararía por aquellos caminos ignorados, a ellos que surgieron como hormigas de las en-trañas agrietadas de la tierra, y que habían perdido toda invención, toda comodidad, y estaban más desprovistos e indefensos que los primeros habitantes del mundo? ¿De qué se alimentarían en un viaje que duraría meses, tal vez años? ¿No morirían como las plantas privadas del sol y de la luz?

¡No! El Anticristo dominaba sobre las regiones alumbradas por el sol, pero les quedaron a los fieles las tierras prodigiosamente iluminadas por la Cruz.

Así se cumplió el anuncio del profeta Joel, para los últimos tiempos:

"Y dará maravillas arriba en el cielo y señales abajo en la tierra."

A la manera de una aurora boreal, se encendió en el aire una resplandeciente cruz que alumbraba y calentaba como el sol todo ese hemisferio.

Un grito de júbilo se levantó de la creciente muchedumbre, y fray Plácido, que marchaba a su cabeza como pastor del rebaño, cantó, y su voz se dilató maravillosamente en el aire ligero y elástico de la noche iluminada, y llegó a todos los co-razones.

Y lo que cantaba eran las promesas de las Escrituras, de una corona real para los que creen y desean reunirse con Cristo.

Eran los tiempos del sexto sello, pero antes de que saltara el séptimo del misterioso libro del Apocalipsis y se hiciera sobre el universo acongojado aquel gran silencio de media hora que los intérpretes no aciertan a explicar, antes de que en el mundo florecieran los esplendores del triunfo, sería necesario pasar por tribulaciones innumerables y crudelísimas persecuciones.

La tierra se convertiría en un lagar rojo, y la sangre de las víctimas llegaría hasta los frenos de los caballos.

Por poco tiempo, sin embargo.

Hasta que sonara sobre el mundo la trompeta del séptimo ángel y escuchara el anuncio:

"El reino de este mundo ha venido a ser de Nuestro Señor y de su Cristo, y reinará por los siglos de los siglos. Amén."

* * * * * *

Catamarca, 9 de noviembre de 1941.

) Voltaire nació en 1694; se considera que el uso de razón se alcanza a los siete años; esto es, para el padre del Racionalismo, en 1701. Habiendo muerto en 1778, tuvo raciocinio durante setenta y siete años aproximadamente, o sea 28.105 días, a los que se deben agregar 19, de la misma cantidad de años bisiestos de ese lapso. Para un total de

28.124 días corresponden 674.976 horas, equivalentes a 40.498.560 minutos y a 2.429.913.600 segundos. Vale la pena que el alma se detenga a meditar sobre la inmensa cantidad de instantes que Nuestro Señor nos prodiga, a cada uno de los cuales se corresponde un llamado de la gracia, que el impío de Ferney desoyó o ignoró empecinadamente...

CPSIA information can be obtained
at www.ICGtesting.com
Printed in the USA
BVOW06s2029031117
499145BV00018BA/451/P